BIGGER THAN LIFE. 100 Jahre Hollywood. Eine jüdische Erfahrung

BIGGER THAN LIFE

100 Jahre Hollywood. Eine jüdische Erfahrung

Herausgegeben von Werner Hanak-Lettner im Auftrag des Jüdischen Museums Wien

Mit Textbeiträgten von Danielle Berrin, Leon Botstein, Gabriele Flossmann, Werner Hanak-Lettner, Jan-Christopher Horak, Daniel Itzkovitz, Gabriele Kohlbauer-Fritz, Rainer M. Köppl, Natalie Lettner, Christian Maryška, Brigitte Mayr, Michael Omasta, Rachel Rubin, Danielle Spera, Frank Stern, Leshu Torchin, Julio Vera und Maren Waffenschmid

Mit 207 Abbildungen, davon 39 in Farbe.

Jüdisches Museum Wien

ein unternehmen der wienholding

BERTZ+FISCHER

Diese Publikation erscheint anlässlich der Ausstellung

BIGGER THAN LIFE
100 Jahre Hollywood.
Eine jüdische Erfahrung
Jüdisches Museum Wien
19. Oktober 2011 – 15. April 2012

Ausstellung

Kurator, Idee und Konzept
Werner Hanak-Lettner
Geschäftsführung
Danielle Spera, Direktorin
Christian Raab, Prokurist
Kuratorische Assistenz
Maren Waffenschmid
Wissenschaftliche Mitarbeit
Gabriele Kohlbauer-Fritz
Beratung
Gabriele Flossmann
Ausstellungsarchitektur
Christian Prasser, cp-architektur, Wien
Mitarbeit
Aniko Imrek
Ausstellungsgrafik
Fuhrer, Wien
Vermittlung
Hannah Landsmann, Dan Fischman
Recherche
Harald Hötzinger
Eddy Wamers
Medientechnik
Florian Prix, cat-x
Filmrechte und Produktion Filmclips
Natacha Ruck, San Francisco
Ausstellungsorgansiation
Petra Springinsfeld, Naomi Kalwil
Buchhaltung
Claudia Lauppert
Marketing und PR
Julia Marchhart
Pressearbeit
Alfred Stalzer
Begleitprogramm
Katharina Lischka
Übersetzungen ins Englische
Nick Somers
Übersetzung Film-Untertitel
Andrea Huemer
Restaurierung
Bettina Dräxler
Aufbau
Artex, Wien
Kunsttransporte
HS-Art, Wien

Katalog

Herausgeber
Werner Hanak-Lettner
Mitarbeit
Maren Waffenschmid
Bildtexte
Maren Waffenschmid (Kapitel 9, 10, 12, 13, 14), Natalie Lettner (Kapitel 11, 15, 18, 19), und Werner Hanak-Lettner (alle übrigen).
Lektorat und Übersetzungen aus dem Amerikanischen
Andrea Huemer
Registererstellung
Andreas Sperlich
Grafische Gestaltung
Fuhrer, Wien
Druck und Bindung
druckhaus köthen, Köthen

ISBN 978-3-86505-210-0
Printed in Germany

Umschlagabbildung
Marilyn Monroe und Jane Russel verewigen sich vor Grauman's Chinese Theatre nach ihrem Erfolg mit *Gentlemen Prefer Blondes* (1953, Photofest).
Zitat Umschlagrückseite
David Mamet, *Jews in Show Business*, in: *Bambi vs. Godzilla. On the Nature, Purpose, and Practice of the Movie Business*, New York 2007, S. 22. (Übersetzung: W. H.-L.)

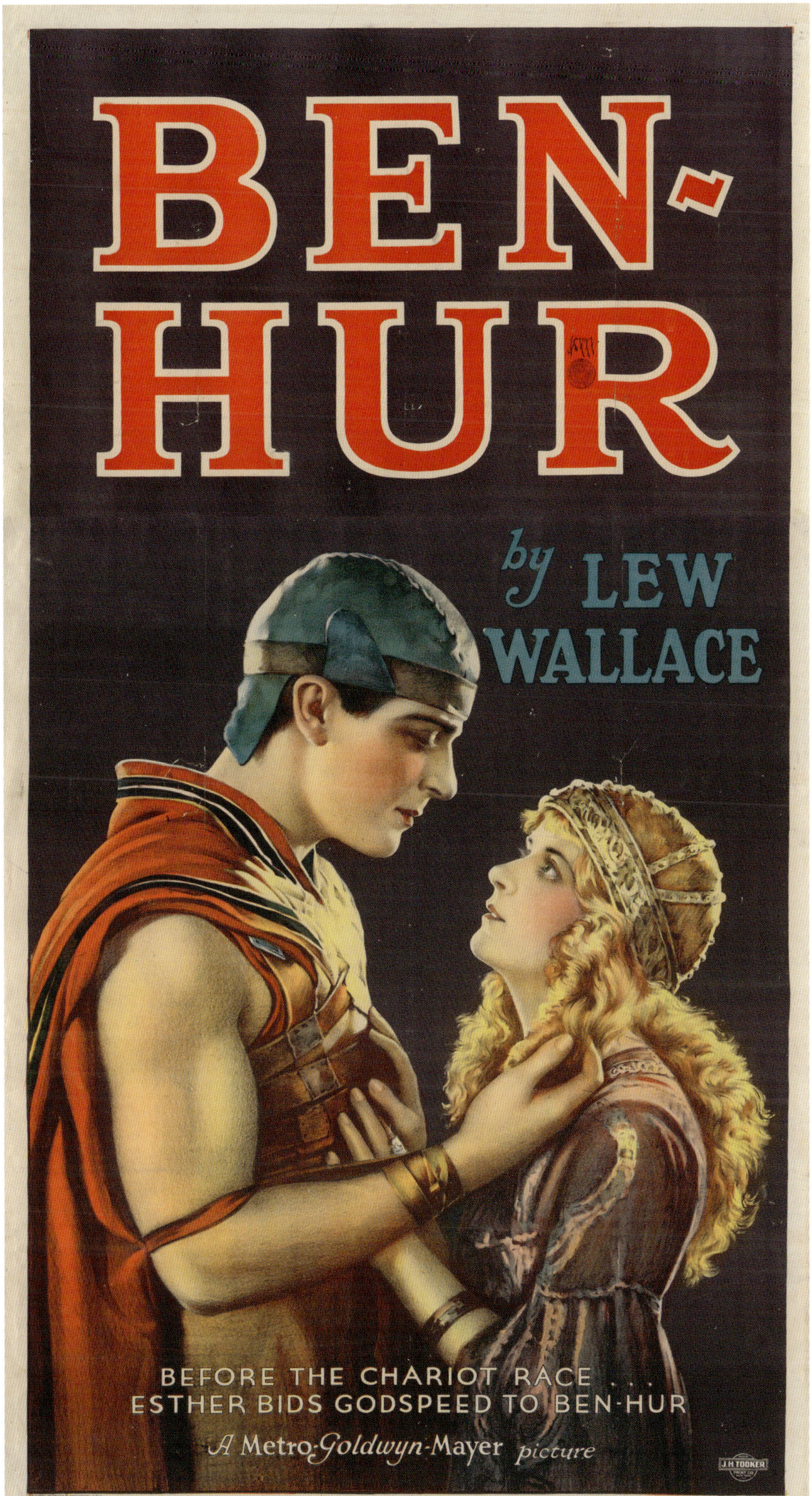

Filmplakat *Ben-Hur* (1925),
200 x 104 cm, aus der
Sammlung der Österreichischen
Nationalbibliothek.
(Katalog: Set 1, S. 191)

Inhalt

Vorspann

100 Jahre Hollywood

Nachspann

V O R W O R T

Hollywood, der amerikanische Traum – eine jüdische Erfindung!

Eine Ausstellung über Hollywood in Europa? Eine Ausstellung über Hollywood im Jüdischen Museum Wien? Als mir Chefkurator Werner Hanak-Lettner seine Idee präsentierte, anlässlich des 100. Geburtstags der Filmmetropole den Spuren der Gründerväter nachzugehen, war ich mit großem Enthusiasmus von diesem Projekt eingenommen. Dass die Erfolgsstory der Traumfabrik von einer Gruppe junger Juden geschaffen wurde, die fast ohne Ausnahme im ausgehenden 19. Jahrhundert aus Mittel- und Osteuropa in die USA gekommen waren, ist nicht vielen Menschen bekannt. Das antisemitische Klischee – Juden kontrollierten Hollywood, hält sich allerdings seit Jahrzehnten hartnäckig. Den Anhängern dieser (Verschwörungs-)Theorie lässt sich augenzwinkernd sagen: Es ist noch schlimmer. Juden haben Hollywood erfunden!

Aus Osteuropa kommend, wollten die jüdischen Pioniere aus der Enge, der Tristesse, der Not des Schtetls ausbrechen. In Groschenromanen hatten sie über die USA erfahren, dort wollten sie einen Neuanfang wagen. Sie legten ihre Vergangenheit ab und schufen sich ihre eigene, heile Fantasiewelt. Mit Hilfe des gerade aufkommenden Films, den sie für sich entdeckten, konnten sie sich ein neues Land erschaffen, das auf ihren eigenen Träumen und Überzeugungen beruhte: Tugend, Loyalität, Tradition, Amerika! Stabile Familien, anständige Menschen, voller neuer Ideen, Happy End inklusive, der American *Way of Life* – das alles wurde (im Film) von dieser Gruppe geschaffen.

Ihr Judentum wollten die meisten abschütteln, einige waren geradezu verzweifelt um Assimilation bemüht. Dennoch blieb ihnen gesellschaftliche Anerkennung durch jene verwehrt, zu denen sie so gern gehören wollten. So mussten sie gezwungenermaßen unter sich bleiben, und es entstand in Hollywood ein eigenes Netzwerk, das bis heute nachwirkt.

Die Goldene Zeit Hollywoods wurde ermöglicht durch die Studiogründer, u.a. Carl Laemmle (Universal), Adolph Zukor (Paramount), Wilhelm Fuchs (Fox), Schmuel Gelbfisz (Goldwyn), Louis B. Mayer (MGM), die Brüder Harry, Albert, Sam und Jack Warner (Warner Bros.) und Harry Cohn (Columbia).

Da sie alles Jüdische aus ihrem Amerikabild ausblenden wollten, haben erst der Nationalsozialismus und schließlich die Schoah eine Diskussion über die Darstellung von Juden im Film ausgelöst. Mit Ausnahme der Warner Brothers waren sie nur zögerlich einverstanden, in den Filmen gegen den Nationalsozialismus aufzutreten. Jedoch halfen sie engagiert mit, Juden aus ihren Heimatorten die Flucht in die USA zu ermöglichen.

Nach 1933 bzw. 1938 gelang es vielen jüdischen Schauspielern und Regisseuren, Hollywood zu erreichen, vielen stand dort eine große Karriere bevor, manche aber sind weder mit der Sprache, noch dem Studiosystem zurechtgekommen. Der Holocaust wurde in den Filmen erst spät thematisiert.

Die McCarthy-Ära mit ihrer erbarmungslosen Hetzjagd gegen Kommunisten erkannte Hollywood als ideales Opfer. Juden und Kommunisten wurden in einem Atemzug genannt. Die Studiochefs standen unter Druck und wollten als besondere Patrioten glänzen. Sie schwärzten ihre Kollegen an oder denunzierten sie. In diesen Jahren ging auch das Goldene Zeitalter Hollywoods zu Ende, das Studiosystem wurde aufgelöst, zusätzlich sorgte der Siegeszug des Fernsehens für den Niedergang der Filmindustrie.

Doch nur vorübergehend. Denn mit Produzenten wie Lew Wasserman und Regisseuren wie Billy Wilder oder später Steven Spielberg, deren Filme große Begeisterung auslösten, erholte sich die Industrie, und erneut waren es oft Filme mit den Inhalten der Gründerväter, die für Furore sorgten: aus ärmlichen Verhältnissen kommend, kämpfte man für die Erfüllung eines Traums und gelangte schließlich zum Erfolg – Happy End garantiert.

Heute gehören die Studios in Hollywood riesigen Medienkonzernen, eine gigantische Unterhaltungsindustrie ist entstanden. Hollywood ist nach wie vor und vermutlich auch in Zukunft der Ort, an dem Träume lebendig werden. Noch immer tragen viele kreative Juden dazu bei. Eine Ablehnung ihres Judentums ist kein Thema mehr, im Gegenteil: Filme, die sich mit der jüdischen Identität, mit jüdischer Kultur, aber auch mit der Schoah auseinandersetzen, sind zu einem wesentlichen Bestandteil der Hollywood-Kultur geworden.

So spannt sich ein Bogen über die Geschichte der Traumfabrik, die eine zutiefst jüdische Erfindung ist, bis in die Gegenwart. Eine Erfindung von osteuropäischen Juden, die mit aller Kraft aus ihrem Leben etwas machen wollten und das in den USA umsetzen konnten. Sie verließen noch aus freien Stücken ihre Geburtsorte in Ungarn, Galizien oder Deutschland. Wenige Jahre später wäre das nicht mehr möglich gewesen. Werner Hanak-Lettner hat aus der (jüdischen) Geschichte Hollywoods ein spannendes Ausstellungsprojekt gemacht, zu Recht der fulminante Auftakt des wiedereröffneten Jüdischen Museums Wien!

Ich möchte mich bei allen, die am Zustandekommen dieser Ausstellung beteiligt waren, den Mitarbeiterinnen und Mitarbeitern des Jüdischen Museums sowie dem gestalterischen Team um Christian Prasser und Stefan Fuhrer, und schließlich bei den zahlreichen und großzügigen Leihgeberinnen und Leihgebern in Europa und den USA sehr herzlich bedanken. Besonders möchte ich dabei die Österreichische Nationalbibliothek und Generaldirektorin Dr. Johanna Rachinger hervorheben. Die Leihgaben aus ihrer Sammlung riesiger amerikanischer Filmposter aus den 1920er und 1930er Jahren haben unserer Ausstellung den speziellen *Bigger-Than-Life*-Glanz verliehen. Besonderer Dank gilt auch unserem Kooperationspartner, dem Österreichischen Filmmuseum, mit seinem Direktor Alexander Horwath, das die Ausstellung mit der Filmreihe ‚Hall of Mirrors. Hollywood über Hollywood' (20.1.-8.2. 2012) begleiten wird.

Zahlreiche Persönlichkeiten und Institutionen sind uns mit Rat und Tat zur Seite gestanden. Sie haben wir am Ende dieses Buches gewürdigt. Einen besonderen Dank darf ich an die Familien der Hollywood-Gründer richten, an Jim und Gisela Zukor, an Carla Laemmle und Rosemary Hilb, an Cass Warner Sperling sowie an Daniel Selznick. Und schließlich an jene, die selbst aktiv in Hollywood Geschichte geschrieben und uns immer wieder beraten haben: an den in Wien geborenen Eric Pleskow, ehemaliger Präsident von United Artists und amtierender Präsident der Viennale, des Vienna International Film Festivals, sowie an den in Wien lebenden Produzenten Andrew Braunsberg, der viele Filme von Roman Polanski ermöglicht hat.

Die Ausstellung über die ersten hundert Jahre Hollywoods zeigt das Bild dieser wunderbaren Parallelwelt des 20. Jahrhunderts, die in den USA aus europäisch-jüdischen Sehnsüchten entstanden ist und zu einem unauflöslichen Band, einem jüdischen Band zwischen Europa und den USA geworden ist.

Danielle Spera
Direktorin

BIGGER THAN LIFE
100 Jahre Hollywood. Eine jüdische Erfahrung

Werner Hanak-Lettner

How Big? Bigger Than Life!
Immer wieder habe ich Filmhistoriker und -interessierte während meiner Recherche gefragt, wie viele Filme Hollywood ihrer Meinung nach bis heute produziert habe. Die Schätzungen reichten von 20.000 bis 300.000. Im Februar 2011 fand ich in Los Angeles schließlich den Mann, der mir eine präzise Antwort geben konnte. Robert S. Birchard, Herausgeber des *Catalog of Feature Films* des American Film Institute (AFI): „Zwischen 1911 und 2010 entstanden 42.714 Langfilme. 11.167 davon sind Stummfilme, sie wurden bis in die Jahre 1927/28 gedreht. Davon existieren heute aber nur noch 22%, der Rest wurde vernichtet. Dazu kommen noch ca. 17.000 Kurzfilme, die zwischen 1883 und 1910 entstanden sind und weitere 25-30.000 Kurzfilme bis 1920." „In Spitzenjahren", so erklärte Birchard weiter, „gab es bis zu 800 abendfüllende Filme, 2010 wurden 462 ‚theatrically released', darunter auch einige Dokumentationen. Die Academy of Motion Picture Arts and Sciences hat davon 238 für die Academy Awards in Betracht gezogen."

Auf meinem Weg zurück vom American Film Institute fuhr ich durch das historische Hollywood, das heute vor allem Souvenirläden und kaum Filmproduktionsfirmen beherbergt. Doch Sid Graumans prächtige Kinos, das Chinese und das Egyptian Theatre, erinner-

Großer Auftritt für den *Big Screen*: Grauman's Egyptian Theatre in Hollywood, 1936 (links).

Humphrey Bogart am Gelände des Warner Bros. Studios, um 1940 (Mitte).

James Dean in einer Drehpause von *East of Eden* (Elia Kazan, 1955) am Warner Bros. Studio-Gelände (rechts).

ten mich wieder daran, dass die Industrie, die von diesem Ort ihren Siegeszug startete, bisher nicht nur über 40.000 Langfilme für Amerika und die ganze Welt produziert, sondern auch dem *Big Screen* und den *Bigger-Than-Life*-Darstellungen dauerhaft zum Siegeszug verholfen hat. Die Geschichten, die Helden, die Stars, die Happy Ends, alles geriet hier größer als im wahren Leben. Zudem verkörpert Hollywood selbst die Geschichte eines unglaublichen Wachstums: Vom landwirtschaftlich geprägten Orangenhain und seinen Anfängen als New Yorker Filmkolonie am Beginn der 1910er Jahre aus formte das frühe Hollywood die USA nicht nur in filmhistorischer, sondern auch in wirtschaftlicher Hinsicht.[1] Im Jahr 1939 – der meistbesuchte Film aller Zeiten *Gone with the Wind* läutete gerade das Goldene Zeitalter Hollywoods ein, existierten in Amerika knapp mehr Kinos (15.115) als Bankfilialen (14.952). Dabei fanden 673 Millionen Dollar ihren Weg über die Kinokassen in die Bücher der Studios. Gemessen am Gewinn war die Filmindustrie der elftgrößte Industriezweig der Vereinigten Staaten und Louis B. Mayer, Chef von Metro-Goldwyn-Mayer, war 1937 mit einem Gehalt von 1,3 Millionen Dollar der bestbezahlte Mann des Landes.[2]

Hollywood blieb nur kurz ein ausschließlich amerikanisches Phänomen. Es strahlte bald dorthin zurück, woher seine Gründer stammten: Bereits nach dem Ersten Weltkrieg, als mit der bis dahin führenden französischen Filmindustrie die gesamte europäische einbrach, zeigten Kinos in Europa mehr amerikanische als europäische Filme. Und die Bewohner des alten Kontinents, selbst seine Bildungsbürger, nahmen das Angebot an. Wie Stephan Kurz und Michael Rohrwasser in ihrer neuen Studie nachweisen können, sahen sich der kinobegeisterte Wiener Schriftsteller Arthur Schnitzler und seine Lebensgefährtin Clara Katharina Pollaczek in den 1920er Jahren hauptsächlich amerikanische Produktionen an.[3]

Heute gibt es wahrscheinlich kaum jemanden auf der Welt, auch nicht in den entlegenen, der westlichen Kultur abgewandten Provinzen, der oder die nicht schon einmal von Hollywood gehört oder Filme ‚aus Hollywood' gesehen hat. Dabei ist es eine Ironie der Geschichte, dass die erste Begegnung heute fast immer durch das Fernsehen, dem ehemaligen Todfeind Hollywoods zustande kommt. Mit diesem Medium findet Hollywood heute seine Zuschauerinnen und Zuschauer weltweit mit hoher Treffsicherheit. Niemand entkommt der Film- und Sehnsuchtszentrale (oder seinen Kindern im Geiste mit ähnlichen Namen wie ‚Bollywood'). Die Mythenmaschine lieferte und liefert Amerika noch immer die Bilder zu seinem Traum, der seither auf der ganzen Welt geträumt wird. Als Konsequenz wird Hollywood wegen seiner Kunst, das menschliche Dasein *Bigger Than Life* zu erzählen, vergöttert bzw. wegen seiner industriellen Oberfläche verachtet.

Hollywood ist kein einfaches, sondern ein vielschichtiges und hintergründiges Gebilde. Dabei ist

Bilder, die Hollywood von sich selbst in die Welt sandte: Greta Garbo mit Leo, dem ‚Logo-Löwen' von Metro-Goldwyn-Mayer (links).

Kreative, die Hollywoods Eigenbild konsequent gegen den Strich bürsteten: die Regisseure Billy Wilder und Erich von Stroheim (als General Rommel) am Set von *Five Graves to Cairo* (Paramount, 1943) (rechts).

immer wichtig zu bedenken, dass Hollywood nicht nur das ist, wofür es gemeinhin steht: Es ist auch immer wieder das Gegenteil seines eigenen Images. Die sogenannte Traumfabrik (selten ist der Begriff positiv gemeint) hat sich selbst immer wieder gegen den Strich gebürstet, hat Regisseure wie Erich von Stroheim, Howard Hawks, Billy Wilder, Orson Welles, Robert Altman oder Quentin Tarantino hervorgebracht bzw. zugelassen. Hollywood hat sich darüber hinaus als sehr krisenresistent erwiesen, was nicht bedeutet, dass nicht auch einzelne Personen, Konglomerate oder Studios immer wieder großartig in die Pleite geschlittert sind. Doch das globale Dramenproduktionszentrum an der Westküste konnte sich immer wieder, und es scheint, als wäre es manchmal im buchstäblich letzten Moment gewesen, gerade noch rechtzeitig neu erfinden. So sind die Studios beispielsweise aus dem Gerichtsentscheid 1948, die eigenen Kinoketten abstoßen zu müssen, oder aus dem Zweikampf mit dem neuen Medium Fernsehen, letztlich gestärkt hervorgegangen. Selbst die eigene Verkrustung, hervorgerufen durch die Megalomanie-Sucht der 1950er und 1960er Jahre, die im Kampf gegen das Fernsehen entstanden war, konnte mit Hilfe der jungen Regie- und Produzenten-Generation von New Hollywood am Ende der 1960er Jahre überwunden werden. Ob die größte und mächtigste Bildermaschine des 20. Jahrhunderts, die aktuelle Entwicklung im 21. Jahrhundert, in der das große Leinwandbild zwar bestehen bleibt, gleichzeitig aber in viele kleine digitale Fragmente zerfällt, übersteht, ist nicht ausgemacht. Doch die Netzwerke zwischen Los Angeles und New York sind gut aufgestellt. Dass die Produktion der Filme heute oft in ganz anderen Ländern stattfindet (die sich durch Steuergeschenke Arbeitsplätze in der Filmindustrie versprechen), ändert daran nichts Wesentliches.

Jewish Planet Hollywood?

Eine Ausstellung über Hollywood in einem jüdischen Museum lässt auch für Unkundige den Schluss zu, dass Juden und Hollywood etwas miteinander zu tun haben. Andere wiederum – auch sie sind, wenn auch in einem andere Sinne, unkundig – wissen schon lange ganz genau, dass die Juden etwas mit Hollywood ‚zu tun haben', oder, wie es dann oft heißt, dass sie Hollywood ‚kontrollieren' oder ‚dominieren'. Diese Vorwürfe sind älter, als die meisten Menschen denken. Sie stammen aus der Zeit, in der Hollywood von europäischen Juden, Einwanderern der ersten und zweiten Generation, gegründet wurde. Das Filmbusiness war nach der Jahrhundertwende noch kein ‚fertiger' Industriezweig und bot noch zahlreiche Entwicklungsmöglichkeiten. Und die alten Eliten, die die anderen großen Branchen bereits fest in der Hand hielten, konnten aus diesem Bereich von den Einwanderern leichter verdrängt werden. Die Vorwürfe wurden stärker und absurder, je mächtiger die ehemals ‚unabhängigen' Hollywood-Studiogründer wurden, und erreichten in politischen Krisenzeiten, beispielsweise vor dem Ausbruch des Zweiten Weltkriegs und während der Kommunistenhatz zu Beginn des Kalten Krieges, ihren Höhepunkt.

‚Hollywood's Jewish Question' ist ein Thema, seit es Hollywood gibt. Und es wird immer eines bleiben. Im Katalog zu ihrem ausgezeichneten Ausstellungsprojekt *Entertaining America. Jews, Movies, and Broadcasting* am Jewish Museum New York schrieben J. Hoberman and Jeffrey Shandler einleitend: „Das jüdische Engagement in der amerikanischen Filmindustrie wurde fast von Beginn an öffentlich heiß debattiert. Zu ‚Hollywood's Jewish Question' meldeten sich Juden wie Nichtjuden, Anti- wie Philosemiten, Branchen-Insider wie wissenschaftliche Beobachter, Geistliche wie Laien, Romanautoren wie Journalisten zu Wort. Es gab wüste Beschimpfungen und neckische Verschleierungen, spielerische Selbstironie und bohrende Analysen. Die nun schon über drei Generationen geführte Diskussion ist eine der extensivsten, diversesten und umstrittensten öffentlichen Debatten zu Juden in Amerika und dem Judentum als kulturelle Kraft in diesem Land."[4] Dass es sich dabei tatsächlich um eine große und unendliche Diskussion handelt, der sich jüdische Amerikaner, insbesondere jene, die hin und wieder für Hollywood arbeiten, nicht entziehen können, ist einer ironisch-resignativen Notiz des US-Theaterautors und Filmemachers David Mamet in seinem Aufsatz *Jews in Show Business* aus dem Jahr 2007 zu entnehmen. „Note: 1. Yes, there are a lot of Jews in the movie business. 2. No, we did not kill Christ."[5]

Die Vorwürfe gegen die ‚Hollywood-Juden' waren selten harmlos und setzten sich aus allen Spielarten des klassischen Antisemitismus zusammen. Die

Juden wurden als übersexualisierte Monster, Kapitalisten, Kommunisten, Christenfeinde oder Vaterlandsverräter charakterisiert, nicht selten wurde auf alle Stereotype auf einmal zurückgegriffen (vgl. Abb. S. 86). Gewarnt wurde vor ihnen als Unmenschen, die nur darauf aus wären, die Jugend der White-Anglo-Saxon-Protestants und der Katholiken zu verderben. Die Kinos, die nun in jeder kleinen Stadt neben der Kirche standen, wurden als Sündenpfuhle stigmatisiert, da hier unaufhörlich neue verwerfliche Ware aus Hollywood eintraf, der die unschuldige Landjugend ungeschützt ausgeliefert war (*Kapitel 8*).

Der Artikel *Who runs Hollywood? C'mon* des Journalisten Joel Stein aus dem Jahr 2008 zeigt, dass dieses Abarbeiten an ‚Hollywood's Jewish Question' durchaus nicht abgeschlossen ist. Analog zu Mamet verwendet Stein eine humorvoll-provokante Sprache für seine Ausführungen zum Thema. Eine Strategie, die von jüdischer Seite in der Öffentlichkeit vor 1970 nicht angewandt worden wäre: „Noch nie habe ich mich so über eine Umfrage geärgert", schreibt Stein in der Los Angeles Times: „Nur 22% der Amerikaner glauben, dass die Film- und Fernsehindustrie hauptsächlich von Juden betrieben wird. 1964 waren es noch 50%. Die Anti-Defamation League, die diese Umfrage publizierte, sieht in diesen Zahlen einen Sieg gegen die Stereotypisierung. Tatsächlich aber zeigen diese Zahlen nur, wie dumm Amerika geworden ist. Die Juden haben Hollywood total in der Hand."[6] Stein nimmt eine ganzseitige Anzeige der Studio-Bosse, die diese 2008 anlässlich des schwelenden Konflikts mit den Drehbuchautoren geschaltet hatten, als Beispiel und zeigt, dass alle unterzeichnenden Studio-Chefs (u.a. Paramount, Warner Bros., CBS, MGM, NBC, Walt Disney) jüdisch sind, ebenso wie der im Schreiben adressierte Präsident der Screen Writers Guild Alan Rosenberg. Und resümierend, alle Zweifel über seine Motive ausräumend, stellt Stein fest: „Als stolzer Jude möchte ich Amerika über unsere Leistungen informieren: Ja, wir kontrollieren Hollywood. (...) Daher habe ich es auf mich genommen, eine PR-Kampagne zu starten (weil das das ist, was wir besonders gut können), wobei ich mehrere Slogans überlege: ‚Hollywood, jüdischer denn je!', ‚Hollywood: Von dem Volk, das Euch die Bibel brachte' oder ‚Hollywood: Wenn Sie gerne fernsehen oder ins Kino gehen, werden sie die Juden vielleicht auch irgendwann mögen'."

Filmhistorische Vexierbilder

In der filmhistorischen Diskussion in den USA blieb ‚Hollywood's Jewish Question' bis in die 1970er Jahre unterbelichtet, was auch mit der seltenen Thematisierung jüdischer Identitäten in den Hollywoodfilmen selbst korreliert (*Kapitel 21, 22, 24*). Erst Robert Sklars hervorragende, 1975 erschienene Studie *Movie-Made America: How the Movies Changed American Life*, die die Filme in einen sozialen und politischen Kontext stellte, strich die Bedeutung der amerikanischen Einwanderer-Ghettos für den Ursprung Hollywoods heraus. Aus diesen Ghettos stammten sowohl das an der Filmunterhaltung höchst interessierte Publikum als auch die zukünftigen Macher der laufenden Bilder. Hier lernten die Studiogründer die Bedürfnisse der armen Massen kennen, für die sie später ihre Erzählungen entwickelten.

In Europa, woher diese Einwanderer ursprünglich stammten, blieb das Bewusstsein für ihren jüdischen Background weit über den Beginn der 1980er Jahre ausgeblendet und tabuisiert. Plastisch begreifen lässt sich dieses Phänomen retrospektiv anhand der epischen, 1980 erstmals gesendeten dreizehnteiligen Dokuserie *Hollywood: A Celebration of the American Silent Film* der beiden britischen Filmhistoriker Kevin Brownlow und David Gill. Jede einzelne Folge ist eine

Die Familie von Universal-Gründer Carl Laemmle, von links nach rechts: Sohn Carl Laemmle, Jr., Bruder Joseph, Ehefrau Recha, Carl Laemmle, Tochter Rosabelle, Charlotta, Peppi und Sigfried Laemmle, Ende 1920er Jahre.

intensive Einführung in die frühe Welt Hollywoods und ein bemerkenswert sinnliches Erlebnis, insbesondere die zahlreichen kurzen Einblicke in selten gezeigte Stummfilme, abgespielt in einer Geschwindigkeit, die die Schauspieler und dargestellten Rollen keiner unfreiwilligen Komik preisgibt, sondern ihnen im Gegenteil ihre Würde zurückgibt. Einzigartig auch die zahlreichen Interviews mit den Protagonisten Hollywoods vor und hinter der Kamera, von denen heute niemand mehr lebt: Schauspielerinnen wie Gloria Swanson, Lilian Gish oder Colleen Moore und Regisseure wie Henry Hathaway, King Vidor, Frank Capra oder William Wyler erzählen neben Kameramännern oder Special-Effects-Künstlern in alter Frische von ihren ersten Eindrücken und der harten Arbeit hinter den Kulissen der Glitzerstadt. Die Serie hatte einen ganzheitlichen Anspruch, thematisierte die frühen Filmtechnik-Pioniere, die neue Filmstadt Hollywood, ihre Skandale und die darauf einsetzende Selbstzensur, das Phänomen Filmstar, die Regie-Giganten Erich von Stroheim und Cecil B. DeMille, die Welt der Kameraleute, der Stuntmen und anderer unverzichtbarer Protagonistinnen und Protagonisten am Filmset.

Weder besprochen noch gewürdigt wurden jedoch die Produzenten und Studiobosse, und damit die Gründer Hollywoods. Diejenigen, die das System ermöglicht hatten, die im Hintergrund die Fäden zogen und ziehen, waren in dieser Serie wie ausgelöscht. Ebenso ihre Leistungen, Visionen sowie ihre in den meisten Fällen migrantische bzw. jüdische Herkunft. Ob sich die britischen Filmhistoriker für die Produzenten nicht interessierten, ihre Rolle gegenüber den ‚Kreativen' ohnehin für überschätzt hielten oder ob sie vermeiden wollten, auf ‚Hollywood's Jewish Question' eingehen zu müssen, lässt sich aus der Serie heraus nicht klären. Informationen über die Bedeutung der Studiogründer, über deren jüdisch-osteuropäische Herkunft waren damals jedenfalls auch schon in Europa bzw. England zugänglich: in Form alter und neuer Biografien, beispielsweise zu Adolph Zukor mit dem Titel *The House that Shadows Built* aus dem Jahr 1928 von Will Irwin, oder *Goldwyn. A Biography of the Man Behind the Myth* von Arthur Marx, Sohn von Groucho Marx, aus dem Jahr 1976.

Führt man sich die Abwesenheit der Produzenten bzw. der jüdischen Macher von Hollywood in dieser ansonsten großartigen englischen Dokumentation vor Augen, erscheint Neal Gablers 1988 publiziertes, bahnbrechendes Werk *Ein eigenes Reich. Wie jüdische Emigranten Hollywood erfanden*[7] mit seiner Konzentration auf die frühe Sozialisation der Hollywood-Gründer, ihre beengte und bedrohte Kindheit im Osteuropa des späten 19. Jahrhunderts wie eine explosive Antwort auf das beredte Schweigen der beiden englischen Filmhistoriker. Gabler schuf ein Porträt der fast ausschließlich aus Osteuropa oder von der New Yorker Lower East Side stammenden Studiogründer und ihres ‚Reiches' in Hollywood, dessen Entstehung er

Regisseur Edward Laemmle, Neffe von Carl Laemmle (Mitte), mit Teilen des Ensembles der Kino-Serie *In the Days of Buffalo Bill*, anlässlich einer Würdigung, 1922 (links).

Anerkennungspokal für Edward Laemmle für die Kinoserie *In The Days of Buffalo Bill* (Universal, 1922 (rechts).
(Katalog: Set 1, S. 191)

nicht nur kultur- und sozialhistorisch, sondern auch freudianisch analysierte: „Bei genauerem Hinsehen erkennt man, dass dieses Reich zugleich eine fiktive Rehabilitierung der Magnaten und ihres Lebens darstellte – eines Lebens, in dem die Väter schwach, die Familien von Zerfall bedroht und die Menschen nicht attraktiv waren, zum Scheitern verurteilt, lebensuntüchtig und gleichgültig. Diese Rehabilitierung war indes nicht bloß fiktiv: Indem sie auf der Leinwand ein mythisches Amerika schufen, machten sich die Hollywood-Juden zugleich daran, sich selbst neu zu entwerfen."[8]

Gablers Buch hat die Diskussion um die Erfindung Hollywoods und um seine Protagonisten nachhaltig beeinflusst. Seine Darstellung, nach der es die zumeist wenig gebildeten, zum größten Teil in der amerikanischen Textilindustrie groß gewordenen Einwanderer waren, die Hollywood, zuerst als Filmvorführer und später als Produzenten und Vertriebsgenies, nicht nur im Kampf gegen den bereits existierenden Trust um Thomas Edison zu einer tatsächlichen Industrie geformt, sondern mit ihren Filmen auch Amerikas Werte und Mythen, Traditionen und Archetypen in neue Bilder gegossen und sogar neue Bilder geschaffen hatten, ist faszinierend. Selbst um den Preis, dass Gabler in diametralem Gegensatz zu den Briten Brownlow und Gill darauf verzichtet, die Beiträge der Regisseure, Drehbuchautoren oder Kameraleute am Set darzustellen. Und um den Preis der teilweise spröden Thesenhaftigkeit des Buches, das beinahe alle Handlungsmotivationen auf Seiten der Studiogründer in ihren brüchigen Familien und ihrer prekären Herkunft aus dem jüdischen Osteuropa verortet.

Eine Hollywood-Ausstellung in Europa

Mein Konzept für die Ausstellung *BIGGER THAN LIFE. 100 Jahre Hollywood. Eine jüdische Erfahrung* erhielt seinen ersten Input von Gablers epischer Erzählung. Er lenkte mein Interesse auf die Bedeutung der Juden für Hollywood und die Bedeutung Hollywoods für die Juden, auf die europäisch-jüdische Herkunft der Studiogründer sowie auf ihre Agenda, vom amerikanischen Rand in die Mitte dieser einzigartigen Willensnation vorzudringen. Doch auch von zahlreichen anderen Studien zum Thema und seinen Teilaspekten ist viel in das Konzept eingeflossen. Nachhaltig beeindruckte mich die Ausstellung und der Katalog *Entertaining America. Jews, Movies, and Broadcasting* von J. Hoberman und Jeffrey Shandler (The Jewish Museum New York, 2003). Die beiden Autoren erweiterten vor allem mein Wissen über Hollywoods Annäherung an den Holocaust und zeitgenössische Trends in der amerikanischen Filmindustrie. Ein Buch, das den Weg zum Themenschwerpunkt Film in den 1930er Jahren (*Kapitel 9, 10, 11*) gewiesen hat, war Rachel Rubins und Jeffrey Melnicks *Immigration and American Popular Culture* (New York und London, 2007). Die Autoren weisen darin nach, wie sehr die amerikanische

Premierenabend in Hollywood, um 1940. Die Suchscheinwerfer gehören wie der rote Teppich, die Oscar®-Statuette und das Hollywood-Sign zu den unverwechselbaren Ikonen der Filmstadt.

Populärkultur den Immigranten als Wegweiser in Fragen der Integration zur Seite stand und dies heute immer noch tut. Rachel Rubin konnten wir zu einem Beitrag zur Kulturgeschichte der Gangsterfilme, einem zentralen Genre dieser Zeit, gewinnen.

In der Ausstellung und dem Katalogbuch BIGGER THAN LIFE spielen sowohl die USA als auch Europa eine wichtige Rolle. Das geografische Koordinatensystem, aber auch der gedankliche Raum dieses Projekts, ziehen sich von Osteuropa bis an die amerikanische Westküste (*Kapitel 1*), von New York, dem Eingangstor der europäischen Immigranten und der ersten wichtigen Film- und Kinostadt Amerikas bis nach Hollywood (*Kapitel 2, 3*), jener neuen Filmstadt, die wie das Ziel vieler Pioniere am Ende eines langen Trails nach Westen lag (*Kapitel 6*). Sie verwandelte sich dabei von einem sonnig-lichtdurchfluteten Geheimtipp in die neue Heimat der Gründer der amerikanischen Filmindustrie mit eigener Synagoge und Country Club (*Kapitel 8*). Und schließlich wurde Hollywood zu jener Stadt, deren Name sich durch das täglich glänzender werdende Image von ihrer topografischen Funktion emanzipierte und bald für den amerikanischen Traum schlechthin stehen sollte.

BIGGER THAN LIFE beleuchtet die Motive und Strategien der frühen Protagonisten, ihre Liebe und Dankbarkeit zu dem Land, das ihnen die Möglichkeit gab, sich selbst zu verwirklichen. Demutsbezeugungen wie jene von MGM-Boss Louis B. Mayer, seinen Geburtstag am amerikanischen Unabhängigkeitstag festzusetzen, oder Liebeserklärungen wie jene des Kinopioniers Barney Balaban, der eine der vierzehn originalen Kopien der *Bill of Rights* ersteigerte, um sie der Library of Congress als Ausdruck der Dankbarkeit für die Freiheit, die seine aus Russland eingewanderten Eltern in den USA vorfanden, zu stiften, lassen verstehen, warum die meisten Studiogründer hauptsächlich an Filmen interessiert waren, deren Geschichten nach überstandener Konfrontation in ein Happy End im Rahmen der amerikanischen Familie mündeten.

Das Netz der Ausstellungserzählung, dem auch der Katalog folgt, spannt sich zwischen den Wendepunkten der Geschichte Hollywoods: von der Übersiedlung der Filmindustrie nach Kalifornien, der Revolution des Tonfilms, die ausgerechnet durch einen jüdischen *Jazz Singer* eingeleitet wurde (*Kapitel 7*), um dann in den Comedy-, Gangster- und Horrorfilmen zur filmischen Normalität zu werden – in Genres, die kulturhistorisch Interessantes über die Präsentation jüdischer Identitäten in den krisengeschüttelten 30er Jahren zu berichten wissen (*Kapitel 9, 10, 11*). Die Erzählung greift auch die zweite, für Hollywood immens wichtige Immigrationswelle auf, ausgelöst durch den Nazi-Terror in Deutschland, Österreich und schließlich im restlichen Europa (*Kapitel 12*), und setzt sie mit den zögerlichen Versuchen der Studios in Verbindung, Propaganda-Filme gegen die Nazis zu produzieren (*Kapitel 14*).

Der erzwungene Nachschub aus Europa lieferte Hollywood einige seiner kreativsten Köpfe, u.a. die aus Österreich stammenden Regisseure Billy Wilder, Otto Preminger oder Fred Zinnemann. Das Aufeinandertreffen der dramatischen Elite Mitteleuropas mit dem amerikanischen Studiosystem offenbarte jedoch auch die teilweise stark auseinanderdriftenden Vorstellungen einer fruchtbaren Zusammenarbeit von Geist und Kapital. Der aus Wien stammende, in Los Angeles nach Filmmusikaufträgen suchende Komponist Eric Zeisl bezeichnete Hollywood als „blaues sonniges Grab"[9]; der 1929 in Berlin geborene Dirigent André Previn verglich sein Dasein als Filmmusiker in Hollywood am Beginn seiner Karriere mit dem Los eines LKW-Fahrers: „Das Musikdepartment war weder wichtiger noch unwichtiger als beispielsweise die Abteilung für den künstlichen Rasen. (…) Jeden Tag reih-

Otto Preminger, ehemaliger Direktor des Josefstädter Theaters in Wien und unabhängiger Regie- und Produktions-Zampano in Hollywood, während der Dreharbeiten für *Exodus* in Israel (1960).

BIGGER THAN LIFE. 100 Jahre Hollywood. Eine jüdische Erfahrung. Ansicht (2. Stock, Abb. oben) und Grundriss (1. Stock, Abb. unten) der Ausstellung im Jüdischen Museum Wien (Architektur: cp-architektur, Christian Prasser, Wien 2011).

ten wir uns vor dem Musikdepartment auf wie Lastwagenfahrer in Erwartung der Einteilung, wer heute mit Tomaten nach Chicago oder mit Möbeln nach Delaware fahren sollte."[10] In Anbetracht dieses unfreiwilligen *Cultural Clash* sprachen zynische Stimmen innerhalb der jüdischen Hollywood-Community von einer Rache der osteuropäischen Juden (und damit der Hollywoodgründer) an den mitteleuropäischen Juden (vor den Nazis geflohene Künstler aus Deutschland und Österreich, die in den 30er und 40er Jahren bei jenen, auf die sie und ihre Eltern traditionell heruntergeblickt hatten, um Arbeit betteln, bzw. Klinken putzen mussten).

Während sich die Ausstellung zunächst mit den Produzenten und den Studiogründern beschäftigt und sich dann den Genre-Schwerpunkten widmet, wendet sie sich im letzten Drittel verstärkt den Darstellungen jüdischer Identitäten vor der Kamera zu. Von den Spezialisten für das komische Fach wie Woody Allen oder Barbra Streisand ausgehend, zählt heute die Erzählung einer urban-jüdischen Lebenswelt in zahlreichen Filmen zum narrativen Standard (*Kapitel 21, 22, 24*). Die Hinwendung zur Thematisierung des Jüdischen lässt sich nicht zuletzt in den Filmen erkennen, die den Holocaust thematisieren. Während in den ersten Jahrzehnten nach 1945 die Opfer des Massenmords im Lichte einer menschlich-universellen Perspektive gezeigt wurden, verschob sich der Fokus in den letzten Jahrzehnten auf die Tatsache, dass es sich bei der Schoah um die Ermordung der europäischen Juden gehandelt hatte (*Kapitel 16 und 23*).

Die Ausstellung in 24 Kapiteln über die hundertjährige Geschichte Hollywoods soll ein konzises Narrativ anbieten, das sowohl Hollywood-Klischees anreißt, gleichzeitig aber auch durchblicken lässt, dass das Phänomen Hollywood und seine Kulturgeschichte viele Schichten hat, und dass zu jedem Bild, das sich die Filmstadt von sich selbst, oder sich die Welt von ihr gemacht hat, Spiegel- oder Gegenbilder existieren. Eine Geschichte der ersten 100 Jahre Hollywoods zu erzählen, bedeutet, eine der spannendsten Kapitel der globalen Kulturgeschichte des 20. Jahrhunderts in Angriff zu nehmen. Und auf Grund ihrer Dichte und Vielfältigkeit in qualitativer und quantitativer Hinsicht, bringt eine stringente Erzählung notgedrungen auch eine Geschichte der Auslassungen mit sich.

Dabei ist die Vorstellung, den ganzen Output Hollywoods zu quantifizieren und zu qualifizieren, durchaus verführerisch. Ausgehend von den 42.714 Langfilmen, die zwischen 1911 und 2010 in Hollywood entstanden sind, reizt alleine die Überlegung und die Schätzung, wie viele Haupt- und Nebenrollen für diese Filme geschrieben wurden, wie viele Schauspieler versucht haben, diese zu interpretieren, wie viele Menschen in wie vielen Ländern diese Filme gesehen haben, und wie sehr diese Filme die Gespräche, das Verhalten und die Lebensführung dieser Menschen beeinflusst haben. Doch das ist eine andere Geschichte.

Hollywood-Gründer und Paramount-Chef Adolph Zukor, New York 1937 (links).

Ein Teller des Gala-Geschirrs von Adolph Zukor (rechts). (Katalog: Set 1, S. 191)

Wien – Hollywood und zurück

Die Ausstellung ist in Wien und auf drei Reisen nach Los Angeles und New York entstanden. Zur Machbarkeit ermutigten mich meine Kollegen in New York, die die Ausstellung *Entertaining America. Jews, Movies, and Broadcasting* im Jewish Museum zusammengestellt haben, hier danke ich vor allem Jeffrey Shandler und Fred Wasserman. 2007 habe ich das Ausstellungskonzept erstmals intern im Museum vorgestellt. Doch erst im Dezember 2010, nachdem die Ausstellung bereits zwei Mal aus finanziellen Gründen verschoben worden war, konnte die eigentliche Reise in das Herz Hollywoods beginnen. Danielle Spera danke ich für ihre entschiedene Unterstützung, wodurch wir das Projekt schließlich realisieren konnten.

Die Besuche und freundliche Aufnahme bei den Familienmitgliedern der Studiogründer wurden zu besondere Ereignissen und verliehen mir die Kraft, den Mythos Hollywood in eine Ausstellungserzählung zu verdichten. Ich danke Jim und Gisela Zukor für das Gespräch und die daraus resultierenden sensationellen Leihgaben aus dem Nachlass ihres Großvaters, dem Paramount-Gründer Adolph Zukor. Den Kontakt ermöglichte ein inzwischen ‚alter' Freund des Museums, Randy Schoenberg, Enkel von Arnold Schoenberg. Wichtige Kontakte vermittelten mir auch Rabbi Steven Leder und Rabbi Karen Fox vom Wilshire Boulevard Temple, dessen herausragende Bedeutung für die Hollywood-Gemeinde ich im Kapitel 8 dieses Buches behandelt habe. Durch das Gemeindemitglied Greg Laemmle, Chef der Laemmle Theatres, lernte ich Rosemary Hilb und schließlich ihre Tante Carla Laemmle kennen. Der Besuch und das Interview mit der 101-jährigen Nichte des Universal-Gründers, die 1931 als 22jährige in der klassischen *Dracula*-Verfilmung mit Bela Lugosi gespielt hatte, werden mir unvergesslich bleiben. Bei einem Mittagessen in der Residenz der österreichischen Generalkonsulin Karin Proidl, die das Projekt großzügig unterstützte, lernte ich Cass Warner Sperling, Enkelin von Harry Warner kennen, die mit ihrer Plattform Warner Sisters Inc. ebenfalls die frühe Hollywood-Geschichte erforscht. Denkwürdig bleiben auch der Nachmittag bei Daniel Selznick und seine Erzählungen über seine Arbeit in New Hollywood mit Peter Bogdanovich und Lew Wasserman, sowie die Erinnerungen an seinen Vater David O. Selznick und seinen Großvater Louis B. Mayer.

Hollywood ist nicht mit einem der Bedeutung seiner Geschichte adäquaten öffentlichen Museum gesegnet. Zwei Gründe sind dafür ausschlaggebend: zum einen ist der Fokus der Traumfabrik auf die unmittelbare Gegenwart bzw. auf die nächste Zukunft gerichtet, entscheidend ist immer das nächste Projekt. Zum anderen haben die private Struktur der Studios, ihre Vermarktung als Touristenattraktionen sowie ihre Konkurrenz untereinander kein großes gemeinsames Museum entstehen lassen. Häuser wie das Hollywood Museum in der ehemaligen Zentrale des Make-Up-Königs Max

Carla Laemmle (vorne links mit Brille) in der einführenden Kutschen-Szene von *Dracula* (Regie: Tod Browning, Universal, 1931) (links).

Carla Laemmle, geb. 1909, Schauspielerin, Tänzerin und Nichte von Universal-Gründer Carl Laemmle (rechts).

Factor sind selbst mehr Touristenattraktion als Museum. Ein kleines, sehr engagiertes Museum ist wiederum das Hollywood Heritage Museum im ehemaligen Lasky-Demille-Barn, der einst eines der ältesten Filmstudios Hollywoods beherbergte und in dem Cecil B. DeMille 1913 den ersten Langfilm in Südkalifornien drehte. Das Vereins-Museum und sein Vorsitzender Richard Adkins haben die Ausstellung tatkräftig unterstützt. Die größte öffentliche Sammlung zur Kulturgeschichte Hollywoods beherbergt das Natural History Museum Los Angeles, und es gilt die Hoffnung, dass in der 2012 neu zu eröffnenden Schausammlung mehr von den erstklassigen Memorabilia zu sehen sein wird.[11] Die Kuratorin der Hollywood-Sammlung, Beth Werling, sowie die Mitarbeiter des ebenfalls im Museum beheimateten Seaver Centers for Western History unterstützten die Ausstellung tatkräftig und stellten Kontakte zu privaten Leihgaben her.

Die Reise durch die Geschichte von Hollywood brachte viele einzigartige Begegnungen und Eindrücke mit sich. Beispielsweise einen Besuch bei Bill Marx, Sohn von Harpo Marx, der als Teenager die Requisiten seines Vaters verwaltete. Oder einen Einblick in die surrealistisch anmutenden Requisitenhäuser Hollywoods, beispielsweise dem *Prop House* von Warner Bros., in das mich die Requisiteurin Laura Richarz führte, die uns schließlich auch ihren Sessel aus Rick's Café Américain aus dem Film *Casablanca* als Leihgabe zur Verfügung stellte. Beinahe Stammgast wurde ich bei History for Hire, einem *Prop House*, das sich auf die Ausstattung von Kriegsfilmen und von Produktionen, die in der Film- oder Musik-Branche spielen, spezialisiert hat. Einen unvergesslichen Vormittag verbrachte ich im legendären Hillcrest Country Club, der 1920 von den Juden in Los Angeles gegründet worden war und in dem nicht nur die Studiogründer, sondern auch Stars wie die Marx Brothers regelmäßig verkehrten. Für diese Einladung danke ich Irwin Field, zu dem mich Edward Serotta geführt hat. Irwin Field stellte mich wiederum Danielle Berrin vor, die die wöchentliche Kolumne *Hollywood Jew* im Jewish Journal of Los Angeles verfasst. Sie schrieb nicht nur eine Kolumne über unser Ausstellungsprojekt[12], sondern auch einen Beitrag in unserem Katalogbuch. Ihr und den anderen Katalogautoren ist zu danken, dass sie sich an das enge Korsett der Kurztexte, die einen beispielhaften Einblick in das jeweilige Thema gewähren sollten, gehalten haben. Aus den USA folgten unseren Einladungen weiters Leon Botstein, Jan-Christopher Horak, Julio Vera und Daniel Itzkovitz; aus Europa Gabriele Flossmann, Rainer M. Köppl, Natalie Lettner, Christian Maryška, Brigitte Mayr, Michael Omasta, Frank Stern und Leshu Torchin.

Meinen großen Dank möchte ich unserem kreativen und effektiven Produktionsteam aussprechen, meiner Assistenzkuratorin Maren Waffenschmid, Christian Prasser für die Architektur, Stefan Fuhrer für die Grafik, Florian Prix für die Medienbetreuung, Natacha Ruck

Im *Prop House* der Warner Bros. Studios, Abteilung ‚Religion', 2011 (links).

Bill Marx, Harpo Marx' Sohn, mit dem Golfschläger seines Vaters, 2011 (rechts).
(Katalog: Set 8, S. 194)

für die Filmrechte-Abklärung, Andrea Huemer für das Lektorat und die Übersetzungen ins Deutsche, Nick Somers für die Übersetzungen ins Englische, Petra Springinsfeld und Naomi Kalwil fur die Ausstellungsorganisation, sowie all den anderen, die dieses Projekt ermöglicht haben. Für die konzeptive Unterstützung, die ich in unzähligen Gesprächen erhielt, möchte ich auch meiner Frau Natalie Lettner danken. Unser gemeinsames Interesse für Los Angeles und Hollywood hat es mir ermöglicht, dieses Projekt in seiner Größe zu bewältigen und schließlich auch zu Ende zu führen.

Abschließend möchte ich diese Arbeit jenen Menschen widmen, die mir im Laufe meines Lebens geholfen haben, mein Interesse für die Geschichte und Gegenwart der USA auszuleben und zu vertiefen, wodurch auch diese Arbeit entstehen konnte: Ich denke an meinen Lebensfreund Curtiss Calleo in New York, an die in diesem Jahr in New York verstorbene Modedesignerin Lucie Porges, ihren ebenfalls aus Wien stammenden Mann, den Cartoonisten Paul Peter Porges, an meine großzügigen Gastgeber in Los Angeles, Ditta und George Bishop, die wie die Porges-Family nach den Jahren der Schoah in den USA eine neue Heimat fanden, schließlich die aus Wien stammende Historikerin Gerda Lerner, die mir die Augen für die amerikanische Geschichte öffnete, sowie Leon Botstein, Präsident des Bard College, an dem ich 2004 ein Semester forschen durfte.

Für mich wird diese Arbeit auch immer mit der Erinnerung an meine Schwester Irmi Maral-Hanak, Professorin für Afrikanistik an der Universität Wien, verbunden bleiben, die knapp vor der Eröffnung der Ausstellung nach einem langen Kampf gegen den Krebs von uns gegangen ist.

1 In finanzieller Hinsicht blieb Hollywood immer eine Kolonie von New York, wo nach wie vor die strategischen Entscheidungen getroffen werden.

2 Vgl. Otto Friedrich, *City of Nets. A Portrait of Hollywood in the 1940s,* Berkeley - Los Angeles, 1997 (1986), S. 14f.

3 Stephan Kurz und Michael Rohrwasser (Hg.), *‚A. ist manchmal wie ein kleines Kind'. Clara Katharina Pollaczek und Arthur Schnitzler gehen ins Kino,* Manu Scripta, Band 2, Editionen aus der Handschriftensammlung der Wienbibliothek. *Erscheint im Böhlau Verlag, Wien 2012.*

4 J. Hoberman und Jeffrey Shandler (Hg.), *Entertaining America. Jews, Movies, and Broadcasting,* Princeton - Oxford 2003, S. 47.

5 David Mamet, *Jews in Show Business,* in: Ders., *Bambi vs. Godzilla. On the Nature, Purpose, and Practice of the Movie Business,* New York 2007, S. 22.

6 Joel Stein, *Who runs Hollywood? C'mon,* in: Los Angeles Times, 19. Dezember 2008. http://articles.latimes.com/2008/dec/19/opinion/oe-stein19

7 Neal Gabler, *An Empire of Their Own. How the Jews Invented Hollywood, 1988.*

8 Neal Gabler: *Ein eigenes Reich. Wie jüdische Emigranten Hollywood erfanden.* Berlin 2004, S. 18.

9 Zitat aus einer Widmung Zeisls an seinen Freund Fritz Altmann. Zit. nach Karl Albrecht-Weinberger und Werner Hanak, *‚Hitler, die Sonne und meine Großmutter'. Über die Rückkehr Eric Zeisls ins kulturelle Bewusstsein,* in: Werner Hanak, Michael Haas, Karin Wagner (Hg.), *Endstation Schein-Heiligenstadt. Eric Zeisls Flucht nach Hollywood,* Wien 2005, S. 8.

10 André Previn, zit. nach Otto Friedrich, *City of Nets. A Portrait of Hollywood in the 1940's,* Berkeley - Los Angeles 1997, S. 47f.

11 Dass ein Naturkundemuseum die größte Sammlung zu Hollywood in seinen Beständen hält, verdankt sich der Tatsache, dass es sich bei diesem Haus lange Jahrzehnte um das Museum für die Gesamtgeschichte des Los Angeles County handelte. 1961 zog das Kunstdepartment aus und gründete sich als Los Angeles County Museum of Art neu.

12 Vgl.: http://www.jewishjournal.com/hollywood_jew/article/history_of_hollywood_jews_to_show_in_vienna_20101215/

Hollywood und die Geburt des audiovisuellen Amerika

Leon Botstein

In der Geschichte der Kunst hat kein Medium die paradoxe Frage, ob die Kunst das Leben oder das Leben die Kunst imitiert, so sehr provoziert wie der Film. Bis Ende des 19. Jahrhunderts war die Illusion des Realismus eine bestimmende Kategorie der gesamten Kunstproduktion. Als aus der Sicht des Künstlers der Kampf mit der Darstellung herausfordernder und die Übereinstimmung mit der Realität problematischer wurde, änderte sich die Idee von der Kunst als eine Beschreibung der äußeren Welt hin zur Vorstellung, dass die tatsächliche Aufgabe der Kunst die Erforschung des Subjektiven sei. Diese Modellskizze der Geschichte der Moderne lässt sich in der Veränderung der Malerei nachverfolgen. Der erzählerische Impuls des 19. Jahrhunderts, erinnerbare Charaktere darzustellen und bedeutender Ereignisse zu gedenken – veranschaulicht in der historischen Genre-Malerei von Emanuel Gottlieb Leutzes *Washington Crossing the Delaware* (1851) oder Mihály Munkácsys *Christus vor Pilatus* (1881) – wurde vom Impressionismus, Expressionismus, Symbolismus, und schließlich durch die Abstraktion überholt. Der Roman unterlag einer ähnlichen Entwicklung, indem der Realismus, der Flauberts *Madame Bovary* (1856) charakterisierte, neuen erzählerischen Methoden – z.B. dem inneren Monolog und assoziierenden Gedankensprüngen –, wie bei James Joyces *Ulysses* (1922), wich.

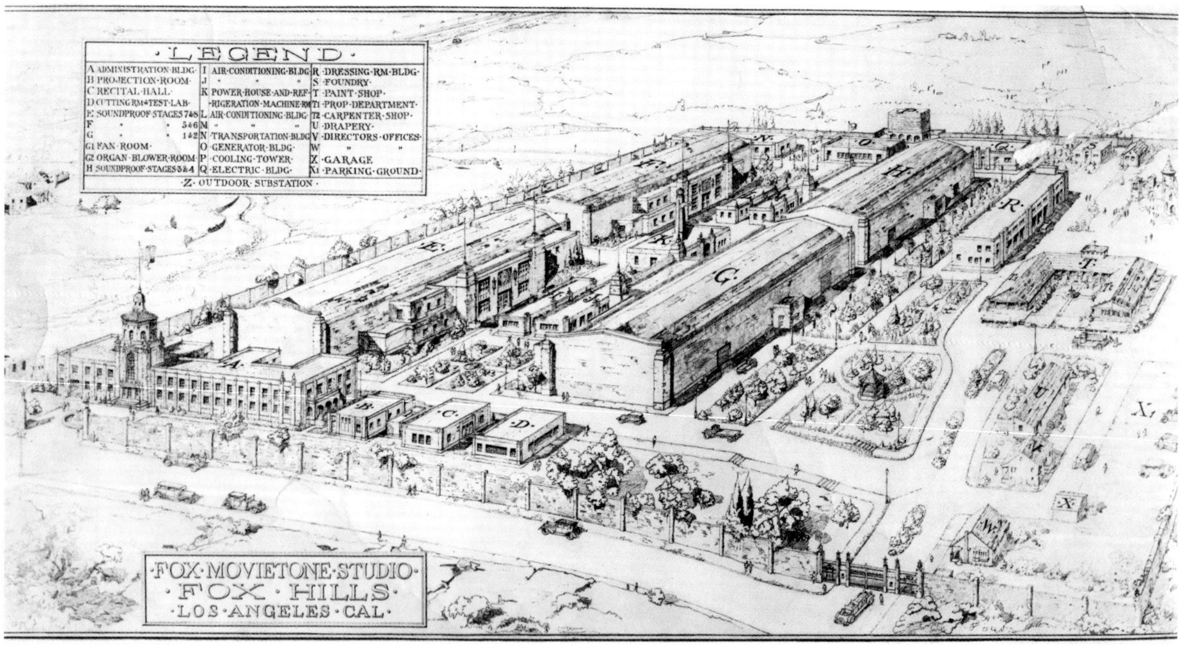

Das Fox Movietone Studio, um 1930. Der Tonfilm ermöglichte eine neue Kunstform der perfekten realistischen Illusion.

Eine vergleichbare Entwicklung lässt sich in der Musik verfolgen. Das Werk Richard Wagners (1813–1883) repräsentierte den Höhepunkt der Verbreitung der Illusion des Realismus, in dem sich die Musik mit dem Visuellen und dem Literarischen verband, um ein Netz für eine realistische Fantasie zu knüpfen. Der Kompositionsprozess im 19. Jahrhundert war durch einen beziehungsreichen grammatikalischen und prosaischen Satzbau gekennzeichnet. Darüber hinaus veränderte die Musik auch die Zeitvorstellung. Sowohl aus der Perspektive des Komponisten als auch jener des Zuhörers hat die Musik die Rolle des Erzählens und Sensibilisierens, insbesondere für Gefühle und Erinnerungen übernommen. Aber in Wagners Händen scheute die Musik auch nicht vor Erklärungen zurück. Viele Komponisten aus der Generation nach Wagner, unter ihnen Anton Bruckner, Arnold Schönberg, Jean Sibelius und Gustav Mahler, betrachteten diese Leistung mit gemischten Gefühlen und versuchten die Musik von einer vorrangig erzählerischen Tendenz wieder wegzuführen, ohne dabei notwendigerweise Wagners musikalisches Instrumentarium zu verleugnen.

Gerade als an der Wende zum 20. Jahrhundert bildende Künstler, Schriftsteller und Komponisten begannen, Werke für ein großes und gebildetes Publikum zu schaffen, entstand ironischerweise ein völliges neues Medium, das sämtliche Errungenschaften des visuellen, literarischen und musikalischen Realismus wieder aufgriff und stark erweiterte. Der Film befriedigte die enorme Faszination des Publikums für die Illusion des Realismus, der menschlichen Möglichkeit durch die Kunst ein Paralleluniversum zu erfinden, das authentisch und real erschien, es aber tatsächlich, wie auch im Roman, nicht war. Der Einsatz von Bilder-Reihen, zunächst in Standbild-Diashows und schließlich in beweglichen Sequenzen, die den Zeitablauf suggerierten, enthielt schon immer das visuelle und das sprachliche Moment, besonders auch in der sogenannten Stummfilmzeit (ca. 1894 bis 1929).

Aber die Filme waren selten stumm, fast alle wurden von Musik begleitet, und die erste Filmmusik wurde während der Stummfilmzeit geschrieben und improvisiert. Unter den Meistern dieses Handwerks befanden sich Dimitri Schostakowitsch, der als Teenager Stummfilme begleitet hatte (und viel für dieses Medium geschrieben hat), sowie Sergej Prokofjew, dessen Musik für Sergej Eisensteins *Alexander Nevsky* (1938) wahrscheinlich der berühmteste Score ist, der je für einen Stummfilm komponiert worden ist.

Die beherrschende Kunstform wurde jedoch der Tonfilm, dessen technologische Perfektion in den 1930ern die Stummfilmzeit beendete. Seither konnte es keine Kunstgattung mehr mit der Kraft und der Faszination des Filmes als Instrument realistischer Illusion aufnehmen. Wenn irgendetwas für das sinkende Interesse am öffentlichen Konzertleben verantwortlich war, so der Wettbewerb mit dem Tonfilm. Im Unterschied zur musikalischen Erfahrung bietet er dem Zuhörer eine Fantasiewelt, die von ihm nicht die Vorstellung, sondern nur den Genuss einer Geschichte verlangt. Mehr als jeder Roman, jedes Bild oder jedes Musikstück hat der Film die Kunst mit dem Leben und das Leben mit der Kunst vermischt. Während schlechte Romane das Leben von Flauberts *Madame Bovary* inspirierten, erfinden sich heute unzählige Menschen unbewusst neu, indem sie sprachliche, modische oder kulturelle Fragmente dessen, was sie auf der Filmleinwand gesehen haben, aufnehmen. Im zeitgenössischen amerikanischen Leben beginnt dieser Prozess in der Kindheit mit der Faszination von TV-Cartoons und endet mit der Begeisterung für Hollywood-Blockbuster.

Gerade in den Vereinigten Staaten ist die technologische und kommerzielle Entwicklung des Films besonders stark und einflussreich gewesen. Das Aufkommen des Faschismus hat die amerikanische Vorherrschaft

Film als Massenmedium für ein Massenpublikum: Natalie Wood und Tab Hunter bei der Chicago-Premiere von *The Burning Hills* (*Horizont in Flammen*, 1956).

der Filmindustrie weiter verstärkt, als Filmkünstler freiwillig und unfreiwillig ins Land strömten. Es ist kein Zufall, dass sich die Filmwirtschaft gerade in Kalifornien angesiedelt hat, wo sowohl der Platz als auch das Klima geeignet waren, um Studios und Sets zu errichten: besonders günstige Voraussetzungen für die Errichtung literarischer Luftschlösser oder künstlicher Städte – den filmischen Äquivalenten für Bühnenbilder – in einem Umfang, den keine Bühne je ermöglicht hätte.

Besonders überraschend an der Entwicklung des Mediums Film in Amerika ist die Tatsache, dass der Film in dieser relativ jungen und rasch wachsenden Nation so heimisch werden konnte. In den Anfängen der Filmindustrie war die Besiedelung Amerikas kaum beendet und die Eingliederung der westlichen Staaten in die Union im Gange. Die Masseneinwanderung in die Vereinigten Staaten, die in den 1880ern begonnen hatte, sollte noch ein weiteres halbes Jahrhundert andauern. Amerika, eine neue Nation, hatte bislang noch keine einheitliche Tradition einer nationalen Identität wie heute, keine soziale oder kulturelle Stabilität, wie sie den Europäern vertraut war. Sogar in Ländern am Rande Europas, in denen keine kontinuierliche Erinnerung an eine homogene Nation existierte, konnte leicht ein verständlicher Mythos für einen nationalen Zusammenhalt geschaffen werden. Im Finnland der Jahrhundertwende betrachteten beispielsweise junge Schriftsteller und Künstler das *Kalevala*, eine Zusammenstellung überlieferter Volksmärchen und Mythen aus dem 19. Jahrhundert, als einen Weg, um eine zeitgemäße finnische nationale Identität zu entwerfen, die auf der Vorstellung historischer Kontinuität und einem Jahrhunderte zurückreichendem kulturellen Erbe basiert. Die Vereinigten Staaten hatten, besonders im Zusammenhang mit dem blutigen Bürgerkrieg, das dringende Bedürfnis, eine eigenständige nationale Kultur und Identität zu gestalten, die für das politische und soziale Leben ein stabiles Gefüge schaffen würden. Am Beginn des 20. Jahrhunderts war diese Herausforderung durch die überraschende Bevölkerungsvielfalt in den Vereinigten Staaten bestimmt.

Aus europäischer Perspektive ist an der Geschichte der amerikanischen Filmindustrie besonders bemerkenswert, dass sie in ihren Anfängen keine dominierende Bevölkerungsgruppe als Publikum im Auge hatte. Niemand konnte ein historisches Vorrecht als Massenpublikum oder bei der Definition eines Katalogs kultureller Normen geltend machen. Die alte Garde aus dem Osten, Nachkommen der ursprünglichen englischen Siedler, bildete nur eine Gruppe unter vielen Neuankömmlingen in der Neuen Welt. Bereits etabliert, hatten sie entsprechend wenig Motivation, in eine neue Unterhaltungsindustrie zu investieren. Ihre Vorstellung von sozialer Sicherheit, die sich als illusorisch herausstellen sollte, hinderte sie daran, die ökonomischen und sozialen Möglichkeiten des neuen Mediums zu erkennen und zu nutzen. Dieser Weg war daher frei für die Neuankömmlinge.

Zuletzt war die einflussreichste Einzelgruppe bei der Entwicklung der modernen Filmindustrie – jüdische Einwanderer aus Europa und ihre Nachkommen –, jene, die am meisten für die Entwicklung eines kulturellen Diskurses durch das Medium Film beitrug. Dieses half die amerikanische Identität zu formen und Amerika als einen völlig neuen, für alle zugänglichen kulturellen Mittelpunkt herauszubilden. Alle, die während der starken jüdischen Einwanderungsphase im späten 19. und frühen 20. Jahrhundert nach Amerika gekommen waren, mussten die widerliche Tatsache zur Kenntnis nehmen, dass in der Neuen Welt genau so viel Antisemitismus herrschte wie in der Alten. Aber die Juden wurden in Amerika nie zur ausgewählten Gruppe für Rassendiskriminierung. Die USA waren, wie W.E.B. Dubois[1] zu wiederholen nicht müde wurde, vom Problem der ‚Hautfarben-Trennung' dominiert.

Die Filmindustrie hatte bereits ‚in ihren Anfängen keine dominierende Bevölkerungsgruppe als Publikum im Auge'. Kinopublikum in einer amerikanischen Stadt, 1985.

Obwohl die Juden in einem gespaltenen Amerika zur weißen Mehrheit gehörten, waren sie eine Minderheit innerhalb dieser Mehrheit, befanden sich aber auf der privilegierten Seite von Amerikas hässlicher Spaltung. Wenig überraschend wurden die Bemühungen, die schwarze und die weiße Rasse in Amerika wieder zusammenzuführen, hauptsächlich von den Juden innerhalb der Filmindustrie Hollywoods vorbereitet.

Die Geschichte des amerikanischen Films ist undenkbar ohne den künstlerischen und unternehmerischen Einsatz der Studio-Mogule Louis B. Mayer, Samuel Goldwyn, Adolph Zukor und der vier Warner-Brüder, oder der Regisseure Billy Wilder, Otto Preminger, William Wyler, Edgar Ulmer, Max Ophüls, Fred Zinnemann, Fritz Lang, Erich von Stroheim, Josef von Sternberg, Michael Curtiz und Ernst Lubitsch. Ohne den Beitrag europäischer Juden, die Produzenten, Regisseure, Drehbuchautoren, Kameraleute, Schauspieler und Komponisten wurden, würde die Filmindustrie Hollywoods, so wie wir sie kennen, nicht existieren. Das bedeutet nicht, dass alle wichtigen Pioniere der amerikanischen Filmindustrie jüdischer Abstammung waren. Walt Disney war beispielsweise kein Jude, obwohl die Disney-Studios viele jüdische Emigranten beschäftigt hatten und Nachkommen europäischer Juden Walt und Roy Disney als Leiter des Studios nachgefolgt sind. Nichtsdestotrotz war die Anzahl der jüdischen Einwanderer durch alle Bereiche der Filmindustrie unverhältnismäßig hoch.

Der besondere Beitrag der europäischen Juden zur Filmkunst und zur Filmindustrie und ihre Rolle an der Formierung der modernen amerikanischen Identität leitet sich von einem Bündel besonderer historischer, politischer und sozialer Umstände ab. Die Kultur der Emigranten war geprägt von der jahrhundertelangen Erfahrung im Umgang mit Vorurteil, Diskriminierung, und Ablehnung. Zudem waren die Juden ab Ende des 18. Jahrhunderts, besonders in Westeuropa auf Möglichkeiten und Hemmnisse gestoßen, die von der rechtlichen Emanzipation und allmählichen kulturellen Anpassung und Assimilation herrührten. Im 19. Jahrhundert existierten die kulturellen Trends Seite an Seite mit den Traditionen des Antisemitismus. Gerade wegen des Erfolgs jüdischer kultureller Anpassung und Assimilation tauchte Ende des 19. Jahrhunderts, und gleichzeitig mit der jüdischen Migration in die Vereinigten Staaten, eine neue Form des Antisemitismus auf. Dieses Vermächtnis sollte im Aufstieg des europäischen Faschismus gipfeln.

Die Ausgrenzung löst eine Sehnsucht aus, sich ein Zentrum herbei zu fantasieren, einen *Mainstream*, selbst wenn dieser nicht existiert. Die Anwesenheit der Juden in Europa und der, wenn auch beschränkte Erfolg ihrer kulturellen Anpassung beförderte die Radikalisierung des Nationalismus im 19. Jahrhundert, der die Natur eines echten Franzosen, eines echten Deutschen oder eines echten Engländers vorgab. Die Angst vor dem Fremden förderte die grundsätzliche Festlegung

Ein Europäer in den USA: der in Ungarn geborene Regisseur Michael Curtiz beim Polospielen, 1939 (links).

Zwei jüdische Schöpfer amerikanischer Mythen: Komponist Irving Berlin (rechts) und Michael Curtiz (links), 1943. Während Berlin das berühmte amerikanische Weihnachtslied (*White Christmas*) komponierte, schuf Curtiz ikonische Filme wie *Santa Fe Trail* (1940) oder *Casablanca* (1942) (Mitte).

Inmitten der amerikanischen Popgeschichte: Michael Curtiz, Produzent Hal B. Wallis und Superstar Elvis Presley beim Dreh von *King Creole* (*Mein Leben ist der Rhythmus*, 1958) (rechts).

einer Mehrheitsmeinung. Damit vergleichbar, trafen die jüdischen Einwanderer im neuen Land auf eine seltene Vielfalt und kulturelle Inkohärenz, eine unerwartete Offenheit. Gleichzeitig schuf Amerikas gastfreundliche Ideologie einen beispiellosen Druck nach kultureller Anpassung und Integration, die die europäischen Juden dazu zwang, den Unterschied zwischen dem Außen und dem Innen zu definieren. Jüdische Einwanderer in Hollywood erfanden ein mythisches Inneres, das sich für die kulturelle Anpassung aller, insbesondere für ihre eigene, gut eignete.

Es ist nicht überraschend, dass sie die Gelegenheit ergriffen, ein Bild von Amerika weiter zu entwickeln, in dem sie Geborgenheit, Sicherheit und Tugendhaftigkeit finden konnten. Sie schufen ein Amerika, das auf individuellem und nicht auf Gruppenverhalten basierte, auf der Qualität von individuellen Errungenschaften, ohne Rücksicht auf nationale Herkunft oder andere Identitätsmerkmale. Der in Hollywood erfundene amerikanische Westen war ein Ort, an dem Neuankömmlinge die Vergangenheit abstreifen und sich einen Ruf schaffen konnten, der nur auf ihren Leistungen beruhte. Dieser Individualismus-Kult und die Emersonsche[2] Eigenverantwortlichkeit hatte starke politische Untertöne. Viele Filme, die die Handschrift jüdischer Filmemacher mit europäischer Herkunft trugen, wie Zinnemanns *High Noon* (1942), hämmerten die Werte des Anti-Faschismus ein, den Widerstand des Individuums gegen den passiven Konsens der Gruppe, die Freiheit und das Streben nach Glück, und die Bedeutung von Mut und Selbständigkeit. Diese Filme hatten das Ziel, die naive Vorstellung von den Pionieren und Gründervätern zu vertiefen. Der Hollywoodfilm schuf ein amerikanisches Zentrum, dessen Kultur und Werte geeignet waren, ein Geschichtsbild und ein Bündel von Normen abzusichern, die ähnlich gastfreundlich gegenüber Einwanderern wie die jüdischen Emigranten waren, die eine so große Rolle in der Filmindustrie spielten.

Eine besondere Rolle bei der Schaffung einer leicht zugänglichen gemeinsamen Kultur und eines idealisierten Bildes von Amerika im Hollywoodfilm hatte die Musik. Eine bedeutende Anzahl von Komponisten europäisch-jüdischer Herkunft trug mit ihren musikalischen Beiträgen zu jenem idealisierten Amerika bei, das später zum amerikanischen Kinoklassiker werden sollte. So komponierte der in Deutschland geborene Franz Waxmann z.B. nicht nur die Filmmusik für *A Day at the Races* (1937), *The Philadelphia Story* (1940) und *Woman of the Year* (1942), sondern auch für *Sunset Boulevard* (1950), *Rear Window* (1954), *Mister Roberts* (1955) und *The Spirit of St. Louis* (1957). Miklós Rózsa, in Ungarn geboren, schrieb die Musik für über 30 bedeutende Filme, darunter *Double Indemnity* (1944), *The Lost Weekend* (1945), *The Asphalt Jungle* (1950), *Ben-Hur* (1959), *King of Kings* (1961) und *The Green Berets* (1968).

Eine überraschend große Anzahl von sehr begabten und erfolgreichen emigrierten Filmkomponisten

Die Bilder und das Entstehen ihrer Musik: *King Kong* (1933) und Max Steiner (im Vordergrund) über der Partitur während der Tonaufnahme im Studio sitzend.

waren jüdische Österreicher, die entweder in der europäischen symphonischen Tradition Wiens geschult waren oder diese verinnerlicht hatten. Auch sie lieferten Soundtracks für die Ikonen des amerikanischen Films. Als Jugendlicher nahm Max Steiner, dessen Pate Richard Strauss war, Klavierunterricht bei Johannes Brahms und studierte später bei Gustav Mahler. In Hollywood schrieb er fast 190 Film-Scores, einschließlich der Musik zu *King Kong* (1933), *Jezebel* (1938), *Casablanca* (1942), *Now, Voyager* (1942), *The Searchers* (1956) und *Gone with the Wind* (1939). Hans J. Salter studierte, bevor er nach Hollywood kam, Komposition bei Alban Berg und Franz Schreker, wo er fast so produktiv wie Max Steiner war: Er schrieb, oft ohne genannt zu werden, die Musik für über 150 Filme. Mehr als 30 Jahre unter Vertrag bei Universal, brillierte er mit Kompositionen für Horror- und Science-Fiction-Filme, wie *The Wolf Man* (1941), *Creature from the Black Lagoon* (1954) und *The Incredible Shrinking Man* (1957).

Auch die Komponisten Ernest Gold, Ernst Toch, Eric Zeisl und Hanns Eisler haben auf der Flucht vor der Verfolgung durch die Nationalsozialisten ihren Weg nach Hollywood gefunden. Gold, der aus einer Wiener Familie von Konzertmusikern stammte, verfasste über 50 Film-Scores, darunter jene für *Witness for the Prosecution* (1957), *On the Beach* (1959), *Exodus* (1960), *Inherit the Wind* (1960), *Judgment at Nuremberg* (1961), *It's a Mad Mad Mad Mad World* (1963), *Ship of Fools* (1965) und *Fun with Dick and Jane* (1977). Ernst Tochs Musik findet sich in über 80 Filmen, oft jedoch ohne Nennung in den Credits. Genannt wurde er in *Peter Ibbetson* (1935), *The Cat and the Canary* (1939) oder *None Shall Escape* (1944). Eric Zeisl, dessen Kompositionen von den Nationalsozialisten als entartet abgelehnt wurden, schrieb u.a. die Musik zu *Lassie Come Home* (1943) und *The Postman Always Rings Twice* (1946). Auch die Musik von Eisler, der aus einer intellektuellen, linken Familie stammte und bei Arnold Schönberg in Wien studiert hatte, wurde von den Nationalsozialisten verboten. Seine Hollywood-Karriere war jedoch kurz, er wurde wegen seiner Sympathien für den Kommunismus 1948 ausgewiesen. Bevor er jedoch die Aufmerksamkeit des House Committee on Un-American Activities[3] erregt hatte, schrieb er die Filmmusik zu *Hangmen Also Die!* (1943), *None But the Lonely Heart* (1944) oder *The Crucible* (1957). Er war ein scharfsinniger Theoretiker, der die Kraft des Films benutzte, um ein Massenpublikum zu erreichen.

In Bezug auf seinen Beitrag bei der Gestaltung einer amerikanischen Identität und kultureller Werte, ist das ehemalige Wunderkind Erich Wolfgang Korngold, dessen Vater, der legendäre Musikkritiker Julius Korngold, von Brünn nach Wien gekommen war, wahrscheinlich der interessanteste jüdische Komponist mit österreichischen Wurzeln. Seine Filmmusik dokumentiert sehr klar die Bindung an die europäische Kompositionstradition. Korngolds Erfolg bei der Definition des modernen Film-Scores basierte auf der Tatsache, dass die starke Masseneinwanderung aus Europa zwischen der Ära der puritanischen Siedler und der Einwanderung aus Süd- und Osteuropa im ausgehenden 19. und frühen 20. Jahrhundert vom Zustrom aus dem deutschsprachigen Teil Europas dominiert war. Es wird häufig vergessen, dass Deutsch um 1917 die zweite Sprache in Amerika war. Die deutschsprachigen Einwanderer hatten auch ihre umfassenden geistlichen und säkularen musikalischen Traditionen mitgebracht, die sich auch auf das Theater erstreckten. Keine Bevölkerungsgruppe war wichtiger für die Entwicklung der klassischen Musik in den Vereinigten Staaten als die deutschsprachigen Immigranten. Der Liebreiz, die Empfindsamkeit, Nostalgie und der Reichtum der orchestralen und ausdrucksstarken Sprache nach Wagner und Strauss traf gleichsam auf die aufnahmebereiten

Paul Newman in *Exodus* (1960). Nicht nur Regisseur Otto Preminger, auch Filmkomponist Ernest Gold (geb. 1921) stammte aus Wien.

Ohren von Kinobesuchern in Amerika, deren musikalische Kultur schon von den Beiträgen der deutschen Einwanderer beeinflusst worden war.

Die orchestrale und harmonische Sprache Wagnerianischer und Post-Wagnerianischer Opern erwies sich naturgemäß als besonders geeignet für die visuelle Darstellung von Erhabenheit, den Mythos und das Heldentum, die natürlichen Subjekte des Films. Die Filmmusik die Korngold für *Captain Blood* (1935), *The Adventures of Robin Hood* (1938) und *The Seahawk* (1940) komponiert hatte, beschrieb Märchen von individueller Tapferkeit, in denen der Held Ire oder Engländer von Geburt, charakterlich aber offensichtlich Amerikaner ist. Als Kämpfer für die Freiheit ist er eigenverantwortlich, mutig und körperlich stark. Alle diese Attribute, so fiktiv sie sein mögen, erinnern an einen Wagnerianischen Helden. Korngolds Musik für diese und andere massentaugliche Filme hat genau diese Großartigkeit, den Maßstab, Reichtum, die Kraft und die Bedeutung der epischen Tongedichte von Strauss, die fast megalomanische Intensität einer Mahler-Symphonie, und das Schauspiel eines Wagner-Orchesters.

Die theatralische Monumentalität und arrogante Klangfülle eines gewaltigen zeitgemäßen Orchesters und die Fülle der Harmonien, die es ermöglichte, stimmten ideal mit den visuellen Geschichten einer Nation überein, die sich selbst als episch, kraftvoll, grenzenlos und außergewöhnlich einschätzte. Die Tradition nach Beethoven und Wagner, den musikalischen Klang mit architektonischer Monumentalität auszustatten, und die überwältigende Präsenz eines zentralen musikalischen Themas waren maßgeschneidert für dieses neue Medium, dessen primäre Aufgabe darin lag, ein gemeinsames kulturelles Bewusstsein und einen nationalen Stolz im Amerika der ersten Hälfte des 20. Jahrhunderts zu erschaffen. Eine wichtige Ergänzung in diesem Zusammenhang war die gefühlsseelige Sentimentalität, ein Charakteristikum des Wiener Mythos und der Nostalgie nach einer vormodernen Vergangenheit, die Korngold einfach in die amerikanische Landschaft übertrug.[4]

Ob zufällig oder glücklicherweise, die Geburt des Kinos wurde zu einem bestimmenden Ereignis in der modernen Geschichte der Vereinigten Staaten. Film, ein Medium der Imagination, und das mächtigste Werkzeug für die Erschaffung des Fantastischen und seiner Umwandlung in das Plausible und Glaubwürdige, wurde zum bedeutendsten Instrument bei der Erfindung, nicht aber der Konsolidierung von Amerika. Die nach Platos Verständnis[5] gefährlichste, von der Menschheit erfundene Kunstform wurde zu einem mächtigen Instrument, die größte und vielschichtigste zeitgenössische Demokratie zu formen.

Was den Film für die Einwanderer gleichzeitig gefährlich und anziehend machte, waren seine zahlreichen neuen Qualitäten. Zunächst erforderte der Film keine besondere Bildung, besonders in der Stummfilmzeit, als viele Geschichten ohne geschriebenen

Erich Wolfgang Korngold war einer der meist engagierten und mächtigsten Filmmusiker Hollywoods. Er schrieb u.a. die Musik zu *Robin Hood* (Warner Bros., 1938). Den Titelhelden verkörperte Errol Flynn (Mitte) unter der Regie von Michael Curtiz (rechts).

Text verstanden wurden. Zweitens nivellierte der Film, der zwar realistisch in seiner Erscheinung, aber fantastisch in seinem Inhalt war, alle Zuschauer, in dem was sie mitbringen mussten, um ihn zu verstehen. Drittens hatte das neue Medium keine eigenen Traditionen und deshalb auch keine kanonischen oder ästhetischen Hierarchien. Und schließlich war die Filmindustrie von einer weiten Verbreitung abhängig. Deshalb war der Film eher zu einer einladenden als ausschließenden, eher offenen als geschlossenen Auseinandersetzung gezwungen, um exemplarisch in dem Sinn zu sein, dass er mit Ausnahme der ‚Hautfarben-Trennung', nicht von ererbten Prägungen kultureller und religiöser Identität handelte. Der Film war ein leicht zugängliches Medium, dessen Logik von den gemeinsamen Charakteristiken eines buchstäblichen Konsumenten-Schmelztiegels definiert wurde.

Der Erfolg des Films bei der Schärfung einer amerikanischen Identität war nicht ohne Folgen für die Qualität der Massenkultur und das Niveau des politischen Diskurses geblieben. Das sprichwörtliche Urteil darüber, ob die Populärkultur, deren Zentrum noch immer Hollywood bildet und die Amerika zusammenhält, eine zivilisierte moderne Demokratie stützen und eine ausreichende Basis für eine funktionierende, pluralistische und freie Gesellschaft schaffen kann, steht noch aus.

1 W. E. B. Du Bois (1868-1963), führender Vertreter der schwarzen Bürgerrechtsbewegung.

2 Ralph Waldo Emerson (1803-1882), Philosoph, einflussreicher Unitarier und Schriftsteller.

3 Das House Committee on Un-American Activities – Komitee für unamerikanische Umtriebe, ein Gremium beim Repräsentantenhaus der USA, sollte zunächst die Bedrohung einer Unterwanderung der amerikanischen Gesellschaft durch Anhänger des deutschen Nationalsozialismus untersuchen. Ende der 1940er Jahre stürzte es sich auf die vermeintliche kommunistische Propaganda aus Hollywood. Dies führte besonders für viele Drehbuchautoren und Regisseure zur Verurteilung und einem faktischen Berufsverbot (vgl. Kap. 15).

4 Die amerikanische Musik wurde natürlich nicht nur von jüdischen Immigranten, sondern auch von deren Nachkommen beeinflusst. Aaron Copland, das Kind litauischer Juden, leistete dies teilweise mit den Scores, die er für die Filme *Of Mice and Men* (1939), *The City* (1939), *Our Town* (1940) und *The Red Pony* (1949) schrieb. Die majestätisch offenen Intervalle und Klangfülle Coplands wurde, vergleichbar mit Sibelius *Finlandia*, zum musikalischen Markenzeichen der Weiträumigkeit Amerikas. George Gershwin verstärkte die Gemeinsamkeit des Amerikanischen, indem er die zuvor ausgeklammerten Erfahrungen der Afro-Amerikaner in eine neu gestaltete amerikanische Massenkultur umwandelte und einbaute. Die Scores, die Bernhard Herrmann für fast 50 Filme, von *Citizen Kane* (1941) und *The Devil and Daniel Webster* (1941) über *Psycho* (1960) bis zu *Taxi Driver* (1976) geschrieben hat, präsentierten jenen Musikstil, den Copland einmal als „Liebe zu monumentalen Fresken, (...) breite und einfache Umrisse, und eine bestimmte nervöse Energie und rhythmische Prägnanz" beschrieben hatte (*The American Composer Today*, in: U.S.A., An American Review, 2, 1945, S. 23-28.).

5 Der griechische Philosoph Plato (428/427 v. Chr.-248/349 n. Chr.) hatte ein zwiespältiges, großenteils sogar ablehnendes Verhältnis zur Kunst. Wegen der außerordentlich starken Wirkung der Kunst auf empfindsame Gemüter vertrat er in der *Politeia* die Überzeugung, der Staat müsse die Kunst reglementieren, um verhängnisvollen Auswirkungen schädlicher Kunstformen auf die Gemeinschaft vorzubeugen. Daher ließ er in seinem Idealstaat nur bestimmte Tonarten und Musikinstrumente zu.

Dorothys rote Schuhe aus *The Wizard of Oz* (*Der Zauberer von Oz*, 1939). Ein Symbol für Hollywood als Traumwelt und Hort des Happy Ends. Souvenir, gekauft 2010 am Hollywood Boulevard.

Plakative Spuren von Hollywood in Wien Movie-Poster, Joseph Gregor und das Archiv für Filmkunde

Christian Maryška

Die Österreichische Nationalbibliothek besitzt eine einzigartige Sammlung von rund 500 amerikanischen *Vintage Movie Poster*. Sie stammen aus der Zeit zwischen 1920 und 1940 und sind in Europa extrem rar. Darunter befinden sich auch großformatige Billboards aus den *Roaring Twenties*, die um 1930, nach einem Hollywood-Besuch von Joseph Gregor (1888–1960), dem damaligen Leiter der Theatersammlung der Österreichischen Nationalbibliothek, an die ehrwürdige Bibliotheca Palatina gekommen sind. Diese amerikanischen Filmplakat-Originale bestehen aus bis zu vierzehn Teilen.[1] Zu diesem Zeitpunkt waren so große Plakate, die vornehmlich als Blickfänger für Automobilisten auf den amerikanischen Highways bestimmt waren, in Europa noch nicht eingeführt. Die Plakatkampagnen für die Filme wurden nicht in Los Angeles, sondern in den Werbebüros in New York entworfen und auch im Osten gedruckt. Zu den renommiertesten Lithografie-Anstalten zählten die Otis Litho Company (für Western Pictures) und die Morgan Litho Company in Cleveland (für Paramount, Universal, Columbia, Pathécomedy), sowie Tooker (für MGM, Fox) und Miner (für United Artists) in New York. Sie alle produzierten in den zwanziger Jahren noch im aufwändigen und arbeitsintensiven Steindruck.[2] Im Gegensatz zu den europäischen Filmplakaten ließen die Hollywood Studios nicht zu, dass der Name des Grafikdesigners genannt wurde. Nur in Ausnahmefällen, bei sehr prominenten Künstlern, erscheint eine Signatur auf den Plakaten.

Joseph Gregor, ehemaliger Leiter der Theatersammlung der Österreichischen Nationalbibliothek und Gründer der Sammlung der amerikanischen *Vintage Movie Poster*, 1929.

Wien 1992. Im Rahmen einer Retrospektive seiner eigenen Filmsammlung, der größten privaten der USA, war der Filmkritiker, -historiker und Experte für das frühe Hollywood-Kino, William K. Everson, im Mai 1992 zu Gast in Wien. Als Cineast besuchte er bei dieser Gelegenheit auch das neueröffnete Österreichische Theatermuseum im Palais Lobkowitz. Dort fand gerade die Ausstellung *Road to Yesterday. Entwürfe amerikanischer Filmarchitekten 1924–1930* statt. Die ausgestell-

Filmplakat *The Phantom of the Opera* (1925), 204 x 208 cm, aus der Sammlung der Österreichischen Nationalbibliothek. (Katalog: Set 1, S. 191)

ten Objekte stammten von Gregors Amerikareise. Everson half, einige anonyme Set Designs zu identifizieren und staunte nicht schlecht, als er in der Schau neben dem Modell des Paramount-Building vom Broadway auch amerikanische Filmplakat-Originale aus den 1920er Jahren entdeckte. „Sensationell, die findet man ja nicht einmal in den Vereinigten Staaten. Woher haben Sie die? Die würden ja wunderbar in das Archiv von Martin Scorsese passen, der ist nämlich leidenschaftlicher Plakatsammler."[3] Die sogenannte Sammlung Gregor war im Gegensatz zur Sammlung Scorsese, die sich heute zum Teil im MoMA befindet, in jenen Jahren noch nicht bekannt.

New York 1995. Anfang der 1990er Jahre expandierte der Sammlermarkt an Filmplakaten. Im Dezember 1995 wurde bei einer Auktion von Christie's in New York für ein Vintage-Poster des Filmklassikers *The Phantom of the Opera* aus dem Jahr 1925 ein

Spitzenpreis von 57.500 Dollar erzielt. Im Katalog wurde dazu vermerkt: „Not only is this the only known copy of this poster, but it is also one of the only six-sheets known to have survived from a landmark film of the 1920s."[4] Diese Aussage war nicht präzise. In Wahrheit befinden sich rund 30 Six-Sheet-Poster in der Österreichischen Nationalbibliothek, darunter auch ein Exemplar zum *Phantom der Oper*. Tatsächlich haben sich großformatige amerikanische Filmplakate aus den zwanziger und dreißiger Jahren nur sehr spärlich erhalten. Die größeren Formate sind am Kunstmarkt praktisch nicht existent. Nur sehr selten gelangen Filmplakate mit einer Größe von zwei mal zwei Metern in eine Auktion.

Wien 1929. Es „kann nicht bezweifelt werden, dass sich mit der immer größer werdenden Ausdehnung des Filmwesens (...) und seinem ansteigenden Anteil am Bilde der gegenwärtigen Kultur die Notwendigkeit einstellen wird, sich auch von unserem bibliothekarischen Standpunkte mit diesem Thema systematisch zu befassen."[5] So sprach Joseph Gregor anlässlich der Versammlung Deutscher Bibliothekare 1931 in Erlangen und kämpfte damit gegen den Ruf der ‚Minderwertigkeit' der laufenden Bilder an. „Als gute Konservatoren sind wir heute verpflichtet, alles zu bewahren und systematisch zu ordnen, wie geringwertig es uns auch erscheinen möchte".[6] Gregor bewies damit ausgesprochene Weitsicht. Beim Problem der Archivierung bezieht er sich explizit auf die amerikanischen Billboards: „Dem System des Numerus Currens folgend, werden hier handliche Konvolute gebildet und einige von ihnen, aber nicht zu umfänglich, in Pappkartons, die die Nummern tragen, verwahrt. Angesichts der Größe der Objekte – es gibt amerikanische Plakate, die viele Quadratmeter messen – erscheint dieses Aufbewahrungssystem doch wenigstens sicher konservierend (...)"[7] In der Tat blieben die gefalteten Filmplakate bis 1995 in diesen mittlerweile historischen Archivboxen verwahrt, bis sie im Zuge eines Projekts in restauratorisch unbedenkliche, säurefreie Mappen umgelagert wurden.

Der Theaterspezialist Gregor hatte sich in den Jahren 1929 bis 1932 kurzfristig von seiner Paradedisziplin entfernt und sich intensiv dem Medium Film gewidmet. Er las die neueste filmtheoretische Literatur von Bela Balázs und Rudolf Arnheim und reiste, wie bereits erwähnt, mit seinem Kollegen René Fülöp-Miller 1929 zu Studienzwecken in die Vereinigten Staaten. Dort trafen sie bedeutende Persönlichkeiten wie Norman-Bel Geddes oder Joseph Urban und nahmen eine Fülle an Bildmaterial – nicht zuletzt dank der Hilfe der Academy of Motion Picture Arts and Sciences – mit nach Wien. Fülöp-Miller traf Carl Laemmle, Jesse Lasky, Samuel Goldwyn, Fred Zinnemann, David O. Selznick, Walt Disney; die Regisseure Ernst Lubitsch, Sergej Eisenstein, der sich zu jener Zeit gerade in Hollywood aufhielt, Berthold Viertel und Erich von Stroheim, sowie die Schauspieler Charles Chaplin, Douglas

Zu Besuch in Hollywood: René Fülöp-Miller (Mitte) mit Berthold Viertel (links) und Walt Disney (rechts), 1929. Abbildung aus dem Buch *Das amerikanische Theater und Kino* (links).

Joseph Gregor, René Fülöp-Miller: *Das amerikanische Theater und Kino*. Zürich - Leipzig - Wien 1931 (rechts).

Fairbanks, Harold Lloyd, Mary Pickford oder Greta Garbo. Das Ergebnis war eine opulente Publikation, bei der Gregor für den Theaterbereich und Fülöp-Miller für das Kino zuständig war.[8] In diesem Buch sind allerdings keine Filmplakate abgebildet, und so ist anzunehmen, dass die amerikanischen Plakate durch die Wiener Verleihfirmen ins Haus gekommen sind. Kaum zurück aus Hollywood, gründete Gregor Ende 1929 mit Zustimmung der Generaldirektion der Nationalbibliothek das Archiv für Filmkunde als Unterabteilung der Theatersammlung. Gregor – heute würde man ihn als Netzwerker par excellence bezeichnen – war somit einer der ersten, wenn nicht der erste, der veranlasste, dass von einer hochoffiziellen, staatlichen Institution Material zu diesem relativ jungen Medium gesammelt wurde. Einige Jahre vor der Gründung des British Film Institute (1933), der Cinémathèque française (1936) oder ähnlicher Institutionen. Als Begründung führte der theateraffine Universalgelehrte an, dass „der Film, es ist nicht zu leugnen, für den Augenblick bereits das Erbe des schwer darniederliegenden Theaters angetreten hat."[9]

Schnell hatte Joseph Gregor ein Netzwerk an Zuträgern installiert, die regelmäßig Filmmaterialien in der Theatersammlung ablieferten. Neben den Produktions- und Verleihfirmen vom damaligen Zentrum der österreichischen Filmindustrie in der Neubaugasse war wohl ein branchenkundiger Geschäftsmann der wichtigste Lieferant: Leo Ascher. Dabei handelte es sich nicht um den gleichnamigen Komponisten, sondern vermutlich um den Besitzer eines Konfektionshauses in der Mariahilfer Straße, Ecke Kirchengasse,[10] der eine Reihe von Kinobesitzern zu seinen Kunden zählte. „Schwer beladen brachte Ascher ein bis zweimal in der Woche nun nicht nur Bildmaterial, sondern auch andere Zeugnisse des Filmbetriebs, wie Zensurkarten, Plakate, Zeitungsmaterial, Reklame- und Werbeschriften, Inhaltsangaben, Zwischentitel, auch Drehbücher".[11] Allein im Jahre 1930 verkaufte Ascher rund 16.000 Filmobjekte an die Theatersammlung.[12] Von einer streng archivarischen, systematischen Sammeltätigkeit konnte jedoch nicht gesprochen werden.

Joseph Gregor und Rene Fülöp-Miller veröffentlichten in jenen Jahren zwei weitere Bücher über den Film. Gregor publizierte 1932 seine Vorlesungen am neugegründeten Max Reinhardt Seminar unter dem Titel *Das Zeitalter des Films*, im Jahr zuvor hatte Fülöp-Miller eine kritische Studie über die Kommerzialisierung der amerikanischen Filmindustrie verfasst.[13] Für beide Werke wurde jenes Bildmaterial verwendet, das die beiden von ihrer Amerikareise mitgebracht hatten. Ende der dreißiger Jahre wandte sich Gregor wieder verstärkt dem Theater zu.

Gregor stammt, wie einige Gründer der großen Hollywood-Studios, aus dem Osten der Donaumonarchie. Aus ‚Halbasien' wie der Schriftsteller und Kulturpublizist Karl Emil Franzos seine eigene Heimat Galizien und die Bukowina despektierlich bezeichnet hatte. Er

Das ‚Zuwachsverzeichnis' der Theatersammlung aus dem Jahr 1930. Darin verzeichnet: „März 1930 / Ankauf von 46 Plakaten, Fotos, Programmen etc. von Leo Ascher um 104 Schilling sowie Geschenke von MGM und Paramount." Aus dem privaten Filmarchiv von Adolph Zukor erhält Gregor ein Exemplar von dessen 1928 erschienener Biographie *The House That Shadows Built. The Story of Adolph Zukor and His Circle* (links).

Joseph Gregor: *Das Zeitalter des Films.* Wien - Leipzig 1932 (rechts).

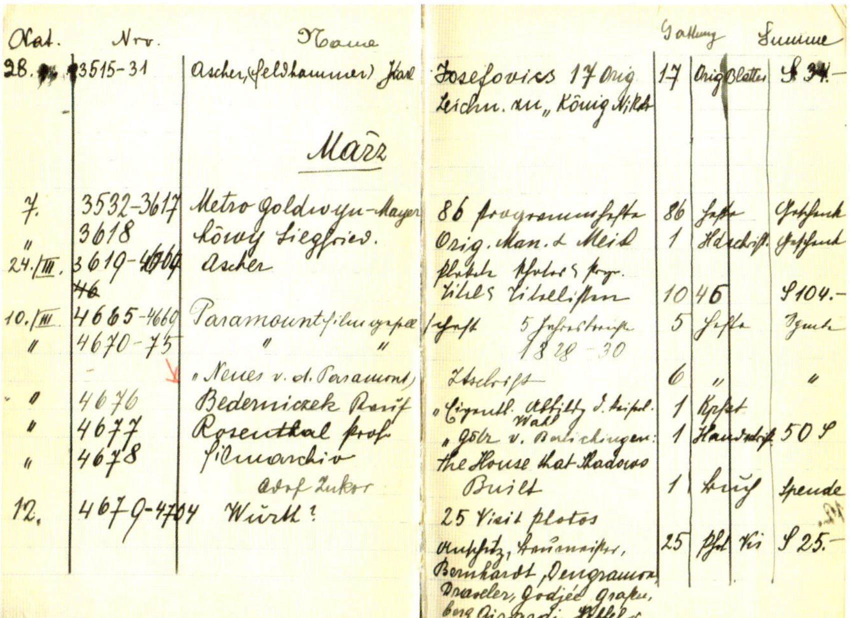

wurde 1888 in Czernowitz als Sohn eines Architekten geboren. Zwei Wochen nach Ausrufung der Republik begann er seine Tätigkeit an der Hofbibliothek. Bereits ab 1923 war Gregor Direktor der Theatersammlung der Nationalbibliothek und sollte diese über die Systeme hinweg bis 1953 leiten. Die Person Joseph Gregor hatte aber auch ihre Schattenseiten. Während er in den 1930er Jahren bei jeder Gelegenheit darauf hinweist, dass die Filmsammlung nur dank der Initiative des Generaldirektors Josef Bick ins Leben gerufen werden konnte, liest man nach dem ‚Anschluss' folgende Zeilen: „Mit dankerfülltem Staunen habe ich jener Förderung zu gedenken, die die Theatersammlung seit den Märztagen 1938 seitens ihrer vorgesetzten Stellen, namentlich durch den Generaldirektor der Nationalbibliothek, Dr. Heigl, erfahren hat und die in den vorangegangenen 16 Jahren ihres Bestandes keinerlei Parallele findet."[14] Heigl, der Nachfolger von Bick, war lupenreiner Nationalsozialist und die Zeit vor dem ‚Anschluss' keine Erwähnung mehr wert. Gregor spielte eine aktive Rolle bei der ‚Zuweisung' der Bibliothek von Arthur Schnitzler, mit dessen Familie er befreundet war, an die Theatersammlung, und er intervenierte bei der Generaldirektion auch für die Angliederung der beschlagnahmten Bibliothek Max Reinhardts – den er seit 1910 kannte .[15]

Heute ist die historische Sammlung Gregor auf drei Institutionen verteilt. Die Filme selbst sind seit der Gründung des Österreichischen Filmarchivs im Jahre 1955 – heute Filmarchiv Austria – Teil der zentralen Dokumentationsstelle für das audiovisuelle Kulturerbe Österreichs. Die Österreichische Nationalbibliothek war Gründungsmitglied und Joseph Gregor der erste Präsident. Die rund 3.000 Filmplakate mit den 500 amerikanischen Filmplakaten sind heute Teil des Bildarchivs und der Grafiksammlung der Österreichischen Nationalbibliothek. Die restlichen Materialien zu rund 5.500 Filmen mit insgesamt fast 50.000 Objekten – Film Stills, Werkfotos, Zwischentitel, Zensurkarten, Filmprogramme, Reklame- und Werbeschriften und dgl. – befinden sich seit 1991 im Österreichischen Theatermuseum.

Eine prophetische Aussage Gregors stammt aus dem Jahr 1936, als er eine Zwischenbilanz über sein ‚Archiv für Filmkunde' zog (auch wenn er sich im Hinblick auf die Wertsteigerung stark verschätzt hatte, erinnert man sich etwa an den Verkaufspreis des erwähnten Plakates zum *Phantom der Oper)*: „Ich hoffe jedoch, mit dem Archiv für Filmkunde wahre Goldgruben erschlossen zu haben. (...) Eine Wertsteigerung (...) habe ich zwar leider noch nicht beobachten können, aber dafür ganz untrügliche Tatsachen, dass das Unternehmen eine Notwendigkeit war und bleiben wird."[16] 1957 ist Gregor für seine filmhistorische Pionierleistung am Kongress der Féderation Internationale des Archives du Film (FIAF) auf Vorschlag von Henri Langlois, dem Leiter der Cinémathéque française, zum Präsidenten des neugegründeten Bureau International de la Recherche Historique Cinématographique gewählt worden.[17]

1 Die vier wichtigsten amerikanische Formate waren das *One Sheet* (27 x 41 inch bzw. 69 x 104 cm), das *Three Sheet* (41 x 81 inch bzw. 104 x 206 cm), das *Six Sheet* (81 x 81 inch bzw. 206 x 206 cm) und das *24 Sheet* (Outdoor Billboard Size, 81 x 324 inch bzw. 205 x 820 cm).
2 Gregory J. Edwards, *The Book of the International Film Poster*, London 1988, S. 65ff.
3 Interview des Autors mit William K. Everson am 22. Mai 1992.
4 Christie's (Hg.), *100 Years of the cinema*, Auktion 7819 vom 11. Dezember 1995, Lot 30, o. S.
5 Joseph Gregor, *Bibliothekarische Aufgaben zum Filmwesen*, in: Zentralblatt für Bibliothekswesen, 48/1931, S. 382f.
6 Ebd. S. 383.
7 Ebd. S. 391.
8 Joseph Gregor u. René Fülöp-Miller, *Das Amerikanische Theater und Kino*, Zürich - Leipzig - Wien 1931.
9 Ebd. S. 383.
10 Vgl. *Wiener Adressbuch, Lehmanns Wohnungsanzeiger 1930*: ‚Leopold Ascher, Kaufmann, VII. Siebensterng. 42-44' bzw. Geschäftsadresse „Leopold Ascher & Bruder, pFa., Konfektionshaus, VII. Mariahilfer Str. 50".
11 Franz Hadamovsky, *Die Theatersammlung der Österreichischen Nationalbibliothek*, S. 20f., unveröffentlichtes Typoskript. Hadamovsky (1900–1995) war ab 1953 Direktor der Theatersammlung der Österreichischen Nationalbibliothek und erstmals zwischen 1929 und 1936 in der Sammlung tätig.
12 Vgl. *Erwerbungsbuch 1930*, Österreichisches Theatermuseum.
13 Joseph Gregor, *Das Zeitalter des Films*, Wien - Leipzig 1932; René Fülöp-Miller, *Phantasiemaschine. Eine Saga der Gewinnsucht*, Wien - Berlin 1931.
14 Joseph Gregor, *Entwicklung der Theatersammlung der Nationalbibliothek in Wien*, in: Zentralblatt für Bibliothekswesen, 16. Jänner 1940, S. 38.
15 Murray G. Hall u. Christina Köstner, *... allerlei für die Nationalbibliothek zu ergattern ... Eine österreichische Institution in der NS-Zeit*, Wien - Köln - Weimar 2006, S. 250.
16 Joseph Gregor, *Unser Archiv für Filmkunde*, in: Mein Film, Nr. 523, 1936, S. 11.
17 Agnes Bleier Brody, *Gregoriana. Joseph Gregor. Leben und Werk*, Wien 1984, o. S., Unveröffentlichtes Typoskript im Österreichischen Theatermuseum.

Samuel Goldwyn präsentiert eine Großstadtgeschichte: *True as Steel* (1924), 198 x 104 cm. Eines von ca. 500 amerikanischen *Vintage Movie Posters* aus der Sammlung der Österreichischen Nationalbibliothek. (Katalog: Set 1, S. 191)

01

Osteuropa
Wo Hollywood nicht ist

Gabriele Kohlbauer-Fritz

Cernauti hat kein Wasser, nicht einen Tropfen, und doch findet man hier alle Schiffahrtsgesellschaften der Welt beisammen. Die erste, auf die ich stieß, war der Lloyd Sabaudo. Zwei große Dampfer auf dem Schiff luden zu Überseefahrten ein. Ich dachte zuerst, der Lord Sabaudo sei ein bißchen verrückt geworden oder dieses Bild verdanke seine Entstehung einem Gelübde: vielleicht war es ein Exvoto geretteter Schiffbrüchiger. Ich setzte meinen Weg fort und kam an einem Juden vorbei, den ich für einen Bauern aus der Moldaugegend hielt. Dann las ich in der Höhe eines ersten Stocks: Norddeutscher Lloyd Bremen-Amerika. Wie viele Schiffbrüchige es hierzulande geben mußte! Etwas weiter: Hamburg-Amerika-Linie. Ich wollte gerade einen Einwohner anhalten und ihn bitten, mir die Sache zu erklären, aber die Schilder ließen mir keine Zeit dazu."[1]

Diese Schilderungen aus der Feder des Journalisten Albert Londres über das Stadtbild von Cernauti in den 1920er Jahren, vormals Czernowitz, konnte auch für jedes andere Städtchen der Gegend gelten. Auch hier waren die Affichen der Schiffsagenturen vorherrschend, die die Massenauswanderung aus Osteuropa nach Amerika organisierten. Die Emigrationswelle aus den von wirtschaftlicher Rückständigkeit, Armut und Pogromen gezeichneten Landstrichen Osteuropas, ob sie nun unter österreichischer, polnischer, russischer, rumänischer oder ungarischer Herrschaft waren, hatte bereits am Beginn der 1880er Jahre eingesetzt. Auswanderer strömten aus Galizien, Podolien, Wolhynien, der Karpatho-Ukraine, der Bukowina, Siebenbürgen, Bessarabien und anderen Regionen auf der Suche nach Arbeit und einem besseren Leben in die USA. Nicht alle, aber ein großer Teil der Emigranten waren Juden. Sie hatten nicht nur unter den bedrückenden ökonomischen Verhältnissen, sondern auch unter dem Antisemitismus, teilweise auch unter Pogromen zu leiden. Nicht alle Auswanderer fanden ihr Glück in der ‚Neuen Welt', manche kehrten sogar reumütig in die alte Heimat zurück. Und doch waren es die unglaublichen Erfolgsgeschichten von einigen wenigen Glückspilzen, die den Mythos von der ‚Goldenen Medine' nährten und andere Ausreisewillige dazu anregten, es ihnen gleichzutun. Wer könnte den amerikanischen Mythos des Aufstiegs vom Tellerwäscher zum Millionär besser verkörpern als die Pioniere der Filmindustrie, die als Kinder und Jugendliche, zum Teil sogar allein und völlig mittellos in Ellis Island oder weniger bekannten Anlaufstationen landeten und sich oft über Umwege, jedoch in relativ kurzer Zeit, zu scheinbar allmächtigen und hofierten Studiogründern emporarbeiteten?

Laupheim. Der älteste unter ihnen, Carl Laemmle, war zugleich die große Ausnahme. Er stammte nicht aus Osteuropa, sondern aus Deutschland, wurde 1867 in Laupheim in der Radstraße 9 als Sohn des Händlers und Grundstückmaklers Baruch Lämmle geboren. Die Geschichte der jüdischen Gemeinde in dem oberschwäbischen Städtchen geht auf das Jahr 1724 zu-

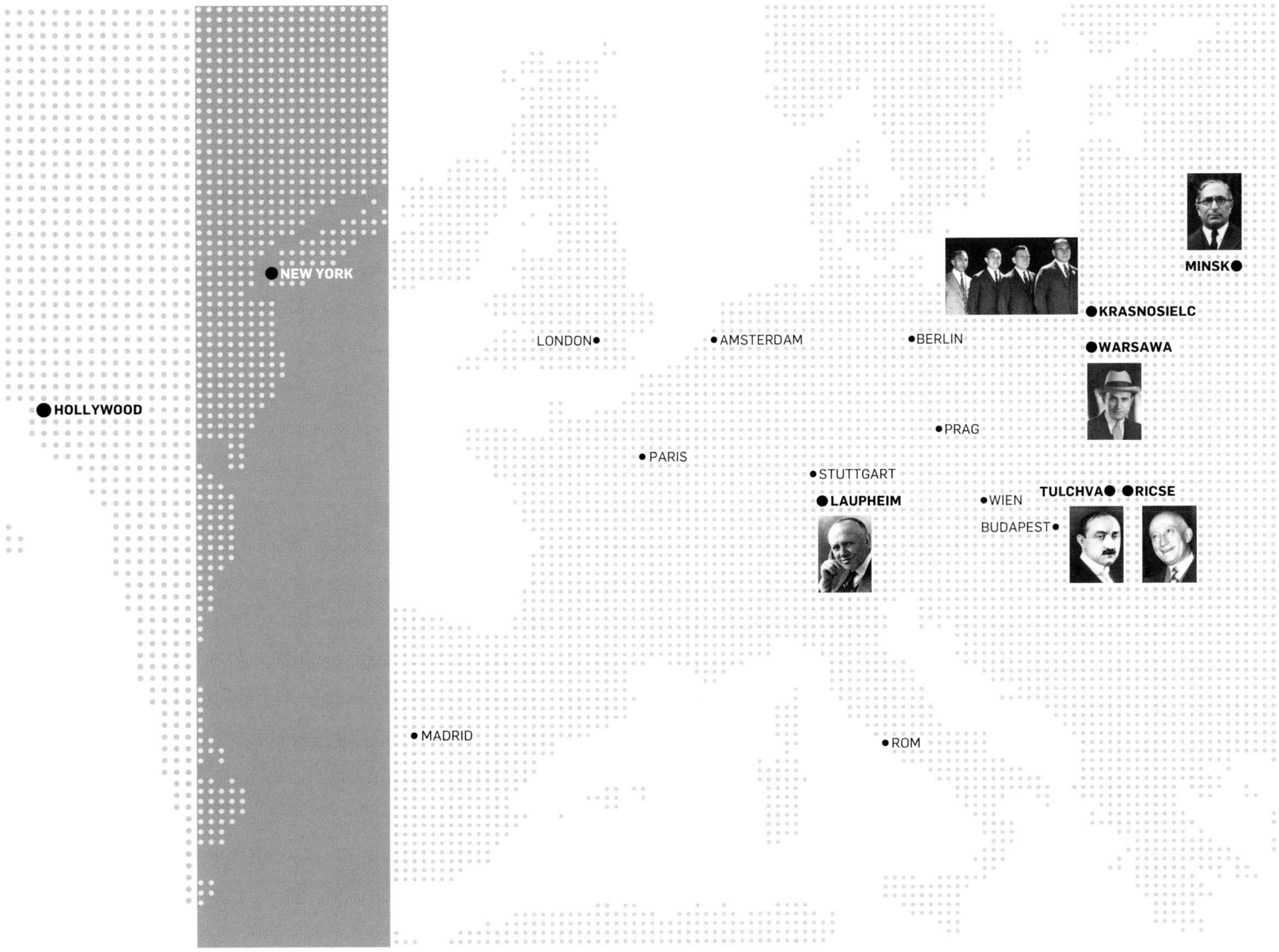

Von Osteuropa an die Westküste. Die Geburtsorte der aus Europa stammenden Studiogründer liegen fast alle östlich von Wien.

Carl Laemmle, Universal Pictures, geb. 1867 Laupheim/Württemberg, gest. 1939 Beverly Hills
Adolph Zukor, Paramount Pictures, geb. 1873 Ricse/Ungarn, gest. 1976 Los Angeles
William Fox, Fox Film Corporation, geb. 1879 Tulchva/Ungarn, gest. 1952 New York
Samuel Goldwyn, MGM, Goldwyn Pictures etc., geb. 1879 Warschau/Polen, gest. 1974 Los Angeles
Harry, Albert & Sam Warner, Warner Bros., geb. 1881, 1883, 1885 Krasnosielc/Polen, gest. 1958, 1967, 1927
Louis B. Mayer, geb. 1895 Minsk/Weißrussland, gest. 1957 Los Angeles

Der Älteste unter den Studiogründern kam aus Deutschland: Carl Laemmle, geboren 1867 in Laupheim, verließ seine Vaterstadt im Jahr 1884 als Sechzehnjähriger.

rück, als sich die ersten Familien als Schutzjuden des Reichfreiherrn Damian Karl Franz Anton von Welden in Laupheim niederließen. Sie bekamen einen eigenen Stadtteil zugewiesen, wo sie eine Betstube und außerhalb der Siedlung auch einen Friedhof errichten durften. Als einer der ersten Rabbiner des Städtchens wirkte von 1763 bis 1804 Maier Lämmle, möglicherweise ein Vorfahre von Carl Laemmle. In den folgenden Jahrzehnten wuchs die jüdische Bevölkerung stark an, so dass Laupheim um die Mitte des 19. Jahrhunderts die größte jüdische Gemeinde des Königreichs Württemberg bildete. Gegen Ende des 19. Jahrhunderts nahm die Anzahl der jüdischen Bewohner Laupheims wieder ab, da viele Juden in größere Städte wie Stuttgart, Ulm und München umzogen oder in die USA emigrierten, unter ihnen der erst sechzehnjährige Carl Laemmle. Carl Laemmle nahm den Kontakt mit seiner Heimatgemeinde jedoch bald wieder auf, wie sein Poesiealbum mit zahlreichen Einträgen aus seiner Heimat bezeugt. Er unterstützte die Stadt Laupheim nach dem Ersten Weltkrieg mit hohen Geldbeträgen und hielt bei seinen allsommerlichen Besuchen im Wirtshaus des Ortes Hof. Erst die Proteststürme gegen den von ihm produzierten Film *Im Westen nichts Neues* (Lewis Milestone, 1930) ließen Laemmle zu Deutschland auf Distanz gehen. Bis knapp vor seinem Tod im Jahr 1939 bemühte er sich, zahlreichen Juden seiner Heimatstadt durch persönliche Garantien, die Flucht in die USA zu ermöglichen.[2]

Adolph Zukor (links) mit Regisseur Ernst Lubitsch am Set. Der Paramount-Chef kam 1873 im ungarischen Risce zur Welt und verließ Europa wie Universal-Gründer Carl Laemmle als Sechzehnjähriger.

Die Brüder Warner vor 1927. Von links nach rechts: Harry, Jack, Sam und Albert. Mit Ausnahme von Jack kamen die Brüder im polnischen Krasnosielc auf die Welt.

Risce. Auch Adolph Zukor kam im Alter von 16 Jahren alleine in New York an. Er stammte aus der Ortschaft Risce in der ungarischen Tokajer-Gegend. Die Region zählte zu den ärmsten der Habsburger Monarchie. Zahlreiche Juden waren hier Anhänger des Chassidismus und sprachen Jiddisch. Die Magyarisierungspolitik der ungarischen Regierung hatte kaum Fuß gefasst. Ihren Unterhalt verdienten sich die jüdischen Einwohner als kleine Händler, Hausierer und Taglöhner: „Das Elend in diesen Nestern ist so groß, daß die Hungrigen, wenn sie betteln wollen, mindestens hundert Kilometer weit gehen müssen. An Ort und Stelle kann man nicht betteln, da wäre jeder ein Bettler. Keiner hat um einen Heller mehr als sein Nachbar und der Nachbar hat nichts“[3], beschreibt Albert Londres die verheerenden sozialen Zustände. Es war kein Wunder, dass mit Beginn der großen Auswanderungswellen viele Juden die Gegend verließen. Adolph Zukor verdingte sich in Amerika zunächst im klassischen jüdischen Einwanderergewerbe, der Textilindustrie, wo er sich rasch zum Pelzhändler emporarbeitete und schließlich ins Kinogeschäft einstieg. Eine Bilderbuchkarriere, die einem Hollywood-Script entnommen scheint.[4] Zukor blieb Risce auch als erfolgreicher Filmproduzent verbunden. Ein Besuch Mitte der 1920er Jahre rief in den lokalen Medien ein großes Echo hervor. Im Ortszentrum von Risce ist noch heute der sogenannte Hirten-Brunnen (Juhasz-kut) zu sehen, den Adolph Zukor anlässlich eines Besuches bauen ließ. 1928 gründete er eine Stiftung, die jede Braut aus Risce mit 25 Dollar Mitgift ausstattete, ein für die damalige Zeit sehr hoher Betrag.

Tulchva. Nicht weit von Risce entfernt liegt Tulchva, Geburtsort von William Fox. Er wurde als ältestes von 13 Kindern in einer deutschsprachigen jüdischen Familie geboren. Sein Geburtsname ist in zwei Varianten überliefert: Wilhelm Fuchs und Vilmos Fried. Der Grund dafür könnte darin liegen, dass seine Eltern möglicherweise nur religiös getraut waren, wie dies in Österreich-Ungarn oft der Fall war, um die strengen Heiratsbestimmungen für Juden zu umgehen. Die Familie war bitterarm und die Emigration nach Amerika in Willhelms neuntem Lebensmonat schien der einzige Ausweg. Dort erlebte die Familie ein klassisches Immigrantenschicksal: Während der Vater als Mitglied der ersten Generation nie richtig Fuß fassen konnte, nahm William sein Leben selbst in die Hand. Er brach die Schule ab, riss von zu Hause aus, versuchte sich zunächst in der Textilbranche und entdeckte schließlich die Nickelodeons, mit denen er wie Adolph Zukor einen raschen sozialen und geschäftlichen Aufstieg schaffte.[5]

Samuel Goldwyn, 1938, bei der Produktion von *The Adventures of Marco Polo* mit Gary Cooper. Goldwyn war 1879 als Schmuel Gelbfisz in Warschau zur Welt gekommen, 1895 brach er zu Fuß Richtung England auf, 1899 kam er nach Amerika.

Krasnosielc. Aus dem russisch besetzten Teil Polens stammen die Brüder Warner, die eines der erfolgreichsten Familienunternehmen in Hollywood gründeten. Der älteste, Harry, wurde 1881 als Sohn des Schuhmachers Benjamin Wonsal, laut einer anderen Quelle Woron, und Perle Lea Eichelbaum in Krasnosielc geboren. Sein jüdischer Name lautete Hirsch Moses. Zwei Jahre später kam sein Bruder Albert (Abraham) zur Welt und 1885 der drittälteste Samuel Louis (Schmuel Levi). Die jüngsten Brüder Jakob (Jack) und David wurden bereits in Amerika geboren. Als erster emigrierte Vater Benjamin, wahrscheinlich im Jahr 1888, seine Frau und seine Kinder folgten ein Jahr später nach. Mit ihrer alten Heimat brachen sie alle Bande ab, nicht jedoch die Verbindung zur Religion. Benjamin und Pearl blieben auch in Amerika streng religiös, und auch ihr ältester Sohn Harry hielt am Judentum fest.

Krasnosielc ging weniger als Geburtsort der berühmten Warner Bros., sondern vielmehr als einer der Schreckensorte des Zweiten Weltkriegs in die Geschichte ein. Ursprünglich war Krasnosielc ein typisches jüdisches Schtetl in Polen. Die Juden standen unter der Protektion des Grafen Krasinski, dem sie ihre Steuern entrichten mussten, und lebten in mehr oder minder friedlichem Einvernehmen mit der nichtjüdischen Bevölkerung. Obwohl um die Mitte des 19. Jahrhunderts mehr als die Hälfte der Einwohner des Dorfes Juden waren, durften sie erst 1883 eine eigene Synagoge errichten. Nach Ausbruch des Zweiten Weltkriegs wurde diese Synagoge zum Schauplatz eines der ersten Kriegsverbrechen auf polnischem Boden, das auch in den Protokollen der Nürnberger Prozesse festgehalten wurde. Die SS trieb die Juden des Ortes in der Synagoge zusammen und erschoss mehr als 50 Männer.[6]

Warschau. Ebenfalls aus Polen, und zwar aus Warschau, stammte der 1879 geborene Samuel Goldwyn, alias Schmuel Gelbfisz. Seine Eltern Abraham und Anna Gelbfisz waren fromme, kinderreiche Chassidim. Nach dem frühen Tod seines Vaters machte sich der sechzehnjährige Schmuel Gelbfisz zu Fuß auf den Weg nach England und wenige Jahre später nach Amerika.[7] Dort stieg auch er zunächst in den Textilhandel ein und war als Handschuhproduzent erfolgreich, bevor er ins Filmgeschäft überwechselte.

Warschau, die Stadt seiner Kindheit und frühen Jugend, war kein frommes Schtetl wie Krasnosielc. Es war die größte jüdische Stadt Europas. In Warschau waren alle geistigen und politischen Strömungen des Judentums vertreten: von der strengen Orthodoxie bis zur Aufklärung, vom mystisch geprägten Chassidismus bis zur Assimilation, vom Zionismus in allen seinen Schattierungen bis zum Sozialismus und der jüdischen Arbeiterbewegung, die im Bund organisiert war: „Warschau aber ist die jüdische Königin Europas. Wenn Saul, David, Salomo, Rehabeam, Jerobeam, Nadab einen Nachfolger hätten, so müßte der Thron des Königs der Juden in Warschau stehen. Die größere Zahl seiner Untertanen würde freilich in New York leben, aber was sind das schon für Untertanen! Gottlose, die imstande wären, die Bundeslade zu verkaufen, wenn sie sie wiederfänden!"[8] Diese ätzenden Bemerkungen Albert Londres charakterisieren den Werdegang vieler jüdischer Auswanderer in Amerika, die in ihrer neuen Heimat oft ihre traditionelle Frömmigkeit und ihre Verbundenheit mit dem Judentum aufgaben.

Minsk. Die Sehnsucht, in der neuen Heimat als vollwertiges Mitglied der amerikanischen Familie anerkannt zu werden und dabei noch jene zu übertreffen, die vor mehreren Generationen ins Land gekommen waren, beflügelte Louis B. Mayer bzw. Lazar Meir, der um 1890 als Kind mit seiner Familie aus Minsk nach Amerika gekommen war.

Minsk, die Hauptstadt Weißrusslands, gehörte wie Warschau zu den großen jüdischen Metropolen Europas. Ein Drittel der Bewohner der Stadt waren Juden, die vor allem im Handel, aber auch als Handwerker und Arbeiter tätig waren. Ähnlich wie in Warschau existierten auch in Minsk eine starke jüdische Arbeiterbewegung und zahlreiche zionistische Gruppierungen. Zwar gab es eine dünne jüdische Oberschicht, aber die breiten Massen waren arm. Louis Mayers Vater Jaco, der mit seiner Familie aus Minsk aufgebrochen war, um sein Glück in Amerika zu versuchen, gelang auch in der neuen Heimat kein echter sozialer Aufstieg. Er blieb ein Hausierer und Schrotthändler und konnte nur mühsam seine Familie ernähren. Louis zog so bald wie möglich von zu Hause aus. Er heiratete, erwarb ein kleines Varietétheater und wurde in den 1930er Jahren als Chef von MGM bestverdienender Amerikaner. Mit seiner Vergangenheit hatte Louis B. Mayer symbolisch gebrochen, indem er behauptete, seine Geburtsurkunde sei bei der Einwanderung verloren gegangen. Seinen neuen Geburtstag setzte er am 4. Juli, dem Unabhängigkeitstag der Vereinigten Staaten, fest. Jedes Jahr ließ er zu diesem Datum die Produktionsarbeiten des MGM-Studios unterbrechen, um mit großem Pomp und pathetischen Reden seinen eigenen Geburtstag und den amerikanischen Nationalfeiertag zu feiern.[9] Diese Geste war nicht nur Ausdruck seines Patriotismus, sondern auch eine Demonstration, dass er und seine Generation tatsächlich in Amerika angekommen waren.

1 Albert Londres, *Der ewige Jude am Ziel*, Wien 1930, S. 132f.
2 Vgl. Udo Bayer, *Laemmle und Deutschland*, in: BC-Heimatkundliche Blätter für den Kreis Biberach, 2/1997.
3 Neal Gabler, *Ein eigenes Reich. Wie jüdische Emigranten Hollywood erfanden*, Berlin 2004, S. 84.
4 Vgl. Kap. 2, *Immigration und neue Medien um 1900. Von der Textil- zur Filmindustrie*, S. 42f.
5 Vgl. Kap. 4, *Stars. Oder: Die strengen Gesetze des Kinohimmels*, S. 56ff.
6 David Shachar, *Research of the Massacre at Krasnosielc and Provision of a Memorial to the Victims*, unter: http://www.zchr.org/krasnosielc/krasnosielc.htm
7 Vgl. *Arthur Marx, Goldwyn. A Biography of the Man Behind the Myth*, New York 1976.
8 Londres 1930, S. 153f.
9 Gabler 2004, S. 113f.

Mächtig mit den Mächtigen der Welt. Der wahrscheinlich 1884 in Minsk geborene Louis B. Mayer (rechts) hat 1929 Winston Churchill und den Medienmogul Randolph Hearst (links) im MGM-Studio zu Gast.

02

Immigration und neue Medien um 1900
Von der Textil- zur Filmindustrie

Werner Hanak-Lettner

Ein Fotostudio in New York, möglicherweise im Jahr 1903. Ein junger Mann mit selbstbewusstem Blick, 30 Jahre alt, in einem properen Anzug, aus dem eine Taschenuhrkette hervorblitzt. Hinter ihm, am Boden: ein Pelz. Es ist ein Attribut, das ihn als Kürschner ausweist. Für seine dreißig Jahre hat der Mann eine erstaunliche Karriere hinter sich. Der Weg, der noch vor ihm liegt, wird diese Karriere jedoch noch bei weitem übertreffen. Er heißt Adolph Zukor, 1873 in Risce, im ungarischen Tokajer-Gebiet, auf die Welt gekommen, seit seinem siebten Lebensjahr Vollwaise. Mit dem erziehungsberechtigten Onkel, einem Talmud-Gelehrten, gibt es Schwierigkeiten. Während sein Bruder Arthur, ein späterer Rabbiner, vom Onkel adoptiert wird, zieht Adolph zehn Kilometer weiter und beginnt eine Kaufmannslehre. Mit sechzehn kämpft er seine Emigration durch. 1889 kommt er schließlich mit 40 Dollar in der Tasche in New York

Der ca. dreißigjährige Adolph Zukor aus Risce in New York. Der Pelz hinter Zukor am Boden ist ein Hinweis auf seine Stellung als arrivierter Kürschner und Pelzhändler (New York, nach 1900) (links). (Katalog: Set 1, S. 191)

Dreißig Jahre später: Der sechzigjährige Adolph Zukor, Erfinder des Studiosystems und Revolutionär der amerikanischen Filmindustrie, am Set von *I'm No Angel* mit Mae West (Hollywood, 1933) (rechts). (Katalog: Set 1, S. 191)

an. Er lernt Englisch, lernt den Beruf des Kürschners und geht 1892 nach Chicago, das gerade mit der Weltausstellung die Aufmerksamkeit auf sich zieht. Zukors Laden floriert, 1899 eröffnet er mit einem Partner eine Zweigstelle in New York, kurz darauf gelingt den beiden auch dort der Durchbruch. 1903 ist Adolph Zukor ein gemachter Mann. Er hat es als Einwanderer inmitten der Textilbranche geschafft.

Die Karriere ist hinsichtlich der Erfolgskurve außergewöhnlich, was das Berufsumfeld betrifft aber typisch für einen jungen jüdischen Einwanderer aus Osteuropa. Ebenfalls nicht untypisch für jene, die ihr Geschäft im harten Einzelhandel erlernt haben und zudem die Träume und Bedürfnisse der anderen Einwanderer kennen, ist ein Engagement im Unterhaltungs-Metier, insbesondere in der Welt der kleinen Kinos, die nun überall, vor allem in den Einwanderer-Ghettos, wie der Lower East Side in Manhattan, entstehen. Bei Adolph Zukor, dem späteren Chef der Paramount Picture Corporation verlief der Einstieg so: Ein entfernter Verwandter bittet ihn um einen Kredit, um in eine Penny Arcade investieren zu können – ein Etablissement mit zahlreichen Vergnügungsangeboten. Die Kinetoskope, d.h. die Guckkästen, in denen kurze Filmszenen zu sehen sind, entwickeln sich in den Jahren nach 1900 zu den Hauptattraktionen. Zukor gewährt den Kredit und eröffnet selbst eine Penny Arcade auf der 14. Straße in Lower Manhattan.

Das Cascade Theatre in New Castle, Pennsylvania. Es eröffnete 1905 und war das erste Kino der Brüder Warner. Der damals übliche Eintrittspreis von fünf Cent ist auf dem Ticketschalter zu erkennen. Von der Fünf-Cent-Münze, einem sogenannten Nickel, leitete sich die Bezeichnung dieser Kinos als Nickelodeons ab.

New York ist in den Jahren nach 1900 Hauptschauplatz der dritten großen Einwanderungswelle aus Europa. Im Jahr 1907 ist der Höhepunkt erreicht. Über 1,2 Millionen Immigranten übertreten hier die Landesgrenzen: mehr als doppelt so viele wie im gesamten 17. und 18. Jahrhundert zusammen. Erst der Immigration Act von 1924 wird diese dritte Welle beenden.[1]

Die zukünftigen Studiogründer wie Adolph Zukor, Carl Laemmle, Louis B. Mayer oder Samuel Goldwyn sind 1907, im stärksten Einwanderungsjahr, bereits alle in den USA.[2] Dabei fällt nicht nur auf, dass die meisten der späteren Hollywood-Mogule im Textilbusiness groß werden, sondern auch, dass sie ihre Filmkarrieren als Filmvorführer bzw. Kinobesitzer beginnen. Ein gutes Beispiel sind die Warner Brothers: Ab 1904 beginnen die mittleren Brüder Abe und Sam mit einem Projektor den zwölfminütigen Film *The Great Train Robbery* als fahrende Filmvorführer in Pennsylvania und Ohio zu zeigen. 1905 kaufen sie ihr erstes Nickelodeon in Newcastle, Pennsylvania, 1907 besitzen sie schon fünfzehn dieser frühen Filmtheater. Im selben Jahr, als der Höhepunkt der europäischen Einwanderung in die USA erreicht war, eröffnet auch eine der schillerndsten Figuren des zukünftigen Business, Louis B. Mayer, sein erstes Kino in Haverhill, Massachusetts.

Die Produktion und der Verleih der Filme lag damals fest in der Hand eines berühmten Mannes und seiner Clique, der in den USA für technische Neuerung und Fortschritt stand: Thomas Edison, unter anderem Erfinder des Phonographen und der elektrischen Glühbirne. 1884 hatte er mit dem Kinetoskop ein Gerät für eine Art ‚Filmpeepshow' herausgebracht, 1896 mit dem Vitascope einen Projektor. Edison hatte sich dem Filmgeschäft von der technischen Seite genähert und

Die *Jessie James Show* (1908) in Brandon, Manitoba – eine Produktion von Thomas Edison, wie auf dem Schild links unten zu lesen ist. Edison war sowohl Erfinder als auch Produzent, und kontrollierte mit den Patentrechten auf Kameras und Projektoren weite Teile der frühen Kinoindustrie.

Annonce gegen den Edison Trust und für Carl Laemmles Verleih aus der Zeitschrift *Motion Picture World*, 1910.

hielt die Patente für Kameras und Projektoren in der Hand. Jeder Filmproduzent, Verleiher oder Kinobesitzer war verpflichtet, seine Geräte zu verwenden und für diese Abgaben zu bezahlen. Die Auseinandersetzung mit der aufstrebenden Gruppe der zumeist aus Europa stammenden Kinobesitzer, die ihre ersten Kinos in den Einwanderervierteln im Osten der USA eingerichtet hatten und dringend neue, billige Filme brauchten, war damit vorprogrammiert.

An vorderster Front gegen den 1909 gegründeten Trust, jenem Monopolkonglomerat um Edison, kämpft Carl Laemmle. Er hatte sich 1906 sein erstes Nickelodeon in Chicago eingerichtet und baute in den folgenden Jahren einen Filmverleih auf. Als sich 1909 die Motion Picture Patents Company um Thomas Edison konstituiert, macht sich Laemmle unabhängig, gründet die Independent Motion Picture Company of America (IMP) und beginnt seine eigenen Filme zu drehen. 1910 war Laemmles Verleih der größte in den USA. Er gibt damit das vertikale System vor, auf dem die großen Studios in Hollywood aufbauen sollten: Mit seinen Theatern, dem Verleih und der Produktion liegt die ganze Kette des Filmgeschäfts in einer Hand.

Den Trust, der seine Existenz bedroht, bekämpft Laemmle nicht nur vor Gericht, sondern auch publizistisch. Der deutsche Einwanderer ist ein Marketing- und PR-Genie, seine Texte zeugen aber auch vom existentiellen Kampf, den das Produzieren und Verkaufen von Filmen damals mit sich brachte. An seine Kunden schrieb er: „Der Trust droht den Kinobesitzern mit ‚Geldstrafen und Unheil', wenn sie meine Filme spielen. Nehmen Sie mich beim Wort: Sollte irgendeiner

Dreharbeiten in einem Universal Studio. Laemmle kaufte nicht mehr nur Kinos und verlieh Filme an andere, er produzierte sie mittlerweile auch selbst.

meiner Kunden mit Geldstrafen oder Unheilsandrohungen belästigt werden, werde ich ihm mit allen mir zur Verfügung stehenden Möglichkeiten zur Seite stehen (...) Wenn Sie jemand in ihrem Kino heimsucht und mit welchem Drohungen auch immer einzuschüchtern versucht, versetzen sie ihm einen schnellen Stoß, sodass es ihn in die Kinostühle setzt. Ich komme selbstverständlich für jeglichen Schaden auf."[3]

Nach dem Sieg über den Edison Trust wurde dieser als unerlaubte Monopolgesellschaft eingestuft. Laemmle gründete 1912 mit anderen Gesellschaften die Universal Picture Corporation und wurde so zum Pionier der ersten Stunde. Dennoch waren es andere wie Adolph Zukor, Marcus Loew oder William Fox, die seine Ideen noch wirksamer umsetzten. Sie alle eroberten einen Industriezweig, dessen erste Positionen zwar schon besetzt, dessen Möglichkeiten jedoch noch lange nicht ausgeschöpft waren. Als Außenseiter gelangen ihnen schnell die ersten Siege über das Establishment. Dass sie als Einwanderer die Bedürfnisse der Hauptzielgruppe, die zu einem großen Teil aus den armen Bevölkerungsschichten – Einwanderern und Arbeitern – bestand, kannten, war ein unschätzbarer Vorteil. Dass sie die harten Bedingungen der amerikanischen Handelswelt zumeist in der Textilbranche von der Pike auf gelernt hatten, ein weiterer. Die *Immigrants* wurden zu *Independents* und machten den Film zu *dem* globalen Massenmedium des 20. Jahrhunderts. Schließlich sollten sie einen neuen Trust bilden. Einen Trust, der sich nicht so nannte, sich in gewisser Weise konkurrenzierte, zahlreichen Angriffen ausgesetzt war, für mehrere Jahrzehnte jedoch unbesiegbar bleiben sollte.

1 Diese Entscheidung wird vielen europäischen Flüchtlingen in den Jahren nach 1933 zum Verhängnis werden.

2 Zu den Herkunftsorten der Film-Mogule vgl. Kap. 1, *Osteuropa. Wo Hollywood nicht ist*, S. 36ff.

3 Zit. nach Benjamin Hampton, *A History of the Movies*, New York 1931, S. 89.

Amerika als ein Garten der Freiheit für arme osteuropäische Zuwanderer: Glückwunschkarte zu Rosh ha-Schana (dem jüdischen Neujahrsfest). Gedruckt 1909, zwei Jahre, nachdem die Einwandererzahlen in den USA den Höchststand erreicht hatten. (Katalog: Set 1, S. 190)

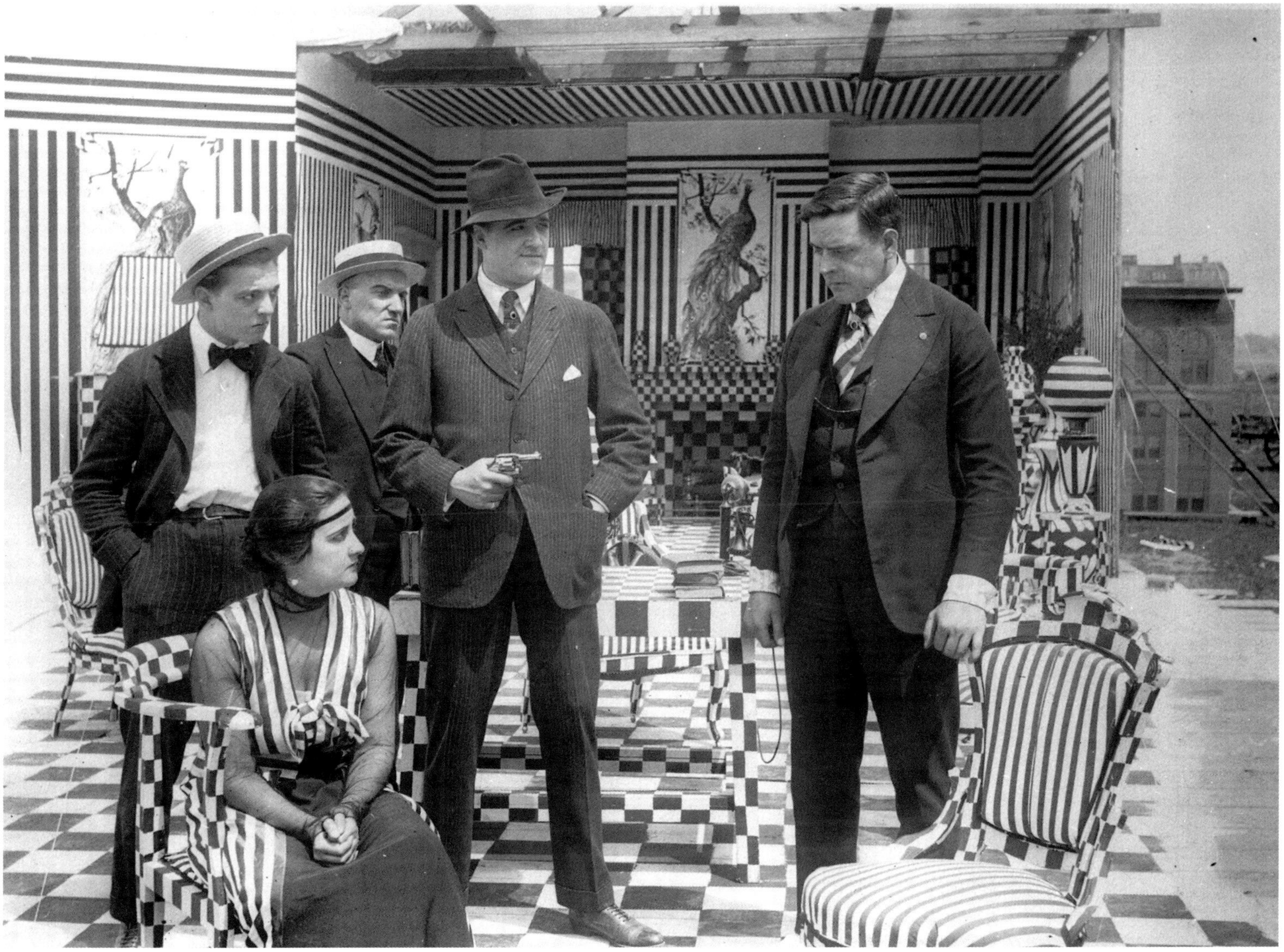

Der Film auf dem Weg zur Filmkunst und zum Medium der Mittelklasse (nicht identifiziertes Outdoor-Filmset, 1910er Jahre).

03

„Where the other Picture Companies are“ Hollywood finden und erfinden

Werner Hanak-Lettner

Der Cahuenga Boulevard durchschneidet Hollywood von Nord nach Süd und erinnert an den ehemaligen Namen der Gegend, die 1886 in Hollywood umbenannt wurde. Namensgeber war die aus Oklahoma zugewanderte Familie Whitley, die hier im Immobiliengeschäft tätig war. 1903 wird Hollywood eine eigenständige Gemeinde, 1910 schließt sich diese wegen der Wasserversorgung der nahe gelegenen Stadt Los Angeles an. Als hier 1907 die ersten Teams Filme drehen, zählt der Großraum Los Angeles erst knapp über 200.000 Einwohner, 1930 waren es bereits 1,2 Millionen.[1] Am 27. Oktober 1911 eröffnet die Nestor Motion Picture Company im noch landwirtschaftlich geprägten Hollywood an der Ecke Sunset Boulevard und Gower Street das erste Filmstudio. Als der junge Regisseur Cecil B. DeMille 1913 nach Hollywood kommt, um für die Jesse L. Lasky Feature Play Company[2] den Film *The Squaw Man* zu drehen, ist Hollywood zwar noch eine Vorstadt ohne jeglichen global bekannten Mythos, in der Filmszene ist es jedoch bereits für seine gut ausgerüsteten Filmstudios bekannt. DeMille mietet im Dezember 1913 für monatlich 250 Dollar ein Studio an der Ecke Selma Avenue und Vine Street, das auf dem Grund des Hollywood-Pioniers Jacob Stern steht[3]. DeMille war für dieses Projekt zuerst von New York nach Flagstaff in Arizona aufgebrochen, zeigte sich aber enttäuscht von der dortigen Landschaft. „When I got to Flagstaff there were high mountains, and I didn't want high mountains. I wanted plains with mountains in the distance (...) Dustin Farnum said to me, ‚Well, (...) I think we ought to go on to Los Angeles where the other picture companies are and have a look around'".[4]

Das erste Studio in Hollywood. Im Oktober 1911 eröffneten die Nestor Studios an der Ecke Gower Street und Sunset Boulevard. Das Foto stammt ca. von 1913, als Nestor bereits zu Carl Laemmles Universal Pictures gehörte.

Hollywood, California: Ein neues Filmstudio entsteht. Selbst 1919, als alle wichtigen Studios bereits Dependancen in Hollywood eröffnet hatten, gab es hier noch mehr landwirtschaftliche als gewerbliche Flächen.

Der Stall, in dem der erste Hollywood-Langfilm entstand. An der Ecke Selma Avenue und Vine Street produzierten Jesse L. Lasky und Cecil B. DeMille 1914 *The Squaw Man*, eine Geschichte über einen Engländer im Wilden Westen.

Ein Modell des Lasky-DeMille-Barn, in dem 1914 *The Squaw Man* gedreht wurde. Heute beherbergt der Stall das Hollywood Heritage Museum, in dem dieses Modell ausgestellt ist.

DeMilles *The Squaw Man* wird der erste Langfilm aus der kalifornischen Filmkolonie. Es ist die Geschichte eines Engländers im ‚Wilden Westen'. Und obwohl hier ein englisches Landhaus, eine Prärie mit Rindern, ein Hafen, eine Eisenbahnstation, Schnee im Gebirge und vieles mehr zu sehen sind und die Zeitschrift *Moving Picture World* von Drehaufenthalten der Crew in Utah, Arizona und Wyoming berichtete, war das Filmteam in Wahrheit immer innerhalb der kalifornischen Grenzen geblieben. Den ‚Stall', in und um den *The Squaw Man* gedreht wurde, gibt es noch heute,

auch wenn er nicht mehr am selben Platz steht. Ursprünglich an der Ecke Selma Avenue und Vine Street, landete er nach mehreren Umzügen an der North Highland Avenue gegenüber der Hollywood Bowl. Heute befindet sich darin das Hollywood Heritage Museum, eine der wenigen öffentlichen Institutionen in Los Angeles, die sich aktiv mit der Frühgeschichte Hollywoods auseinandersetzen.

Hollywood machte seit den Tagen der Filmpioniere am Beginn der 1910er Jahre eine beispiellose Karriere. Aus mehreren Gründen mauserte sich dieser mitten in Orangenhainen gelegene Ort zur neuen Produktionskolonie der nach wie vor in New York beheimateten amerikanischen Filmindustrie und in weiterer Folge zum Synonym für das Medium Film, das Starwesen und den amerikanischen Traum. Neben der kalifornischen Landschaftsvielfalt waren die zahlreichen Sonnentage Südkaliforniens ein wichtiges Argument für eine Industrie, die das Licht wie kaum eine andere braucht und in ihrer Gründungszeit noch wenig elektrische Energie zur Verfügung hatte. Die große Distanz zu New York erschien anfangs ein Problem, brachte aber auch Vorteile mit sich. Der Edison Trust mit seinen Schlägertrupps, die mit Vorliebe die von den *Inde-*

pendents verwendeten ausländischen Kameras zertrümmerten und dabei auch die Teams nicht verschonten, war ein wichtiger Faktor. Die billigeren Löhne, die fehlenden Gewerkschaften und die Kontrolle der Arbeitsschutzbestimmungen ein weiterer.

Die Vorzüge Hollywoods sprachen sich bald herum. Schon im März 1915 eröffnete Carl Laemmle auf einem 230 Hektar großen Gelände am Übergang zwischen nördlichem Hollywood und dem San Fernando Valley ein Filmstudio von bis dahin ungeahnter Größe. Laemmle befand sich im Aufwind, nicht nur als Produzent, auch als Verleiher. 1912 hatte er Universal Pictures gegründet und sich dabei mit der in Hollywood bereits ansässigen Nestor Film vereinigt. Den Edison Trust hatte er inzwischen gemeinsam mit anderen wegen unerlaubter Monopolbildung vor Gericht niedergerungen. Nun legte er seine Vision einer amerikanischen ‚Traumfabrik' vor. Eine eigene Stadt inmitten einer Weltlandschaft: Zwischen Hügeln, Felsen, einem Bach und wüstenähnlichen Flächen baute er Filmbühnen unter freiem Himmel, ausgestattet mit einem beweglichen Dach, das am Ende eines Drehtages oder bei Regen ausgefahren werden konnte. Zudem gab es komplette Filmentwicklungs-Laboratorien, einen Zoo und ein eigenes Postamt samt Postleitzahl: 91608 Universal City.

Neben Laemmle trieb auch Thomas Ince am Beginn der 1910er Jahre die Filmproduktion in Kalifornien massiv voran. Er baute zwischen Santa Monica und Malibu ein eigenes Studio, dem er den Namen Inceville gab. Ince industrialisierte die Filmproduktion: Seine Filme entstanden genau genommen nicht mehr auf dem Set, sondern auf dem Papier. Er übergab das ausgearbeitete Skript dem Regisseur mit dem Stempel „Shoot exactly as written"[5] und behielt die Kontrolle bis zum fertig geschnittenen Film.

Doch Hollywood blieb bis auf weiteres eine New Yorker Kolonie und ist es in mancherlei Hinsicht bis heute. Im Big Apple entwickelte sich Adolph Zukor in den 1910er Jahren zum Mastermind der Filmindustrie und behielt diese Position bis zum Ende der 1920er Jahre inne. Zukor war sowohl genialer Finanzmann als auch Visionär. Bisher waren in den USA nur sogenannte *one reeler* gelaufen, die es je nach Abspielgeschwindigkeit auf zehn bis fünfzehn Minuten Spielzeit brachten. Zukor glaubte früher als alle anderen an die Zukunft des Langfilms. Er war sich sicher, dass das Medium Film ähnlich dem Theater mit einer tragfähigen

Carl Laemmle sperrt 1915 Universal City, das bis dahin größte Filmstudio im Umkreis von Hollywood, auf.

Die Universal-Ranch in Universal City war eine Stadt in einer Landschaft, die unbegrenzte Möglichkeiten bot (1915).

Story die Zuschauer bis zu zwei Stunden fesseln würde. Und Zukor glaubte an das potentielle Interesse der Mittelschicht am Medium Film. Das war alles andere als selbstverständlich, galten die Nickelodeons doch als das Vergnügen der Armen, insbesondere der unterprivilegierten Einwandererschicht. 1911 reüssierte er als Verleiher ausgerechnet mit *The Passion Play*, einem Film über die Oberammergauer Passionsspiele. Daraufhin beschloss er, die französische Produktion *Les Amours de la reine Elisabeth (The Loves of Queen Elizabeth)* mit Sarah Bernhardt für die USA zu kaufen. Er mietete sich in New York und Chicago Kinos, die nicht unter der Kontrolle des Edison Trusts standen. Der Erfolg gab ihm nicht nur hinsichtlich der Filmlänge und der Stückwahl recht. Er lehrte ihn auch, dass es Stars wie die Bernhardt brauchte, um die Existenz von Filmen in das öffentliche Bewusstsein zu tragen. Folgerichtig hieß die *tag-line* seiner neuen Company: „Famous Players playing in Famous Plays".

Zukors Weg zum Erfolg erzählt sich wie ein Strategie-Krimi. Die Famous Players Company gründete er 1912 mit den Frohman Brothers, einer New Yorker Agentur, die ihm den Zugang zu Schauspielern sicherte. Nun widmete er sich dem Vertrieb. Wegen der Vormachtstellung des Trusts konnte er seine Filme vorerst nur staatenweise vertreiben. Erst 1914 gelang ihm der Durchbruch. Er unterschrieb einen nationalen Verleihvertrag mit der von William Hodkinson gegründeten Paramount National Distribution Company, wobei festgelegt wurde, dass von den jährlich 104

Zeitgenössische Postkartenserie aus der 1915 eröffneten Universal City.

Mit dem Ankauf und Verleih von *The Loves of Queen Elizabeth* (in der Hauptrolle: Sarah Bernhardt) verwirklichte Zukor 1912 seine Vision vom Langfilm in den USA. Sein Glaube an den Film als Medium der Mittelklasse ermöglichte die Entstehung Hollywoods.

vertriebenen Spielfilmen 48 von Zukors Famous Players stammen sollten. Zudem wurde in diesem Deal eine Modalität zwischen Produktions- und Verleihfirmen gefunden, die die ganze geballte Kraft des zukünftigen Hollywood-Studiosystems freisetzen sollte: Die Produktionsfirmen erhielten vom Verleiher für jede Produktion im Vorhinein 25.000 Dollar, im Nachhinein 65 Prozent des Gewinns.[6] Zukor war diese Partnerschaft jedoch nicht genug. Er wollte das ganze Hollywood-System unter einem Dach, bestehend aus Filmproduktion, Vertrieb und Kinoketten, und vertikal gestaffelt. Und er wollte es unter seinem Dach: Innerhalb von zwei Jahren übernahm er Paramount und fusionierte 1916 mit Jessy Lasky und Samuel Goldfish. Die New York Times wies am 29. Juni 1916 darauf hin, dass sich hier zwei der „ältesten" Filmproduktionsfirmen gefunden hatten: „The new company is incorporated with a capital stock of $ 12,500,000." Adolph Zukor, der 43jährige aus Risce im ungarischen Tokajer-Gebiet, hatte es geschafft. Paramount Pictures erhielt den Beinamen „United States Steel Corporation of the motion picture industry"[7].

Marcus Loew (1870-1927) wuchs in New York in ärmlichen Verhältnissen als Sohn eines Kellners aus Wien auf. Er wurde Besitzer der Loew's Kinokette und schließlich die treibende Kraft im Hintergrund von Metro-Goldwyn-Mayer (MGM).

Hollywood war in den 1910er Jahren gleichzeitig in Kalifornien *und* in New York entstanden. Während die amerikanische Filmindustrie an der Ostküste durch die großen Verleih-, Finanz- und Fusionsentscheidungen ihre Form fand, wanderte die Produktion der Filme von New York und New Jersey im selben Jahrzehnt fast komplett nach Los Angeles aus. Nach Universal und Paramount ließen sich die Warner Brothers 1918 mit einem noch kleinen Studio am Sunset Boulevard nieder, Fox folgte im Jahr darauf. 1921 übernahm Samuel Goldwyn die Triangle Studios in Culver City, die einst Thomas Ince gegründet hatte. 1924 wurden daraus die MGM Studios, denen nun Louis B. Mayer vorstand. Die großen Bosse hinter den Kulissen wie Adolph Zukor oder Kinomagnat Marcus Loew von Loew Inc., der MGM durch den Ankauf und die Fusion von Metro, Goldwyn und der L. B. Mayer Production entstehen hatte lassen, blieben in New York und regierten ihr Reich weiterhin von dort aus. Sie nahmen gerne hin, dass ‚Hollywood', jenes merkwürdige Konglomerat an der Westküste mit seinem weltweit ausstrahlenden Image, seinen glamourösen Stars und den dramatischen Hahnenkämpfen zwischen seinen ‚Angestellten', den Produktionsleitern und Regisseuren, schon bald die gesamte öffentliche Aufmerksamkeit auf sich zog.

Beständiges Symbol einer gut funktionierenden Industrie: Adolph Zukors Paramount-Headquarter am Times Square in New York City (Foto 2010).

1 Riley Moffatt, *Population History of Western U.S. Cities & Towns, 1850–1990*, Lanham 1996, S. 41.

2 Lasky leitete diese Firma mit seinem Schwager Samuel Goldfish, dem ehemaligen Schmuel Gelbfisz und zukünftigen Samuel Goldwyn.

3 Vgl. Robert S. Birchard, *Cecil B. DeMille's Hollywood*, Lexington, Kentucky 2004, S. 6.

4 Cecil B. DeMille, zit. nach Birchard 2004, S. 5.

5 Vgl. den ersten Teil der Dokumentationsserie *Moguls and Moviestars*, Tuner Classic Movies, 2010.

6 Vgl. Douglas Gomery, *The Hollywood Studio System: A History*, London 2005, S. 17. Gomery beruft sich wiederum auf Quellen in der Zeitschrift Moving Picture World vom 11. Juli 1914, S. 208.

7 Vgl. ebd.

04

Stars
Oder: Die strengen Gesetze des Kinohimmels

Werner Hanak-Lettner

Filme, die auf bereits bekannte Gesichter, Körper, Namen, Persönlichkeiten zurückgreifen können, haben eine größere Chance auf Erfolg. Berühmte Schauspielerinnen und Schauspieler ermöglichen eine Kontinuität über die einzelne Filmerzählung hinaus.[1] Daher ist das Star-System so alt wie das Studio-System und bis heute ein unverzichtbarer Teil Hollywoods. Doch die Stars, die es zu Beginn der Filmindustrie nur am Theater gab, zierten sich. Der Film galt ihnen als schmutziges Medium, mit dem sie zwar Geld, aber keinen Ruf verdienen konnten. Selbst als die finanziellen Verlockungen größer wurden und die Filme sowie auch die neuen Kinopaläste sogar die Mittelschicht anzusprechen begannen, konnten nur wenige Bühnengrößen wie Sarah Bernhardt oder James O'Neill für das Filmgeschäft gewonnen werden. Das Rennen machte vielmehr die zweite Besetzung bzw. die nächste Generation: Florence Lawrence, Dorothy Gish, William S. Hart, Mary Pickford oder auch der Londoner Charlie Chaplin. Am Ende der 1910er Jahre waren sie bereits die ‚Götter' auf der Leinwand und wurden von der ganzen Welt verehrt. Und spätestens seit dem Begräbnis von Rudolf Valentino 1926 in New York mit seinen über 100.000 hysterisch Trauernden war klar, wie sehr sich die im Mittelpunkt stehenden Schauspieler durch ihre weltweite *Bigger-Than-Life*-Projektion in den Filmpalästen und die *Close-Up*-Berichterstattung in den florierenden Fanmagazinen in bisher ungeahnter Weise über die Normalsterblichen erhoben hatten.

New York 1914

Die erste Schauspielerin, die über Nacht zum Star wurde, war Theda Bara. Der Coup gelang William Fox, der am Beginn seiner Karriere wie viele andere in Fort Lee drehte, einer Studiostadt, die sich in New Jersey gegenüber von New York etabliert hatte. Mit *A Fool There Was* gelang ihm 1915 ein Kassenschlager. Der Film machte aber nicht nur Theda Bara zum Star, er brachte auch den Begriff des Vamp ins Spiel, jener männerbesitzenden und -mordenden Femme fatale, die sich von nun an ihren verderbenbringenden Weg durch die Filmgeschichte bahnte.

Während es die eingewanderten Juden der ersten und zweiten Generation waren, die die Filmindustrie in den USA in ihrer heutigen Form aufbauten, gab es verhältnismäßig wenige jüdische Schauspielerinnen und Schauspieler. Jene wiederum, die jüdisch waren, behielten diese Information für sich. Das war bei Broncho Billy Anderson, dem ersten Western-Star, der mit bürgerlichem Namen Max Aronson[2] hieß, genauso der Fall wie bei Theda Bara. Diese Praxis sollte auch lange beibehalten werden: Als die nichtjüdische Schwedin Ingrid Bergman 1939 nach Hollywood kam, riet ihr David O. Selznick, ihren Namen zu ändern. Der Produzent fand, der Name Bergman hätte einen „somewhat unattractive and even Semitic sound."[3]

Doch im Falle Theda Baras, dem Vamp der 1910er Jahre, wurde nicht nur der Name Theodosia Goodman verändert sowie ihre Geburtsstadt Cincinnati und die polnisch-jüdische Herkunft ihres Vaters vor der Presse

Theda Bara, erster Vamp der Filmgeschichte.
Für die in Cincinnati geborene Theodosia Goodman, Tochter eines polnischen Schneiders, erfand die Fox Corporation eine neue Biografie: Sie wurde zur Tochter einer französischen Schauspielerin und eines italienischen Bildhauers und kam ‚im Schatten der Pyramiden' zur Welt. 1917 spielte sie die Hauptrolle in *Cleopatra*, dem größten Kassenerfolg des Jahres.

Theda Bara als Cleopatra (1917).

verheimlicht. Die Schauspielerin bzw. die Öffentlichkeits-Abteilung der Fox Corporation gingen vielmehr erfinderisch in die Offensive. Sie kreierten eine Biografie, die kongenial zur Vamp-Rolle Theda Baras passte: Als Tochter einer französischen Schauspielerin und eines italienischen Bildhauers soll sie in Ägypten im Schatten der Pyramiden zur Welt gekommen sein. In der Stummfilmzeit stellten ausländische Schauspieler noch kein Problem dar, und so sprach die gebildete und äußerst belesene Theodosia Goodman alias Theda Bara bei ihren Pressegesprächen in orientalisch-schwülstig inszenierten Hotelzimmern mit starkem französischen Akzent.[4]

Hollywood, 1917 (I)

Zum Leidwesen der urban-kulturinteressierten Theda Bara bestand William Fox 1917 darauf, sein neues Großprojekt in Los Angeles zu drehen. Fox hatte sich mit der Übersiedlung nach Kalifornien relativ lange Zeit gelassen, und erst 1919 richtete er sich dort dauerhaft ein. Der neue Film hieß *Cleopatra* und wurde die erfolgreichste Produktion des Jahres. Er traf den Zeitgeist und löste eine Welle der Ägypten-Begeisterung in den USA aus. Cleopatra war eine Paraderolle für die ‚im Schatten der Pyramiden' geborene Theda Bara, deren Name, wie damals vom Publicity Management verbreitet oder als Gerücht gestreut wurde, ein Anagramm auf ‚Arab Death' war. Da nützte es auch nichts mehr, dass Baras Kostüm, insbesondere der Schlangen-BH, die Sittenwächter auf den Plan rief und die in der Mehrzahl negativen Kritiken die geringe historische Zuverlässigkeit anprangerten.[5]

Der Star in der Star-Rolle. Für das Life Magazine fotografierte Richard Avedon 1958 Marilyn Monroe unter anderem als Theda Bara in der Rolle der Cleopatra von 1917. Die nur schwer zu erkennende Monroe trug sogar den damals berühmten Schlangen-BH (Life Magazine, 22.12.1958).

New York, 1958

In seiner dem ‚U.S. Entertainment' gewidmeten Weihnachtsnummer[6] bringt das *Life Magazine* eine Geschichte über *den* weiblichen Star der Epoche: Marilyn Monroe. Im Gegensatz zu Theda Bara ist sie bis heute das Sinnbild für den Hollywood-Star geblieben. Für eine von Richard Avedon inszenierte Fotostrecke schlüpft sie in die Rollen von fünf Star-Schauspielerinnen, die vor ihr die Welt verzaubert hatten: Marlene Dietrich, Clara Bow, Lillian Russell, Jean Harlow und Theda Bara. Für die Darstellung Theda Baras wählt Monroe deren Rolleninterpretation der Cleopatra von 1917 aus. Bei Monroes Versuch, sich in den ersten Stummfilmstar bzw. Vamp hineinzuversetzen, entstand ein Foto, auf dem die Schauspielerin selbst nicht mehr zu erkennen ist. Nicht nur die dunklen Haare, auch die große Distanz von 40 Jahren dazwischen liegender Filmgeschichte zwingen die Monroe, eine ganz andere zu werden. Live aus dem Avedon-Studio berichtete Monroes Ehemann Arthur Miller, für den sie zwei Jahre zuvor zum Judentum übergetreten war. Auch er fand Marilyn im Bara-Cleopatra-Foto nicht wieder – im Unterschied zu jenem Porträt, auf dem seine Frau Jean Harlow darstellt, auch wenn Marilyn „im wirklichen Leben Harlow nicht ähnlicher ist als irgendeiner anderen der Dargestellten"[7].

Hollywood, 1909

Doch es gab tatsächlich eine Gemeinsamkeit bzw. jemanden, der großen Einfluss auf das Aussehen von Monroe und Harlow hatte: die platinblonden Haare und Max Factor, wichtigster Kosmetiker, Friseur und Stylist Hollywoods.

Während der 1873 im damals russisch-polnischen Łódź als Maximilian Faktorowicz geborene und 1938 in Hollywood gestorbene Max Factor Jean Harlow noch persönlich die platinblonden Haare verschrieben hatte, kam die Max Factor Company um 1950 unter Max Factor Jr. bei Marilyn Monroe zu ganz ähnlichen Ergebnissen. Max Factor sen., der einst die Darsteller an der Moskauer Oper geschminkt und frisiert und dem Onkel von Zar Nikolaus II. als Kosmetiker zur Seite gestanden hatte, war 1904 über Karlsbad in die USA geflohen, nicht zuletzt wegen der steigenden antisemitischen Aktionen im Umfeld des Zaren, die sich in Pogromen in ganz Russland entluden. 1909 gründete er eine Firma

Marilyn Monroe in einer ihrer Paraderollen als Sugar Cane in Billy Wilders *Some Like It Hot* (1958). Während Monroe zwei Jahre zuvor anlässlich der Hochzeit mit Arthur Miller zum Judentum übergetreten war, dichtete ihr Wilder in diesem Film einen polnischen Background an: Sugar Kane alias Sugar Kowalczyk.

Jack Lemmon als Daphne mit Sugar Cane (Monroe) in *Some Like It Hot* (1958).

in Hollywood, gerade rechtzeitig für den beginnenden Ansturm der Filmleute. Max Factor erfand nicht nur das Hollywood-Superblond von Harlow und Monroe, er war schlicht derjenige, der die Gesichter der frühen Hollywood-Stars formte und unermüdlich das Make Up für die Filmindustrie weiterentwickelte, indem er es haltbarer, anpassungsfähiger, und unsichtbarer für den Film machte.

Hollywood, 1917 (II)

Im selben Jahr, in dem Theda Bara in Hollywood als Cleopatra vor der Kamera der Fox Production stand, arbeitete Charlie Chaplin an jenem Film, der ihm der liebste unter seinen frühen Streifen werden sollte: *The Immigrant*. Die berührende Liebesgeschichte eines Einwanderers, der mit zahlreichen anderen armen Europäern an Bord seines überfüllten Schiffs an der Freiheitsstatue vorbeifährt und anschließend seine ersten Bewährungsproben im neuen Land ohne eigenes Geld zu absolvieren hat.

Interessanterweise wurde Chaplin im Unterschied zur jüdischen Theda Bara und dem jüdischen Cowboy Broncho Billy Anderson trotz seiner nichtjüdischen Herkunft aus dem proletarischen Teil Londons von vielen Zuschauern für einen Juden gehalten. Wie J. Hoberman feststellte, befanden sich unter Chaplins Fans viele Juden, und es war die von ihm immer wieder ver-

Der Erfinder der platinblonden Haare: Max Factor mit Jean Harlow, um 1935.

Der Raum, in dem Stars ihr Leinwand-Gesicht erhielten: Max Factors Beauty-Salon in Hollywood. Im Regal im Hintergrund sind die *Research Heads* des Make-Up-Pioniers zu sehen.

körperte Rolle des Immigranten bzw. des Tramps, die ihn für andere Einwanderer zur Identifikationsfigur machte. Ein plastischer Beleg für Chaplin als ersten jüdischen Superstar des amerikanischen Kinos findet sich in Sholem Alejchems Roman *Motl, der Sohn des Kantors* aus dem Jahr 1916. Es war ein Jahr bevor Chaplin *The Immigrant* in die Kinos bringen sollte: „Am Sonntag nach dem dinner gehen wir, ich und mein Freund Mike, der vor kurzem noch Mendl hieß, in die moving pictures, den großen moviestar Charlie Chaplin zu sehen. Mein Bruder Elihu und unser Freund Pinje gehen mit uns. Auf dem ganze Weg reden sie über Charlie Chaplin, was für ein großer Mann er ist, wieviel man ihm zahlt und daß er ein Jude ist. (...).“[8]

Die Filmstars sprengten die Grenzen des Menschlichen, erlangten göttlichen Status. Doch nicht alle Herkunftsbiografien erschienen für diese Höhen geeignet. Bis die jüdischen Schauspielerinnen und Schauspieler außerhalb des jiddischen Theaters und Films ihre Identität tatsächlich nach Lust und Laune in der Öffentlichkeit besprechen konnten und wollten, sollten noch einige Jahrzehnte vergehen.[9]

1 Immer häufiger wird diese Kontinuität nicht mehr nur mit Schauspielern, sondern auch mit Rollen und Geschichten gesucht. Daher werden sogenannte Sequels (*Rocky* I-VI, *Toy Story* I-III) in Hollywood immer beliebter.

2 Mehr zu Broncho Billy Anderson im Kap. 6, *Moving West. Amerikanische und andere Hollywood-Mythen*, S. 68ff.

3 Otto Friedrich, *City of Nets. A Portrait of Hollywood in the 1940s*. Berkeley - Los Angeles, 1986, S. 135.

4 Vgl. Eva Golden, *Vamp. The Rise and Fall of Theda Bara*, New York 1996, S. 1f.

In den Annalen der Filmgeschichten existiert auch noch folgende Variante: Thedas Mutter sei eine ägyptische Prinzessin, ihr Vater ein französischer Künstler gewesen. Vgl. Golden 1996, S. 143.

6 Life Magazine, 22. Dezember 1958, Vol. 45, No. 25, S. 137ff.

7 Arthur Miller, *My Wife Marilyn*, in: Life Magazine, 22. Dezember 1958.

8 Scholem Alejchem, *Der Sohn des Kantors*, aus dem Jiddischen von Max Reich, Wien o.J., S. 392.

9 Vgl. Kap. 22, ‚*Coming out*'. *Über die neue Präsenz jüdischer Schauspielerinnen und Schauspieler*, S. 168ff.

Charlie Chaplin, Superstar: Gloria Swanson schlüpfte in ihrer Karriere zweimal in die Rolle Chaplins. Zunächst 1924 im Stummfilm *Manhandled*. Dann noch einmal 26 Jahre später in Billy Wilders *Sunset Boulevard* von 1950 (Foto). In der Rolle einer gealterten Stummfilmdiva zitiert sie dabei nicht nur Chaplin, sondern auch sich selbst.

Charlie Chaplin in *The Immigrant*, 1917. Chaplins Rolle als Einwanderer und *Tramp* ließ viele Juden wie Nichtjuden glauben, Chaplin wäre selbst jüdisch.

05

The Red Carpet Treatment
Kinopaläste für eine ‚klassenlose Gesellschaft‘

Julio Vera

Wenn Amerikaner einer beliebten Redewendung folgend sagen, sie hätten ein *Red Carpet Treatment* erhalten, meinen sie nicht einfach nur nett, sondern wortwörtlich königlich behandelt worden zu sein. Eine subtile, aber nicht unbedeutende Unterscheidung.

Während Amerikas kapitalistische Demokratie über Jahrhunderte Massen von Einwanderern angezogen hatte, die größere wirtschaftliche und politische Freiheiten suchten, wurde sie auch als Equalizer betrachtet; als eine klassenlose Gesellschaft, in der der soziale Stand nicht durch Geburt, Blut oder Klasse, sondern durch Geld bestimmt wird. Status ist (zumindest theoretisch) für jeden erreichbar, der bereit ist, dafür zu arbeiten. Um die Mitte des 19. Jahrhunderts bestieg eine Gruppe unterdrückter Menschen – Juden aus Zentral- und Osteuropa – das goldene Schiff der Hoffnung und steuerte in Scharen Richtung Freiheitsstatue. Über Jahrhunderte waren sie in allen christlichen Gesellschaften an die Ränder und in Ghettos verbannt worden. Jene, die nun stark und tapfer genug waren, um zu entkommen, riskierten eine einfache Schiffskarte nach Amerika.

Was sie in den Vereinigten Staaten tatsächlich vorfanden, waren schmutzige und überfüllte Städte einer ungebändigten, geschäftigen und herzlosen industriellen Maschine. Statt mit Gold gepflastert, wimmelten die Straßen, auf die sie von ihren Schiffen stolperten, von Wanderhändlern, die von Teppichen bis zu Juwelen alles verkauften, und überhitzten Heimwerkstätten, in denen Lederwaren und Kleidung für die reiche Oberschicht hergestellt wurde. Zwar wurde den Neuankömmlingen schnell bewusst, dass sie hier Religionsfreiheit hatten, die kapitalistische Gleichstellung jedoch an der unsichtbaren Grenze von Manhattans Lower Eastside endete.

Dennoch waren jene Chancen, die in der Alten Welt über den mythischen amerikanischen Traum versprochen wurden, tatsächlich da und dort sichtbar. Die Zeitungen waren voller Anekdoten über selbstgemachten Reichtum, von Andrew Carnegie (selbst einst ein armer Einwanderer) bis zum Erfinder Thomas Edison. Seine Entwicklungen schufen gemeinsam mit jenen tausenden anderen neuen Geräten täglich zusätzliche Märkte. Eisenbahnen, Telegrafen und Telefone machten das Reisen und die Kommunikation praktisch jederzeit möglich. Hinter dem Hudson River lag billiges Land, und weiter im Westen desto mehr. Die Elektrizität erhellte die Nacht und beförderte eine Verkaufsexplosion von Geräten. Phonographen und Radios weckten das Bedürfnis nach Originalmusik. Und schließlich versprach die Film-Maschine eine neue Zukunft mit der Produktion und dem Vertrieb von Filmträumen.

Aus diesem fabelhaften pulsierenden Schmelztiegel osteuropäischer Juden machte sich eine bemerkenswerte Entertainer- und Gründer-Generation nach Westen auf, um ihren amerikanischen Traum in einem noch ungebremsteren Kalifornien zu verwirklichen. In einer Gegend, in der das Öl, die Eisenbahn und die Finanzmonopole von englischen Einwanderern kontrolliert

wurden, suchten diese neuen Emporkömmlinge ihr Glück mit dem Vehikel Film, dass jedem zugänglich und als billige und schäbige Neuheit verschrien war. Sie verbanden die neumodischen Geräte mit ihrer magischen Fähigkeit zum Geschichtenerzählen, gestalteten ihre eigenen Filme und begannen mit diesen unverfroren bei den Massen zu hausieren.

In nur zwei Jahrzehnten entwickelten sie aus einigen wenigen Filmautomaten-Hallen im ganzen Land großartige Filmpaläste. Mit ihnen brach Hollywoods Goldenes Zeitalter aus. Die Studiogründer und frühen Kinoeigentümer hatten einen Riecher dafür, was sich die anderen neuen Amerikaner am meisten wünschten: Flucht aus dem Alltag. Mit den Worten des Filmhistorikers Neal Gabler, „da sie selber Immigranten waren, hatten sie ein besonderes Gespür für die Träume und Sehnsüchte von anderen Einwanderern und Arbeiterfamilien, zwei sich überschneidende Gruppen, die einen bedeutenden Anteil an den frühen Kinobesuchern hatten. Die Juden waren selbst ihre besten Sachverständigen in der Unterhaltungsbranche."[1] Da sie selbst aus dem Kleingewerbe-Milieu des urbanen Nordamerika kamen (Adolph Zukor aus dem Pelz-, Louis B. Mayer aus dem Schrott-, William Fox aus dem Textilgewerbe, usw.), beherrschten sie die Vermarktung von der Pike auf.

Wie auch im Kleingewerbe üblich, eskalierte zwischen diesen Impresarios sehr schnell der Konkurrenzkampf. Wie auf der Straße, wo sich die Verkäufer durch lauteres Geschrei und noch mehr glitzernden

„... ein besonderes Gespür für die Träume und Sehnsüchte von anderen Einwanderern und Arbeiterfamilien": Das Publikum in einem der zahlreichen Loew's Kinos, 1929. Gespielt wurde *The Trespasser* mit Gloria Swanson.

Ein Hollywood-Ritual unter der Regie von Sid Grauman, dem Impresario des Hollywood Boulevard: Marilyn Monroe und Jane Russell verewigen sich vor dem Chinese Theatre nach dem Erfolg mit *Gentlemen Prefer Blondes*, 1953/1954.

Das Roxy Theatre, „ein riesiger Traumgarten", eröffnete 1927 an der 50. Straße in Manhattan und fasste über 6.000 Besucher. Mit diesem Gemälde der Rambusch Decorating Company hatte der Architekt Walter Ahlschlager den ausgeschriebenen Wettbewerb für den Bau gewonnen. 1960 wurde das legendäre Kino abgerissen. (Katalog: Set 5, S. 192)

Plunder voneinander abzuheben versuchten, wurden ihre Filmdramen mit jeder neuen Darbietung immer länger, ausgeklügelter und spannender. In Los Angeles wurden ganze Filmfabriken errichtet, um frische Ware zu produzieren. Um ihre Produkte noch mehr hervorzuheben erfanden sie den ‚Filmstar', ganze Gruppen fürstlicher Kandidaten, mit denen sie das Erscheinen eines neuen Filmes zu majestätischen Krönungszeremonien umformten – der berühmten Hollywood-Premiere. Auch ihre Theater wuchsen im Maßstab und an Grandiosität, alles um mehr Publikum anzuziehen. Einige Impresarios übertrafen sich bei der Zurschaustellung, darunter Sid Grauman vom Chinese Theatre am Hollywood Boulevard, mit seinen von Berühmtheiten signierten Handabdrücken und farbenprächtigen Weltpremieren, und Samuel Lionel Rothapfel, der 'Roxy' jener Kinokette, die seinen Spitznamen trug. Ein Showman, der Filmplakate zu einer Kunstform entwickelte. Sein größter Triumph, das Roxy in New York City, wurde 1929 von *American Theatres Today* als „ein riesiger Traumgarten" beschrieben, in dem „die prachtvollsten Teppiche, Möbel und Einbauten versammelt waren, die mit Geld zu haben sind. Kein König oder Herrscher ist jemals durch eine luxuriösere Umgebung gewandert." Roxy kannte seinen Markt sehr gut und wies bezeichnenderweise seine Architekten an, „alles im Farbton von antikem Gold" zu tränken. Das Publikum war so begeistert, dass es nur mehr flüsterte.[2]

Unter diesen Filmpalast-Architekten ist der gebürtige Österreicher John Eberson hervorzuheben, der

Das Brooklyn Paramount Theatre, ein New Yorker Kinotempel, fasste über 4.000 Sitze und wurde 1928 eröffnet. 1962 geschlossen, gehört es heute zur Long Island University und dient dieser als Sportarena.

mühelos ,stimmungsvolle Filmtheater' produzierte, mit Zuschauerräumen, die wie italienische Gärten, persische Innenhöfe oder mystische ägyptische Tempelbereiche gestaltet waren. Seine Filmpaläste konnten wie maurische Nachbauten, viktorianische Lebkuchen oder in ausschweifendem Rokoko gestaltet sein, alles, um ein Gefühl funkelnder Eleganz auszulösen und das Bedürfnis eines Massenpublikums nach vorgetäuschter Opulenz zu befriedigen.

Die Filme schufen exotische Welten, in denen man sich verlieren konnte, die Kinopaläste umhüllten das Publikum von Anfang bis zum Ende mit luxuriösen Eindrücken. Schon am Eingang fesselten hellerleuchtete Zelte und Kassenhäuschen, dann wurde man durch samtige Kordeln in prachtvolle Foyers geleitet, die mit glänzendem Terrazzo und Marmor ausgekleidet waren, durch Hallen mit klassischen Säulen, vorbei an Galerien mit Ölgemälden und Spiegelgalerien gelangte man endlich zu einer Prunktreppe, von der einem uniformierte Platzanweiser zu den purpurroten Sitzen führten. So war man, wenn sich der Saal verdunkelte, darauf eingestimmt, sich von jedem auf die Leinwand projizierten fliegenden Teppich verzaubern zu lassen. Dies war ein magischer Ort, an dem jeder Händler aus der Hester Street seine private Rauch-Loge besitzen und jede Frau aus einer Mietskaserne für eine Nacht zur Königin werden konnte. Wie es 1921 in einer Anmerkung in einem Filmprogramm des New York's Capitol Theatre formuliert worden ist: „Wenn Sie diese Portale durchschreiten, wechseln sie von der stumpfsinnigen Welt der Verwirrung und der Sorgen wie verzaubert in ein Märchen, dessen Herrscher sie königlich unterhält."[3] Waren sie in ihren Herkunftsländern von unberührbaren Königen und Königinnen unterdrückte Subjekte, lud dieses Reich der Fantasie, wie Robert Sklar in *Movie-Made America* ausführt „die Großstädter und Besucher dazu ein, sich an den großartigen Monumenten der Herrschaft des Publikums zu erfreuen."[4]

Die Filmpaläste versuchten also die umformende Kraft des Films nachzuahmen, indem sie Sozialhilfeempfänger in Könige und sich selbst in luxuriöse Einrichtungen verwandelten. Dieses symbolische *Red Carpet Treatment*, eine Ehre, die früher nur Würdenträgern und gekrönten Häuptern vorbehalten war, gewährte man nun verschwenderisch auch dem gemeinen Volk. Die Fantasie erreichte ihren bizarrsten Ausdruck bei der Film-Premiere, deren übersteigertes Trara und glamouröses Drumherum den Massen so offensichtlich ein Ersatzvergnügen bot. Dieses Ritual hat seine eigene Epoche überlebt, es wird nun in einem noch größeren Maßstab bei der jährlichen Zeremonie zur Verleihung der Academy Awards® nachvollzogen. Die *Red-Carpet*-Eröffnung bei der Oscar®-Verleihung, mit ihrer vom Fernsehen übertragenen funkelnden Vorführung von juwelengeschmückten Filmstars in Designerkleidung, die über einen gigantischen samtenen roten Laufsteg schweben, ist in vielem ein Echo auf den atmosphärisch inszenierten Eintritt in der Blütezeit von Hollywoods Filmpalästen. Wenn der *Red Carpet* über einen großen Teil des Hollywood Boulevard ausgerollt wird, ein einfacher, über den abgewetzten Asphalt gelegter Teppich, unterscheidet er sich kaum von jenen, die seinerzeit in den Straßen von Lower Manhattan verkauft wurden. Und verwandelt dennoch weiterhin jenen Ort, an dem mit unseren Träumen gehandelt wird.

1 Neal Gabler, *An Empire of Their Own. How the Jews Invented Hollywood*, New York 1989, S. 5.

2 Ben M. Hall, *The Best Remaining Seats. The Golden Age of the Movie Palace*, New York 1988, S. 93, 121 und 128.

3 Ebd., S. 12.

4 Robert Sklar, *Movie-Made America. A Cultural History of American Movies*, New York 1976, S. 148.

Eines der extravagantesten Kinos Amerikas ist Sid Graumans Chinese Theatre am Hollywood Boulevard. 1927 erbaut, ist es nach wie vor eines der wichtigsten Premierenkinos und auch immer wieder Gastgeberort der Oscar®-Verleihung. Das Foto entstand anlässlich der Premiere von *Morocco* mit Marlene Dietrich 1930.

06

Moving West
Amerikanische und andere Hollywood-Mythen

Werner Hanak-Lettner

Die Reise aus dem Osten nach Hollywood, die sowohl Film-Pioniere als auch zahllose spätere hoffnungsfrohe Filmschaffende unternahmen, ist eine modellhafte Abbildung jener Bewegung, mit der sich die Siedler und schließlich auch die Vereinigten Staaten von Amerika Richtung Westen ausbreiteten. Hollywood und seine frühen Protagonisten erfanden und bebilderten nicht nur die Mythen des jungen Landes, sie lebten diesen Mythos selbst. Einer der ersten Filmschaffenden, der die Reise von New York in Richtung Westen antrat, war Max Aronson, ein junger jüdischer Handelsreisender aus Arkansas. 1903 erhielt er in New York gleich mehrere Rollen in Edwin S. Porters *The Great Train Robbery*. In diesem von Thomas Edison produzierten Western erzählte der amerikanische Film erstmals eine kurze Geschichte mit einem Anfang, einer Mitte und einem Ende. Er lieferte gleichzeitig Bilder von den gefährlichen und unsicheren Weiten Amerikas, auch wenn diese nur im nahen Bundesstaat New Jersey aufgenommen worden waren.

Max Aronson, der sich bald Gilbert M. Anderson und dann Bronco oder Broncho Billy Anderson[1] nannte, startete seine tatsächliche Reise gegen Westen im Jahr 1906. Von New York ging er zunächst nach Pittsburgh, 1907 nach Chicago, wo er mit George Spoor die Essanay Film Company gründete. 1909 richtete er dann ein Studio in Golden, Colorado, ein. Am Neujahrstag 1910 landete er schließlich in Santa Barbara, Kalifornien. Ein tatsächliches Ende nahm die Reise der Essanay Film Company aber erst 1912, als man in Niles nahe San Francisco eine neue Heimat fand. Der Ort, der Filmhistorikern heute noch ein Begriff ist und der das Niles Essanay Silent Film Museum beherbergt, konnte eine Zeit lang mit der Westernproduktion in Hollywood mithalten.[2] Im Jahr 1910 war jeder fünfte amerikanische Film ein Western, und Anderson drehte bis ins Jahr 1915 an die 375 Broncho-Billy-Episoden. Der Zeit entsprechend blieb den größten Bewunderern des Westernhelden, den jungen Migranten an der jüdischen Lower East Side in New York, das

Der erste Western mit einem vollen Spannungsbogen: der zwölfminütige Film *The Great Train Robbery* von Edwin S. Porter aus dem Jahr 1903. Die Fotos zeigen die wichtigsten Szenen: die Festnahme des Bahnhofwärters, den Überfall auf den Zug und die Flucht der Räuber zu Pferd.

Judentum des Schauspielers Anderson verborgen. „Wir schauten uns Bronco Billy an, weil er uns das beibrachte, was wir an der Neuen Welt am meisten bewunderten. (...) Die frühen Western waren für uns die ersten Vermittler amerikanischer Männlichkeit: Die Wahrheit sagen, gerade schießen und den Treck schützen. Wir wussten natürlich nicht, dass Billy Anderson Max Aronson hieß, und sein Sattel auf einen Sägebock geschnallt war."[3]

Der Western hatte Erfolg, weil er, gemeinsam mit dem Mythos vom sich hinaufarbeitenden Immigranten, die Möglichkeiten des Landes mit all seinen Risiken aber auch all seinen Versprechungen aufzeigte. Ein dauerhafter Erfolg war diesem Genre in der jungen amerikanischen Filmgeschichte auch deshalb beschieden, weil die Filmproduktion inzwischen selbst in Kalifornien am anderen Ende und ganz in der Nähe der unendlichen Weiten angekommen war. Für Hollywood war der Western und die in der Filmfabrik immer wieder neu erzählte Geschichte vom amerikanische Traum, der sich trotz zahlreicher in den Weg gelegter Hindernisse immer wieder aufs Neue realisierte, eine selbsterfüllende Prophezeiung: Hollywoods Gründer hatten schon in Europa von einem Amerika der Hoffnung geträumt. Nun, nachdem sie einigermaßen sicher an den Schalthebeln der neuen Filmindustrie saßen, gingen sie daran, dieses Amerika neu zu konstruieren. In der Adolph-Zukor-Biografie *A House that Shadows Built* aus dem Jahr 1928 erzählt der Autor Will Irwin, wie Zukor als Sechzehnjähriger in seiner ungarischen Heimat amerikanische Groschenromane aus dem Besitz der jüngeren Tochter seines Chefs las: „In den Geschichten von Indianern und Cowboys, von armen Burschen, die plötzlich reich wurden, fand er sein romantisches Amerikabild. Es ist nicht auszuschließen, dass der amerikanische Groschenroman der unmittelbare Auslöser für seine bald folgende Emigration war."[4] Der Begriff des *American Dreams* wurde zwar erst in der Zeit der großen Depression erfunden[5]. Das, was er jedoch verkörperte, war nicht zuletzt durch Hollywood und seine Protagonisten schon längst zum amerikanischen und globalen Allgemeingut geworden.

1923, also mehr als dreißig Jahre, nachdem Zukor aus Ungarn kommend New York erreicht hatte, gelangen dem inzwischen fünfzigjährigen Hollywood-Mastermind und Paramount-Chef zwei außergewöhnliche Produktionen. Beide kosteten viel Geld, spielten allerdings die Ausgaben um ein Vielfaches ein[6] und schrieben Filmgeschichte. Oberflächlich betrachtet könnten die beiden Filme nicht unterschiedlicher sein. Ihre Plots liegen Jahrtausende auseinander. *The Ten Commandments* (*Die Zehn Gebote*, 1923) ist ein Monumentalfilm, der die Geschichte vom Auszug aus Ägypten mit einer modernen und moralisierenden Handlung verflocht. *The Covered Wagon* (*Die Karawane* sowie *Der Planwagen*, 1923), erzählt von der Eroberung des amerikanischen Westen durch die Siedler im 19. Jahrhundert. Die in Hollywood inzwischen möglich gewordene Monumentalität vereinte nun die jungen, weißen amerikanische Mythen mit den alten menschheitsgeschichtlichen Erzählungen. In beiden geht es um den entbehrungsreichen, aber lohnenden Zug in ein gelobtes Land.

Broncho Billy Anderson, geboren 1880 als Max Aronson in Arkansas, war Amerikas erster Westernstar und -produzent. 1903 spielte er mehrere Rollen in *The Great Train Robbery*. Ab 1910 wirkte er als Pionier an der Westküste. Bis 1915 trat er in 375 Episoden als Broncho Billy auf.

Die Ägypter nehmen die Verfolgung der Israeliten auf. Szenenfoto aus *The Ten Commandments* (Cecil B. DeMille, 1923). Im Hintergrund der monumentale Palast Ramses II. mit den zahlreichen Gips-Sphinxen. Die Reste des Palastes sind heute im archäologischen Park am kalifornischen Pismo Beach zu entdecken.

Regisseur des Bibelfilms war der Kalifornien-Pionier Cecil B. DeMille, der bereits zehn Jahre vorher, knapp nach Billy Anderson an die Westküste gekommen war. Während das ‚Monumentale' von *The Ten Commandments* neben der Anzahl der beschäftigen Arbeiter und Statisten vor allem in der Architektur des Ramses-Palastes, den die Paramount Corporation nördlich von Los Angeles in den Nipomo Dünen von Pismo Beach bauen ließ, lag, manifestierte sich das ‚Kolossale' von *The Covered Wagon* in der Weite der amerikanischen Landschaft. Der von James Cruze inszenierte Film[7] erweiterte den Begriff des Western-Genres, „er ist der erste große *epic*-Western, überhaupt der erste amerikanische Film nach Griffith, der sich als Epic bezeichnen lässt."[8] In 115 Minuten gelingt ein lebensnahes Porträt des historischen *Big Trail*, der zur Gründung des Staates Oregon führte. Aufbruch und Rast, Geburten und Todesfälle, Alltägliches wie Kochen, Kinderspiel und naturalistische Massen-Szenen wie eine Büffeljagd mit 500 Tieren oder die Verteidigung der Wagenburg gegen die aufgebrachten Indianer wechseln sich in dieser Pioniergeschichte ab. Cruze drehte den Film über weite Strecken in Utah und Nevada, die meisten Planwagen waren Originale, die er den Siedlerfamilien im Mittleren Westen abgekauft hatte. *The Covered Wagon* brachte einen Authentizitätsschub in das Genre und eine neue Lust, an ‚Originalschauplätzen' unter freiem Himmel zu filmen.

So wurde die Produktion selbst zur Pioniertat. Als unerwartet Schnee fiel, baute man entsprechende Szenen ein, als das Essen knapp wurde, rationierte man die Mahlzeiten für die Schauspieler und das Filmteam.

Zwei Sequenzen machen die erzählerischen und visuellen Parallelen von altem und neuem Mythos besonders eindrucksvoll nachvollziehbar. In beiden Filmen wird die erfolgreiche Überwindung des Wassers zu einem *Rite de passage*, der in beiden Fällen in einer ‚Landnahme' mündet. Eines der Haupthindernisse für die in *The Covered Wagon* porträtierte Planwagen-Karawane war die Überquerung des Platte-Rivers. Der Szene, in der sich die abgedichteten Ochsenwagen durch den Fluss quälen, entspricht in *The Ten Commandments* die berühmte Tricksequenz, in der sich das Rote Meer für die fliehenden Israeliten teilt. Aber auch die alte Geschichte von der Flucht aus Ägypten und der Wanderung der Israeliten durch die Wüste, die für Moses am Berg Tabor mit dem Blick ins gelobte Land Israel endet, findet sich am Schluss der Erzählung vom Aufbruch in den Westen wieder. Moses nicht unähnlich fordert der charismatische *Leader* des Trecks, Will Banion, seine abgezehrten Mitkämpfer zum Dankgebet auf, nachdem sie die Grenze nach Oregon überquert haben.

Der Western erfuhr mit *The Covered Wagon* seinen ersten qualitativen Höhepunkt. Die Schilderung des Trecks ließ die konservativen und rassistischen Untertöne vermissen, die das Genre in seiner massengefertigten Form immer wieder zu Tage förderte. In weiterer Folge erlebte der Western in Hollywood mehrere Renaissancen, beispielsweise auch nach 1938, als sich die USA unter dem Eindruck der nach außen geeint wirkenden faschistischen Nationen auf die Suche nach der eigenen nationalen Erzählung begab.[9] Der Western blieb mit Hollywood und Hollywood mit der amerikanischen Gesellschaft lange verbunden. „Er stirbt", bemerkte Bert Rebhandl, „wie Mythen sterben, wenn ein Gemeinwesen so zerfällt wie die weiße amerikanische Öffentlichkeit nach dem Ende des klassischen Hollywoodkinos. Nur die Geister singen dann noch die Geschichte eines Landes, aber das ist bereits ein Kunstmythos."[10] Der Western ist tatsächlich historisch geworden, auch wenn er wie in *Easy Rider* (1969), *Dances with Wolves* (1990), *Thelma and Louise* (1991) oder *Brokeback Mountain* (2005) in mehr oder weniger offensichtlicher Form immer wieder auftaucht. Die Erzählungen der alten menschheitsgeschichtlichen Epen wiederum sind durch Hollywood ebenso amerikanisch wie die eigenen Erzählungen von der Landnahme geworden. So ist es weiter nicht verwunderlich, dass sich auch in der amerikanischen Erde Ägyptisches findet. Wer heute die Dünenlandschaft am kalifornischen Pismo-Beach besucht, findet dort einen archäologischen Park. Ausgegraben werden hier die Überreste des Palastes von Ramses II., einst gebaut von über 1.600 Arbeitern aus fünfzehn Tonnen Ton, 300 Tonnen Gips, 11.000 Kilo Nägeln und über 150.000 Laufmetern Bauholz, gesprengt und vergraben nach dem Ende der Dreharbeiten für *The Ten Commandments* im Jahr 1923.[11]

Mit originalen Planwagen am ‚Originalschauplatz': *The Covered Wagon* (James Cruze, 1923) war der erste *epic*-Western und hatte einen hohen Authentizitätsanspruch (oben).

Ernest Torrence als William Jackson in *The Covered Wagon* (1923). Dem Film gelingt ein differenziertes Porträt einer Pioniergesellschaft. Der Hut, auf dem Torrence vorgibt, Banjo zu spielen, existiert noch heute in der Film-Sammlung des Natural History Museum of Los Angeles (unten).

Nicht ganz so elegant, aber ebenso effizient wie DeMilles Israeliten am Roten Meer: die Durchquerung des Platte-Rivers auf dem Weg nach Oregon in *The Covered Wagon.*

Die berühmte Trickszene der Teilung des Roten Meeres in *The Ten Commandments* (1923) klingt im echten Wasser des Pazifischen Ozeans aus. Das Filmteam erwartet die ankommenden Statisten.

Ein immer wiederkehrendes Bild in der Menschheitsgeschichte: Nach dem Übertreten der Grenze ins ‚Gelobte Land' danken die Siedler Gott für den Schutz während der gefährlichen Reise (*The Covered Wagon*, 1923).

1 Es werden heute noch beide Schreibweisen verwendet. Ich halte mich an David Kiehn, der in seiner Publikation die Schreibweise Broncho Billy verwendet: David Kiehn, *Broncho Billy and the Essanay Film Company*, Berkely 2003.

2 Kiehn 2003, S. 9ff.

3 Harry Golden, *Bronco Billy: Straight Shooter*, Philadelphia Evening Bulletin, 15. Februar 1971, zit. nach J. Hoberman, *Bronco Billy Anderson*, in: J. Hoberman, Jeffrey Shandler (Hg.), *Entertaining America. Jews, Movies, and Broadcasting*, Princeton - Oxford 2003, S. 153 (Übersetzung W.H.-L).

4 Will Irwin, *A House that Shadows Built*, New York 1928, S. 17 (Übersetzung W.H.-L).

5 1931 veröffentlichte der amerikanische Historiker James Truslow Adams *The Epic of America*. Sein Vorschlag, das Buch *The American Dream* zu nennen, stieß beim Verleger mit dem Hinweis auf Ablehnung, dass in einer so schwierigen Zeit niemand 3,5 Dollar für einen Traum bezahlen werde. Adams hielt jedoch an seinem Begriff fest, bis er sich schließlich als Beschreibung des amerikanischen *Way of Life* durchsetzte. Vgl. Fareed Zakaria, *Restoring the American Dream*, in: Time Magazine, 1. November 2010, S. 19.

6 *The Covered Wagon* (1923) kostete geschätzte 782.000 Dollar und spielte allein in den USA 3.8 Mio. Dollar ein. Von *The Ten Commandments* (1923) gibt es nur kolportierte Schätzungen der Produktionskosten, nämlich eine für damalige Verhältnisse astronomische Summe von 1,2 Mio. Dollar, die zu einem jahrelangen Streit zwischen Regisseur Cecile B. DeMille und der Paramount Corporation führte (Quellen: www.imdb.com).

7 Der Schnitt stammte von der damals 26jährigen Dorothy Arzner. Sie war die einzige Frau, der im Hollywood der klassischen Jahre eine große Regie-Karriere gelang.

8 Norbert Grob, Bernd Kiefer, Marcus Stiglegger, *Der Planwagen*, in: *Filmgenres: Western*, Stuttgart 2003, S. 47.
Mit ‚Griffith' ist dessen Film *Birth of a Nation* aus dem Jahr 1915 gemeint.

9 Mehr dazu bei Richard Slotkin, *Der Western ist amerikanische Geschichte (1939-1941)*, in: Bert Rebhandl (Hg.), *Western. Genre und Geschichte. Wien 2007, S. 119-165.*

10 Bert Rebhandl, *Alte Rassen. Der Western als kollektives Übergangsmotiv*, in: Bert Rebhandl (Hg.), *Western. Genre und Geschichte. Wien 2007*, S. 9-23, S. 22.

11 Angaben zur *Ten Commandments Archeological Site* finden sich unter: http://ludb.clui.org/ex/i/CA4973/. Die Daten zum Bau des Palastes stammen aus dem Programmheft von *The Ten Commandments* aus dem Premierenjahr 1923, erhalten im Hollywood Heritage Museum in Los Angeles. Weitere Angaben darin beziehen sich auf die Elektrizität, die Kostüme, die Anzahl der mitspielenden Tiere, die Nationalität der Mitspieler, die eingesetzten Berufsgruppen und die mobile ‚Camp Synagogue'. Dieser stand Rabbi Aaron Markadov vor, ihr angegliedert war auch eine ‚Camp School' mit sieben Lehrern und 60 Schülern unter vierzehn Jahren.

07

The Jazz Singer
Der Film spricht, die Religion privatisiert

Werner Hanak-Lettner

The Jazz Singer, eine Produktion der Warner Brothers aus dem Jahr 1927, ist in mehreren Hinsichten herausragend. Er ist ein *All-American-Movie,* aber mit jüdischer Thematik. Und er ist ein Film, der die Branche überzeugte, dass der Tonfilm *die* oder zumindest eine Zukunft Hollywoods ist. In einer Geschichte über die ersten 100 Jahre Hollywoods bildet *The Jazz Singer* den ersten Wendepunkt.

Als das Theaterstück *The Jazz Singer* am 14. September 1925 am Broadway Premiere hatte, war die Revolution, die ihren Anfang in diesem Drama nehmen sollte, noch nicht absehbar. Die Kritiken waren schlecht, im besten Falle wohlwollend. Die New York Times nannte es einen „cleveren und gut konstruierten Exkurs ins Theatermilieu, mit einem offensichtlich ansprechenden Thema und so geschrieben, dass garantiert auch das trübste Licht ihm noch folgen kann."[1] Der Sohn eines Kantors soll seinem Vater nachfolgen. Doch es zieht ihn zur weltlichen Unterhaltungsmusik, er singt in Bars und das selbst während der hohen Feiertage. Da er die Strenge des Vaters nicht mehr erträgt, verlässt er das Haus, die Mutter leidet, der Vater verstößt ihn gänzlich und spricht ihm das Sohnesrecht ab. Nach Jahren des musikalischen Umherziehens kommt er nach New York zurück, besucht seine Eltern, worüber sich aber nur die Mutter freut. Der Vater bleibt hart und flüchtet sich in eine unheilbare Krankheit. Der Sohn bekommt ein Angebot am Broadway, es ist *das* Angebot seines Lebens. Als der Jom Kippur, der Versöhnungstag, naht, wird offensichtlich, dass der Vater das *Kol Nidre*[2] in der Synagoge nicht mehr singen kann. Die Gemeinde drängt den Sohn, endlich an die Stelle seines Vaters zu treten. Der Sohn ziert sich vorerst, da die Premiere seines Broadway-Stücks, das ihm zum Durchbruch verhelfen soll, ebenfalls am Vorabend von Jom Kippur angesetzt ist. Schließlich wählt er aber den traditionellen Weg, verlässt den Broadway und nimmt den Platz des Vaters im Tempel ein. Soweit das Bühnenstück, das der junge Autor Samson Raphaelson auf der Grundlage seiner eigenen Kurzgeschichte *The Day of Atonement* verfasst hatte.[3]

Trotz der zurückhaltenden Kritiken nimmt das Interesse des Publikums zu. Besonders rund um die hohen jüdischen Feiertage, die das Stück thematisiert, steigt die Zahl der Zuschauer. Schließlich blieb die Produktion „ganze 38 Wochen auf dem Spielplan und wurde am Ende nur deshalb abgesetzt, weil der Star des Stücks, George Jessel, einen Vertrag bei den Warner Brothers unterzeichnet hatte".[4] Das war kein Zufall, denn die Warner Brothers hatten zur selben Zeit auch die Filmrechte an dem Stück erworben und Jessel, der auch in anderen Filmen[5] jüdische Charaktere aus New York überzeugend gespielt hatte[6], war der Favorit für die Hauptrolle. Die Warners galten unter den frühen Studiogründern als diejenigen, die sich privat wie öffentlich am stärksten zu ihrem Judentum bekannten. Insbesondere Harry Warner, der älteste, zeigte sich als engagierter Kämpfer für die jüdische Gleichberechtigung in den USA und trat nach 1933

wesentlich entschiedener als andere Studiogründer gegen die Nationalsozialisten in Deutschland auf. Doch als die Warners *The Jazz Singer* tatsächlich drehen, geht Jessel leer aus. Die Hauptrolle als Jakie Rabinowitz bekommt der damals bereits wesentlich berühmtere Entertainer Al Jolson. Dieser war aus mehreren Gründen die perfekte Besetzung. Jolson stand für Jazz und Ragtime und er hatte genau die Karriere hinter sich, die auch Jakie Rabinowitz als *Jazz Singer* im Film durchläuft. Er war der Sohn eines aus Russland eingewanderten orthodoxen Rabbis und Kantors, der es ebenfalls nicht fassen konnte, dass sich sein Sohn weltlichen Dingen zuwandte. Zudem suchten die Warners einen vollkommen assimilierten amerikanisch-jüdischen Künstler, der sich in seiner ganzen öffentlichen Erscheinung tatsächlich von den alten Werten und Traditionen getrennt hatte.

Parallel zu den Anforderungen an den neuen Hauptdarsteller entwickelte das Studio für *The Jazz Singer* auch einen neuen Schluss. Einen mit einem berührenden Kompromiss, der die Alten nicht vollkommen desavouierte, der den Jungen aber ihre neuen Freiheiten ließ: Jakie Rabinowitz übernimmt wie im Bühnenstück am Abend des *Jom Kippur* tatsächlich den Part des Vaters und singt das *Kol Nidre*. Die Premiere am Broadway wird gegen den anfänglichen Widerstand der Produzenten verschoben. Doch Jakie tritt in der Gemeinde nur an diesem einen hohen Feiertag auf und kehrt danach wieder eilig ins Theater zurück.

Während der Wiederbegegnung zwischen einem verlorenen Sohn und seiner jüdischen Mutter beginnt der Film ‚zu sprechen'.

Über die Heimkehr des *Jazz Singer* freut sich jedoch nur die Mutter, nicht der Vater, ein frommer Kantor.

etablieren, der am Ende seinem freien Willen folgt und die jungen Juden quasi als *High Holiday Jews* in das moderne Amerika führt. Auf der anderen Seite hat es auch der religiösere und um Gleichberechtigung bemühte Harry Warner geschafft, seiner Heimat eine Lektion beizubringen: Amerika wird gezwungen, den höchsten Feiertag der Juden ernst zu nehmen. Die Stars des *Showbiz* sind nicht nur Christen, sondern auch Juden, und auch die haben ein Recht auf ihre private Religionsausübung.

Der Film war laut Neal Gabler für einen solch erlösenden Dramenschluss besonders geeignet. Unter all den Botschaften von *The Jazz Singer* „ist womöglich dies die wichtigste und aufschlussreichste für die Hollywood-Juden: Das Kino kann uns neu definieren. Das Kino kann uns neu erschaffen. Das Kino kann uns heilen und uns wieder ganz machen. Und genau dafür setzten es die Hollywood-Juden dann auch ein."[7]

Mit diesem Ende konnten die Warners gleich zwei Exempel statuieren, die ihrer innerbrüderlichen Ambivalenz entsprachen und beide Extrempositionen, nämlich die Sichtweisen von Jack und Harry, berücksichtigten: Jack Warner, ein glänzender Vertreter des amerikanischen *Way of Life*, behält gegenüber den Orthodoxen die Oberhand und kann einen freien Charakter

The Jazz Singer hatte 1927 Premiere. Al Jolsons Interpretation und Auftritte, sowohl mit als auch ohne *Blackface*[8], wurden ein großer Erfolg. Der Film aber ging noch wegen einer ganz anderen, technischen Leistung in die Annalen der Filmgeschichte ein. Er war der erste Tonfilm oder zumindest der erste Tonfilm, der dem neuen Medium zum Durchbruch verhalf. Ein gutes

Der *Jazz Singer* als Kantor, jedoch nur für einen Tag. Die Warner Brothers versöhnten mit diesem Film Amerika und das Judentum: Religion wurde Privatsache und der *American Way of Life* stand nun allen offen.

Die Welt-Premiere von *The Jazz Singer* in New York am 6. Oktober 1927 im Warner Theatre an der 7th Avenue. Noch in derselben Nacht war klar, dass die Stummfilm-Ära zu Ende gehen würde.

Weltweite Werbetour für *The Jazz Singer*: der berühmte, in der Ukraine geborene Kantor Yossele Rosenblatt (Mitte), der eine wichtige Gesangsrolle im Film übernommen hatte, vor dem Wiener Central-Kino in der Taborstraße, 1929.

Die Tonfilmtechnik wurde rasch von allen großen Studios übernommen: Eine Innenansicht der RKO-Studios am Beginn der Tonfilm-Zeit nach 1930. Die Mikrophone waren groß und daher nur schwer außerhalb des Bildausschnittes zu halten. In den Studios musste nun absolute Ruhe herrschen, rote Lampen zeigten die laufenden Aufnahmen an.

Jahr zuvor hatten die Warners mithilfe des Vitaphone-Systems den Film *Don Juan* herausgebracht, der eigentlich der erste Spielfilm mit Ton war. Da er aber nur aus Musik und Toneffekten bestand, konnten die Produktionsfirmen und Kinoketten nicht davon überzeugt werden, alle Kinos mit neuen teuren Apparaturen in Tonkinos zu verwandeln. Dies gelang mit *The Jazz Singer*, auch wenn das aus heutiger Perspektive nicht ganz leicht nachzuvollziehen ist, blieb der Film doch über weite Strecken stumm. Die Sprache wurde in den meisten Szenen, wie damals üblich, durch Gesten, Mundbewegungen und Zwischentitel transportiert. Neu war allerdings, dass Jakie Rabinowitz nun auch Gesangsnummern synchron vortrug. Besonders berührend und sensationell erlebte das Publikum seinen Besuch bei der Mutter, die ihn nach wie vor liebt und die er mit seiner neuen Musik besingt. Während der musikalischen Darbietung richtet Jakie immer wieder liebevolle Worte an die geschmeichelte Mutter, einigermaßen synchron und gut zu vernehmen – die ersten gesprochenen Worte in der Filmgeschichte. Ausgerechnet beim Wiedersehen zwischen einer jüdischen Mutter und ihrem vom Vater verstoßenen, inzwischen assimilierten Sohn hatte der Film zu sprechen begonnen. „Am nächsten Morgen versammelte Adolph Zukor etwa fünfzig Paramount-Führungskräfte in seiner Suite im Savoy-Plaza und verlangte nach Erklärungen, warum *sie* keinen Tonfilm gemacht hätten. Die gleiche Szene wiederholte sich überall in der Branche."[9]

Mit *The Jazz Singer* und ihrem neuen Ruf als erstes Tonfilmstudio schafften die Warner Brothers endgültig den Aufstieg in die erste Liga der großen Hollywood-Studios. Damit gelang ihnen endgültig der Schritt aus der sogenannten *Poverty Row*, also aus der Armenzeile, wie man die ‚minderbemittelten' Studios in Hollywood damals nannte. Die Söhne eines frommen Flickschusters aus der Nähe von Warschau[10], die ihre Karriere mit einem alten Film-Projektor und Vorführungen von *The Great Train Robbery* begonnen hatten, hatten es geschafft. Im Jahr nach *The Jazz Singer* erwarben sie die First National Company und sicherten sich so einen Zugang zu einer großen Kinokette. Sie standen nun in einer Reihe mit Paramount, MGM und Fox.

1 *New York Times*, 15. September 1925.
2 Kol Nidre ist ein jüdisches Gebet, das vor dem Abendgebet des Versöhnungstages (Jom Kippur) gesprochen wird.
3 Robert L. Carringer, *History of a Popular Culture Classic*, in: Ders. (Hg.), *The Jazz Singer*, Madison (Wisconsin) 1979, S. 12. Angeblich wollte Al Jolson, der später tatsächlich den Jazz-Singer im Film spielte, bereits anhand der Kurzgeschichte einen Film und eine musikalische Revue entwickeln. Der Autor Raphaelson war jedoch dagegen und schrieb den Stoff selbst zu einem Theaterstück um.
4 Neal Gabler, *Ein eigenes Reich. Wie jüdische Emigranten Hollywood erfanden*, aus dem Amerikanischen von Klaus Binder und Bernd Leineweber, Berlin 2004, S. 193.
5 Mehr zu diesen Filmen: Werner Hanak, *Frau Breier aus Gaya meets The Jazz Singer. Zwischen Bühne und Leinwand, Wien und New York*, in: Frank Stern, Barbara Eichinger (Hg.), *Wien und die jüdische Erfahrung 1900-1938. Akkulturation – Antisemitismus – Zionismus*. Wien - Köln - Weimar 2009. S. 463-481, S. 465f.
6 Mit seinen *Lower-East-Side*-Dialekt spielte er Charaktere, die auch einigen Filmen ihre Titel gaben, wie etwa *Private Izzy Murphy* (1926) oder *Ginsberg the Great* (1927).
7 Gabler 2004, S. 193.
8 Zur Blackface-Darstellung siehe Kap. 19: *Vom Blackface zum Superblackman. Afroamerikanische Rollenbilder in Hollywood*, S. 148ff.
9 Gabler 2004, S. 196.
10 Von den vier Warner Brothers kamen Harry (geb. Hirsch, 1881), Albert (geb. Abraham, 1884) und Sam (geb. Schmuel, 1887) in Krasnosielc, 90 Kilometer nördlich von Warschau auf die Welt. Vater Benjamin (die Familie hieß damals möglicherweise Wonsal oder Wonskolaser) verließ alleine Polen, um sich in Baltimore eine Existenz aufzubauen. Die Mutter Perle Leah (geb. Eichelbaum) kam mit den drei Söhnen 1889 nach. Jack (geb. Jacob, 1892) wurde bereits in Ontario, Kanada, geboren, wohin die Familie dann zog. Sam Warner, der die Entwicklung des Tonfilms vorangetrieben hatte, erlebte den Triumph nicht mehr. Er starb am Tag vor der Premiere an den Folgen einer Sinusitis.

Außenansicht der RKO-Studios: Nach 1930 gab es keinen Film ohne Ton mehr. RKO brüstete sich 1931 mit der „World's largest sound stage".

08

Zuhause in LA
Ein Tempel, ein Golfplatz und der Antisemitismus

Werner Hanak-Lettner

Im Juni 1929 eröffnete am Wilshire Boulevard, einer der Hauptverkehrsadern der wachsenden Metropole Los Angeles, der neue prächtige Tempel der reformierten Gemeinde B'nai B'rith. Seine wertvolle Ausstattung ist ein Zeugnis der noch Goldenen Jahre vor dem Börsenkrach, der das Land im Herbst nach der Tempel-Eröffnung in eine tiefe Rezession führen sollte. Die im neu-byzantinischen Stil erbaute Synagoge ist bis heute vor allem wegen ihres Innenraums berühmt: Hier findet sich ein langer gemalter Fries – dem Zweiten Gebot und damit dem ‚Bilderverbot' zum Trotz –, der mit figurativen Darstellungen die jüdische Geschichte von der Erschaffung der Welt bis zur Entdeckung Amerikas erzählt.

Auf der Liste der Spender, die die sowohl gediegene als auch extravagante Ausstattung ermöglichten, finden sich Namen wie jene der Hellmanns oder Newmarks. Während Joseph Newmark 1862 eben diese Gemeinde gegründet hatte, waren die Hellmanns ab 1868 die ersten Bankiers der Stadt. Sie waren deutsche Juden und bereits Mitte des 19. Jahrhunderts nach Amerika gekommen. Sie stellten ihr Judentum wenig zur Schau, repräsentierten die guten Familien der Stadt und bewegten sich in den höchsten Kreisen.

Während sich auf der Spenderliste keine Familien finden, die direkt von Osteuropa nach Los Angeles gekommen waren und sich seit 1915 in der ärmlicheren Umgebung von Boyle Heights angesiedelt hatten, sind jene, die zwar in Osteuropa geboren, sich jedoch an der Ostküste bereits einen Namen gemacht und dann in Los Angeles die Filmindustrie aufgebaut hatten, gut repräsentiert: Mr. and Mrs. Louis B. Mayer stifteten beispielsweise die drei Glasfenster an der Ostwand. Mr. Carl Laemmle spendete den Bronzeleuchter im Hauptraum. Mr. und Mrs. Thalberg – dabei handelt es sich um den früh verstorbenen Irving Thalberg, den sogenannten Prinz von Hollywood, der als junger Produzent zuerst für Laemmles Universal und dann für Mayers MGM gearbeitet hatte, sowie um seine Frau, die Schauspielerin Norma Shearer – hatten gleich die ganze Kuppelgestaltung inklusive der aufwändigen Fenster beigesteuert. Mr. und Mrs. Joseph Schenk (J. Schenk war Präsident von United Artists, bald darauf Chef der 20th Century Fox) bezahlten die Marmorverfliesung am Eingang, während von Sid Grauman, dem Besitzer von Kinopalästen wie dem berühmten Egyptian und dem ebenso legendären Chinese Theatre in Hollywood, immerhin die Bronze-Verkleidung beim großen Rundfenster stammte.

Die nachhaltig bekannteste Innenausstattung ermöglichten jedoch die drei hinterbliebenen Brüder Warner. In Gedenken an ihre beiden verstorbenen Brüder Sam und Milton beauftragten sie den Maler und Bühnenbildner Hugo Ballin mit einem 98 Meter langen und über zwei Meter hohen Wandfries, der bis heute das runde Auditorium umschließt. Ballin war auf Einladung Samuel Goldwyns von New York nach Hollywood gekommen und hatte hier bereits für verschiedene Studios gearbeitet. Der Auftrag für den Wilshire Boulevard Temple hatte monumentalen Charakter, es ging um

Der neue Tempel der reformierten Gemeinde am Wilshire Boulevard: Das sowohl gediegene als auch extravagante Gebäude im neu-byzantinischen Stil eröffnete 1929 und wurde zur religiösen Heimat der Hollywood-Gründer.

Die von den Brüdern Warner gestifteten Wandgemälde im Wilshire Boulevard Temple: Hugo Ballin hatte den Auftrag erhalten, die jüdische Geschichte figurativ darzustellen. Gemeinsam mit Rabbi Magnin entwickelte er einen Zyklus von der Entstehung der Welt bis zur Entdeckung Amerikas.

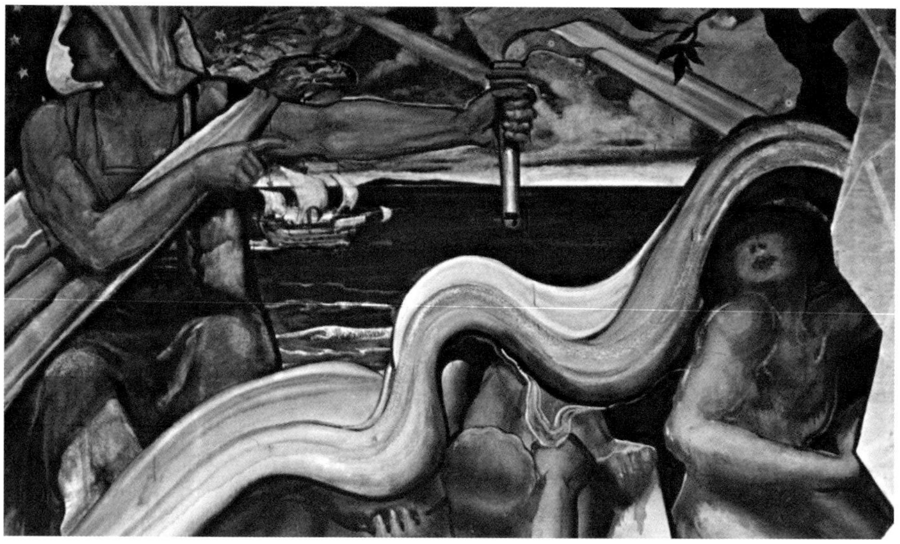

Die Entdeckung Amerikas, das letzte Bild im Zyklus: Die Figur links erinnert an die Freiheitsstatue, die Sterne hinter ihrem Kopf an die erste Fahne der USA. Hugo Ballins Wandgemälde im Auftrag der Brüder Warner sind ein Hohelied auf Amerika und seine positive Bedeutung für die Juden.

nichts Geringeres als um die bildliche Umsetzung der jüdischen Geschichte. Bemerkenswert ist, dass der Einfluss der Hollywood-Gründer in der Gemeinde innerhalb von zehn Jahren so weit gewachsen war, dass sie die älteren Familien von der Idee überzeugen konnten, ihre Synagoge ‚ausmalen' zu lassen. Einen Unterstützer fanden sie in Rabbi Magnin, der die Geschicke der Gemeinde von 1915 an für über fünfzig Jahre lenkte und der selbst die Kargheit der reformierten Synagogen zu überwinden suchte. Gemeinsam mit dem öffentlichkeitstauglichen Rabbiner setzten die Hollywood-Juden ihre Bilder-Revolution auf dem *Big Screen*, die sie zuerst *nationwide* angesetzt hatten, die aber am Ende der 20er Jahre bereits global geworden war, nun auch im Inneren ihrer Gemeinde fort.

Rabbi Magnin sorgte für ein kongeniales Bildprogramm. Insbesondere das Ende des Zyklus spiegelt Hollywoods erfolgreiche Dramaturgie wider: spannend-tragisch, aber mit Happy End. Während auf dem vorletzten Wandgemälde die spanischen Juden 1492 ihre Torarollen aus den Schreinen nehmen, um sie ins Exil zu tragen, zeigt das letzte Bild eine an die Freiheitsstatue erinnernde Figur, deren Kopf von einem Sternenkreis umgeben ist. Auf dem Meer im Hintergrund fährt von links nach rechts ein Segelschiff. Es verweist darauf, dass die Vertreibung der Juden aus Spanien mit der Entdeckung Amerikas zusammenfällt.[1] Die Gemeinde, die nun nicht mehr nur von der alten deutschen, sondern auch von der neuen Hollywood-Elite getragen und mit Bildern ausgestattet wurde, betrachtete Amerika als ihr Gelobtes Land. Hier wähnte man sich sicher vor Verfolgungen, hier waren Aufstieg und Selbstverwirklichung möglich. Hier war man nicht zuletzt frei vom strengen religiösen Korsett der eigenen Väter, so dass man sogar die Synagoge mit figürlichen Bildern ausstatten konnte.

Doch auch das Gelobte Land hatte seine Tücken. Antisemitismus war kein Fremdwort. Das zeigte sich nicht zuletzt in der angelsächsisch-protestantischen Institution des Country Clubs.[2] Obwohl sich die deutschen Juden in den besseren Kreisen der Stadt bewegten, war es ihnen nicht gelungen, eine Mitgliedschaft in einem der Country Clubs von Los Angeles zu erlangen. Und mit der Ankunft der armen osteuropäischen Juden und der selbstbewusst wohlhabenden Film-Juden stieg der Antisemitismus unter den alten WASP-Eliten[3] zusätzlich an.

Wieder waren es die deutschen Juden rund um Rabbi Magnin, die 1920 einen eigenen Country Club gegründet hatten, und wieder gelang es den Hollywood-Protagonisten, innerhalb von zehn Jahren in diesen elitären Kreis einzudringen. Zwar gaben die Hollywood-Leute im Hillcrest Country Club, der im südli-

Hollywood war innerhalb von fünfzehn Jahren vom landwirtschaftlichen Zentrum zum globalen Sinnbild für eine parallele Traumwelt geworden. Dieser Cartoon-Stadtplan aus dem Jahr 1925 von Harold Grieve zeichnet Hollywood bereits als touristischen Ort aus.

chen Beverly Hills direkt gegenüber den neuen Fox Studios lag, nie den Ton an, sie waren aber auch nicht zu überhören. „Während aber die deutschen Juden ihren Club als den vornehmen Sitz der jüdischen Gemeinde gegründet hatten, nutzten die Hollywood-Juden Hillcrest auf andere Weise. Unabhängig davon, warum sie beitraten, und ohne Rücksicht auf die Förmlichkeiten, die im Club galten, machten sie diesen zum Heiligtum ihres Judentums."[4] Hillcrest bestand aus einem 18-Loch-Golfplatz und mehreren Tennisplätzen, wirklich einzigartig aber waren und sind die Gesellschafträume, wo nicht nur informell Business und Tratsch gepflegt, sondern auch Karten gespielt und ‚Schmäh geführt' wurde. Insbesondere die Stimmung am ‚Round Table West', an dem sich Komiker wie die Marx Brothers, Eddie Cantor, George Burns, Danny Kay, Jack Benny oder Milton Berle am Freitag zum Lunch trafen[5], war jener in einem urbanen europäischen Kaffeehaus um die Jahrhundertwende nicht unähnlich.

„Ich möchte zu keinem Club gehören, der Leute wie mich als Mitglieder akzeptiert." Dieser herrlich widersprüchliche und vielzitierte Spruch wird noch facettenreicher, wenn man bedenkt, dass Groucho Marx damit keinen anderen als den Hillcrest Country Club meinte. Doch Groucho war selbstverständlich, wie seine Brüder, Mitglied in Hillcrest, ein nichtjüdischer

Ein Golfschläger mit der eingravierten Signatur von Harpo Marx. (Katalog: Set 8, S. 194)

Club hätte ihn nicht akzeptiert. Der Antisemitismus nahm während der dreißiger Jahre zu und die Anfeindungen gegen die Hollywood-Protagonisten kamen längst nicht mehr nur aus Los Angeles. Hatte schon im Jahr 1920 Reverend Wilbur Fisk Crafts den Congress aufgerufen, die Filmindustrie „vor dem Teufel und 500 unchristlichen Juden"[6] zu retten, gerieten die Juden Hollywoods am Ende der 1920er Jahre sowohl durch den Kollaps der Wirtschaft als auch durch den Siegeszug des Tonfilms – insbesondere die Protestanten fürchteten die gesteigerte politische Beeinflussung

Hinter dem Studiogelände der 20th Century Fox ist die hügelige Landschaft des Hillcrest Country Clubs zu erkennen. Anfang der 1920er Jahre gegründet, wurde er zu *dem* privat-gesellschaftlichen Zentrum der Hollywood-Gründer und -Macher.

Die Traumlandschaft des Hillcrest Country Clubs und sein Ausblick auf das Hollywood Sign in den Hügeln.

durch die Sprache im Film – noch mehr in das Fadenkreuz des reaktionären Amerika. Dabei wurde auch der absurde, aber immer wieder erfolgreiche Doppelvorwurf laut, die Juden Hollywoods seien gleichzeitig radikale Kapitalisten, die das Land in die Wirtschaftskrise gestürzt hätten, als auch kommunistische Sympathisanten der Sowjetunion. Dazu traf sie das puritanische Dauerfeuer, Hollywood sei das neue Sodom und Gomorrha, ein Hort sexueller Eskapaden, der das Land mit unmoralischen Produkten überflute und die Jugend in den Abgrund ziehe. Schließlich gab es mittlerweile in jeder provinziellen Kleinstadt neben der Kirche auch ein Kino.[7]

Die Studiogründer Hollywoods gingen früh in die Offensive. 1922 hatten sie zu diesem Zweck den Verband der amerikanischen Filmproduzenten und Verleiher gegründet. Sie überredeten Will Hays, einen bekannten Republikaner und weltlichen Funktionär der presbyterianischen Kirche, Verbandspräsident zu werden. Dieser arbeitete nicht zuletzt unter Mithilfe der katholischen Kirche den sogenannten *Production Code* aus, der 1934, als der Gegenwind immer stärker wurde, mit aller Rigidität in Kraft trat. „Hollywood wurde also zur jüdischen Filmproduktion mit katholischer Zensur und protestantischem Publikum.“[8] Mit dieser Selbstzensur kamen die Produzenten etwaigen staatlichen Maßnahmen und Einmischungen zuvor. Hays und sein Komitee erarbeiteten Richtlinien, die Hollywood „zu einer Bastion der amerikanischen Mittelklasse- und Mainstream-Moral machten.“[9] Eine Ideologie, die auch auf volle Zustimmung der werte- und zumeist auch politisch-konservativen Studiobosse traf.

Das Ende der Anfeindungen war damit allerdings nicht erreicht. Selbst die zögerlichen Anfänge der Anti-

Nazi-Propagandafilme zu einer Zeit, in der die USA noch nicht in den Krieg eingetreten waren, gaben Anlass für perfide antisemitische Kampagnen, in der sich auch der republikanische Senator Gerald Nye zu Wort meldete: „Viele Leute meinen, dass unsere jüdischen Staatsbürger unser Land und seine Söhne willentlich in diesen fremden Krieg hineinziehen wollen. Wenn es in Amerika überhaupt einen Antisemitismus gibt, können ihn sich die Juden selbst zuschreiben."[10] Der Kriegseintritt Amerikas, der Sieg über Japan und Nazi-Deutschland konnte diese inneramerikanischen Gräben noch einmal kaschieren. In der Kommunisten-Hetze, die gleich nach dem Krieg durch das House Committee on Un-American Activities begann[11], setzten die antisemitischen Attacken jedoch wieder ein. Studiogründern wie Louis B. Mayer oder Jack Warner, die Hollywood mit aufgebaut und ihre Unternehmen in die Goldenen Jahre der Filmstadt geführt hatten, standen noch erniedrigende Nachhilfe-Einheiten in amerikanischer Staatsbürgerkunde bevor.

1 Eine Beschreibung der Wandgemälde enthält die Broschüre des Wilshire Boulevard Temple: *The Warner Murals in the Wilshire Boulevard Temple*, Los Angeles, California. By Rabbi Edgar F. Magnin with and introduction by Rabbi Alfred Wolf, Los Angeles 1974.

2 Ein kurzer Überblick zur Kulturgeschichte des Country Clubs findet sich bei John Steele Gordon, *The Country Club*, in: American Heritage Magazin, 8/9, 1990. www.americanheritage.com/content/country-club.

3 White-Anglo-Saxon-Protestant bezeichnet eine Bevölkerungsgruppe in den USA mit weißer Hautfarbe, protestantischem (puritanischem) Glauben und englischer Abstammung.

4 Neal Gabler, *Ein eigenes Reich. Wie jüdische Emigranten Hollywood erfanden*, Berlin 2004 (New York 1988), S. 380.

5 Vgl. Bill Marx, *Son of Harpo Speaks! A Family Portrait*, Albany 2007, S. 153f.

6 Zit. nach: Thomas Doherty, *Pre-Code Hollywood. Sex, Immorality, and Insurrection in American Cinema, 1930-1934*, New York 1999, S. 98.

7 Vgl. Steven Carr, *Hollywood and Antisemitism*, Cambridge - New York 2001, S. 4.

8 Steve J. Ross in einem Interview im Dokumentarfilm *The Brothers Warner* von Cass Warner Sperling, 2008 (Übersetzung W.H.-L.).

9 J. Hoberman, Jeffrey Shandler, *Hollywood's Jewish Question*, in: Diess. (Hg.), *Entertaining America. Jews, Movies, and Broadcasting*, Princeton - Oxford 2003, S. 52.

10 Senator Gerald Nye, 1941, zitiert nach: Thomas Doherty, *Projections of War. Hollywood, American Culture, and World War II*, New York 1993, S. 40 (Übersetzung W.H.-L).

11 Vgl. Vorspann – *Hollywood und die Geburt des audiovisuellen Amerika*, FN 4 sowie Kap. 15, *Kalifornische Erdbeben. Kartelle, Fernsehen und unamerikanische Umtriebe*, S. 125.

Zwei antisemitische Flugblätter aus den 1930er Jahren, die Hollywood als ein kommunistisches Sodom und Gomorrha darstellen. (Katalog: Set 8, S. 193)

09

Freudige Genießer des Chaos
Die Marx-Brothers und der jüdische Humor

Rainer M. Köppl

Die Brüder Leonard, Adolph und Julius Marx wuchsen als Kinder bettelarmer europäischer Juden Ende des 19. Jahrhunderts in New York auf. Auf dem harten Pflaster der Immigrantenviertel erlernten sie die Überlebens-Techniken, die ihnen halfen, die Knochenmühle der Provinz-Theater-Tourneen zu überstehen: Geistesgegenwart, Schlagfertigkeit (in jeder Hinsicht), Phantasie, Humor und eine große Klappe. Fünfzehn Jahre lang testeten die Brüder ihre Fähigkeiten und Gags in den Spelunken, Bordellen und Tingel-Tangel-Theatern der amerikanischen Provinz. Zuerst bestand ihr Repertoire aus akrobatischen Kunststückchen, komischen Szenen und romantischen Musikeinlagen, dem üblichen Vaudeville-Mischmasch. Die Initialzündung für ihre Karriere erfolgt 1912 in einem Kaff in Texas: das Publikum ist laut, ungehobelt und desinteressiert, Julius Marx beginnt die Leute von der Bühne herab zu beflegeln. Die Zuschauer lachen, die Publikumsbeschimpfung wird ein Erfolg. Von nun an treten die Brüder als aggressiv-absurde Komiker auf und werden zu Weltstars.

Sid Grauman, Impresario und Besitzer des Chinese Theatre, mit (von links nach rechts) Groucho, Harpo, Chico und Zeppo Marx, 1930.

Im Laufe der Lehr-, Wander- und Flegeljahre wurde Julius Marx zu Groucho, dem Griesgram. Seine Waffe ist die Sprache, die er wie eine Maschinenpistole im Stakkato einsetzt: ausdauernd, verletzend und ohne Rücksicht auf semantische Massaker, mit ungebändigter Lust am Gleichklang, am Unsinn, am Widerspruch. Ein Meister der Frechheiten und der Absurditäten, ein Emporkömmling, Hochstapler und Möchtegern-Großkapitalist. Mit dicker Zigarre und aufgemaltem Schnurrbart wird er eine Ikone der Populärkultur: Groucho alias Dr. med. Hugo Hackenbush in *A Day at the Races* (1937), Professor Wagstaff in *Horse Feathers* (1932), oder Rufus T. Firefly, der wahnwitzige Diktator in *Duck Soup* (1933).

Leonard Marx wird zu Chico, dem komischen Kerl mit der geflickten Jacke und dem Bauernhut. Lumpenproletariat, mit allen Wassern gewaschen, faul und gefräßig, gerissen und bauernschlau. Chico hat immer ein paar Tricks auf Lager, um den Gesetzen der Logik, der Schwerkraft und des Kapitalismus ein individualanarchistisches Schnippchen zu schlagen.

Go West (1940): Harpo Marx spielt gerne Harfe. Egal ob auf den Fäden des Webstuhls, einem umgebauten Klavier oder auf seinem ‚echten' Instrument.

Julius Marx alias Groucho als Griesgram mit Zigarre und aufgemaltem Schnurrbart: Diktator Rufus T. Firely in *Duck Soup* (1933).

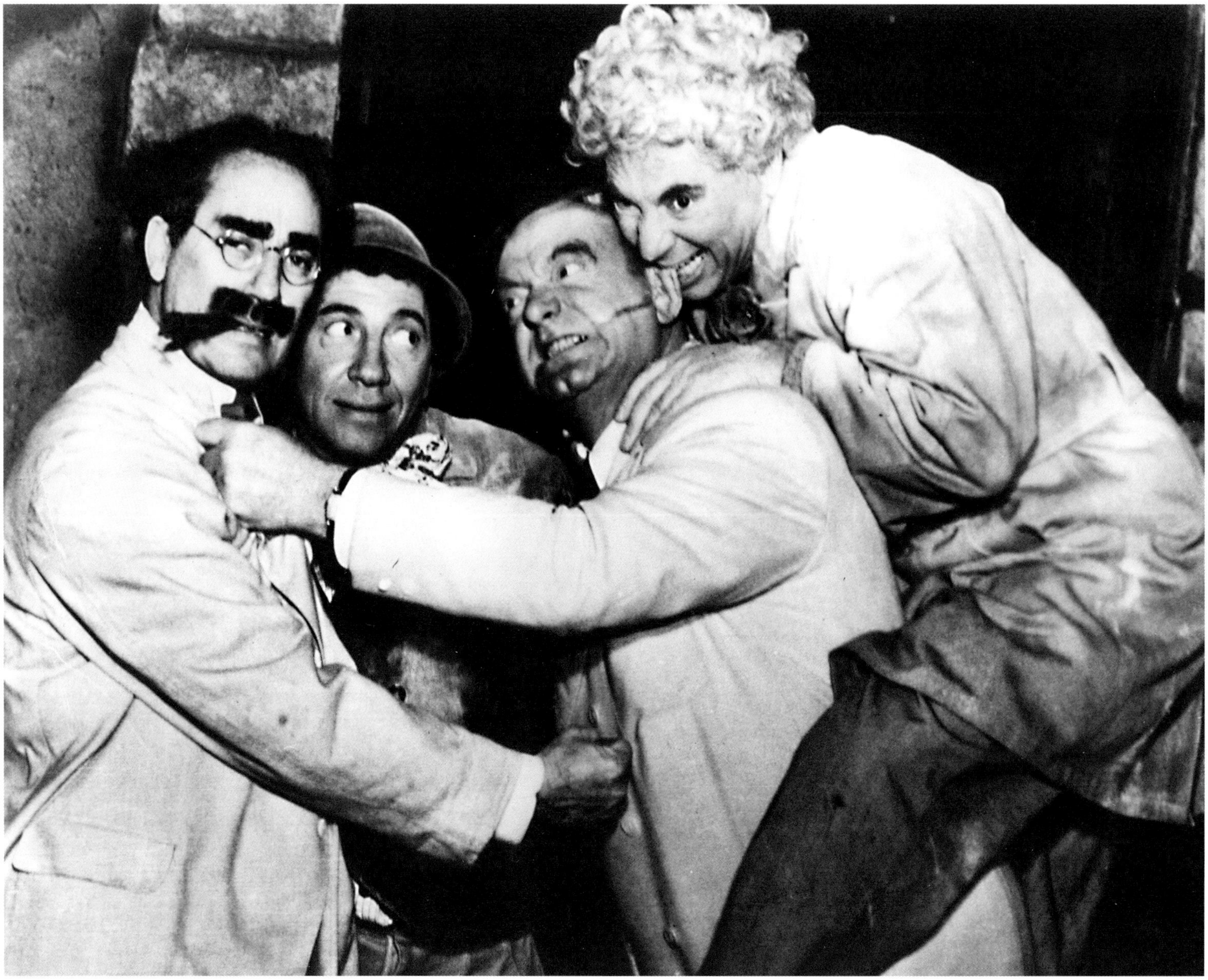

A Night in Casablanca (1946): Das „enthemmte Unbewusste" in Verkörperung der Marx-Brothers – Groucho, Chico und Harpo Marx. Sig Ruman zwischen ihnen in Bedrängnis.

At the Circus (1939): Groucho Marx als J. Cheever Loophole und Margaret Dumont in der Rolle der Ms. Susan Dukesbury an einem gemeinsamen Getränk schlürfend.

Adolph Marx schlüpft in die Rolle von Harpo, ein geiler, gefräßiger, völlig ungehemmter Faun. Ein böses Kind, das unter seinem Mantel ein ungewöhnliches Waffenarsenal griffbereit hält: Messer, Scheren, Mausefallen, und sogar Flammenwerfer. Harpo ist das ‚entfesselte Es', immer auf der Suche nach einer Möglichkeit, sich auszutoben. Wenn Harpos poetische Natur zum Vorschein kommt, spielt er süße Melodien, aber erst nachdem er ein Klavier zertrümmert und zu einer Harfe umgebaut hat. Harpo, der einzige stumme Superstar des Tonfilms, spricht nie. In den Augen (Ohren) der Öffentlichkeit verschwand die Differenz von Figur und Darsteller völlig. Viele seiner Fans glaubten, dass Adolph Marx tatsächlich stumm sei. Seinen 1961 veröffentlichten Memoiren gab Harpo daher den Titel: *Harpo speaks*!

Die aberwitzig lustvollen Exzesse der drei wilden Kerle[1] verlangen nach einem Opfer. Die korpulente Dame Margret Dumont verkörpert Würde und Seriosität, Anstand und Logik, Vernunft und Moral. Damit wird ‚die alte Schachtel' zur idealen Zielscheibe für die Attacken der wilden Brüder. Irritiert aber unbeirrbar spielt sie die reiche Witwe, die blasierte Bürgerin, die nicht mehr ganz junge Naive. Mit Sigmund Freud könnte man die Dumont als Verkörperung des Über-Ichs bezeichnen. „Wir kennen das Über-Ich sonst als einen gestrengen Herrn" schreibt Freud in *Der Humor* (1927), bei den Marx-Brothers ist das Über-Ich jedoch eine gestrenge und gewichtige Dame, die Brüder selbst verkörpern das enthemmte Unbewusste.

Eine andere ‚komische' Geschichte erwähnt Freud in mehreren seiner Schriften: Ein Dorfschmied hat sich ein todeswürdiges Verbrechen zuschulden kommen lassen. Der Bürgermeister beschließt jedoch, anstelle des Schmieds einen Schneider aufhängen zu lassen, denn es waren zwei Schneider in diesem

Go West (1940): Groucho, Chico und Harpo Marx im Wartesaal des Bahnhofs. Die Schere ist eine der wichtigsten Requisiten von Harpo, da sie die Handlung maßgeblich vorantreiben kann.

Go West (1940): Groucho, Chico und Harpo Marx in Action.

Dorfe ansässig, aber kein anderer Schmied, und Strafe muss sein.[2]

Das Dorf, in dem diese absurde Geschichte spielt, könnte in Freedonia liegen, dem imaginären Kleinstaat aus *Duck Soup*, dem visionärsten und radikalsten aller Marx-Brothers-Filme. In *Duck Soup* wird Groucho Marx (1933!) als schnurrbärtiger Diktator Rufus T. Firefly vom Kapital an die Macht gespült, knechtet Freedonia (Orwell'scher geht es kaum mehr) und zettelt sofort einen Krieg an, – die Parallelen zu einem anderen schnurrbärtigen Emporkömmling sind offensichtlich. Dem politischen Glühwürmchen Firefly wäre die Entscheidung, den jüdischen Schneider anstelle des Schmieds zu hängen, jederzeit zuzutrauen, seinem österreichischen Pendant bekanntlich ebenfalls.

Zwar betont Freud nicht expressis verbis, dass der Schneider ein jüdischer Schneider war (wie auch der Vater der Marx-Brothers), aber man kann es vermuten. Auch weil Freud in seiner Studie *Der Witz und seine Beziehung zum Unbewussten* (1905) das Schicksal des Schneiders so kommentiert: „Eine solche Verschiebung von der Person des Schuldigen auf einen anderen widerspricht natürlich allen Gesetzen bewusster Logik, keineswegs aber der Denkweise des Unbewussten."

Die Lust am Unlogischen und das Sich-Austoben des Unbewussten wurde schon angesprochen, aber erst der Begriff der ‚Verschiebung' führt zur Überlegung, ob der Humor der Marx-Brothers spezifisch jüdisch ist.

Was sollen wir machen, wenn der (arische) Schmied ein Verbrechen begeht und der (jüdische) Schneider dafür gehängt werden soll? Schweigend mitleiden – das ist psychisch erschöpfend und deprimierend. Rebellieren, protestieren, demonstrieren? Dazu braucht man Kraft und ein Mindestmaß an Aussicht auf Erfolg. Am liebsten wäre uns, wenn der zum Tode verurteilte

Schneider Galgenhumor zeigte, indem er die Nachricht, dass er am Montag gehängt wird, mit dem Satz quittierte: „Na, die Woche fängt ja gut an!" (Auch dieses Beispiel geht auf Freud zurück.)

Durch den Galgenhumor des Schneiders würden wir uns nicht nur den Protest und das Mitleid sparen, wir gewännen sogar Lust aus dem, wie Freud schreibt, „ersparten Gefühlsaufwand". In seiner Untersuchung *Der Humor* (1927) erklärt er den Mechanismus, durch den wir trotz allem Lust aus Leid gewinnen können, so: „Das Großartige liegt offenbar (...) in der siegreich behaupteten Unverletzlichkeit des Ichs. Das Ich verweigert es, sich durch die Veranlassungen aus der Realität kränken, zum Leiden nötigen zu lassen, es beharrt dabei, dass ihm die Traumen der Außenwelt nicht nahegehen können, ja es zeigt, dass sie ihm nur Anlässe zu Lustgewinn sind."

Die Zuweisung der Rolle des Sündenbocks war seit jeher eine der Quellen für das, so Freud, „mannigfaltige hoffnungslose Elend des Juden", für traumatische Ereignisse und Zustände, die durch Humor und Selbstironie psychisch erträglicher gemacht werden konnten. Den jüdischen Marx-Brothers ist gar das gesamte Universum ein Anlass zum Lustgewinn geworden. Deshalb sind und waren sie immer die Lieblinge aller ‚wilden Kerle'; Bert Brecht war ebenso bekennender Marxist (Groucho, nicht nur Karl) wie Salvador Dalí und Antonin Artaud, der schon 1932, ein Jahr vor *Duck Soup*, geschrieben hatte, die Filme der Brüder seien „un hymne à l'anarchie". Georg Seeßlen sagt über die Marx-Brothers: „Sie wollen das Chaos, und sie sind, zumindest in ihren ersten Filmen, weder Gewinner noch Verlierer dabei, sondern freudige Genießer und Zeugen."[3]

Der Einfluss der Marx-Brothers ist schwer zu überschätzen. Jeder Anarcho-Komiker hat bei Ihnen abgekupfert, jeder zynische Intellektuelle ist ihr Nachfahre, ob mit Groucho-Bart – wie Frank Zappa, oder ohne – wie Woody Allen. In Allens Film *Take the Money and Run* (1969), der wahnwitzigen Pseudodokumentation über das Leben des Kriminellen Virgil Starkwell, verkleiden sich die Eltern von Starkwell (Vater und Mutter!) bei den Interviews mit Groucho-Nase, -Brille und -Schnurrbart, weil sie sich für ihren missratenen Sohn schämen. Groucho als Vater und Mutter, deutlicher kann man seine Verehrung nicht mehr ausdrücken. Nur Eugene Ionesco hat es noch mehr auf den Punkt gebracht, als er auf die Frage nach den drei größten Einflüssen auf sein Werk geantwortet hat: Groucho, Harpo und Chico Marx!

1 Neben Chico, Harpo und Groucho gab es auch noch die Brüder Gumma (Milton) und Zeppo (Herbert).

2 Sigmund Freud erwähnt diese Geschichte in der 11. der *Vorlesungen zur Einführung in die Psychoanalyse*, im IV. Kapitel von *Das Ich und das Es* sowie im VII. Abschnitt von *Der Witz und seine Beziehung zum Unbewussten*.

3 Georg Seeßlen, *Drei oder vier Fußgänger der Apokalypse. Die Marx Brothers und ihre Welt*, in: *The Marx Brothers, Eine Nacht in Casablanca*, Frankfurt 1990, S. 45.

Horse Feathers (1932): College und Football: Groucho, Zeppo, Chico und Harpo inmitten der amerikanischen Wirklichkeit.

Im Gegensatz zu den Marx-Brothers, die jüdischen Humor ohne offene Referenz an das Jüdische praktizierten, brachte Eddie Cantor immer wieder Anspielungen auf die jüdische Lebens- oder Traumwelt in Amerika in seine Filme ein.

10

Italiener, Iren, aber keine Juden? Der ethnische Gangster erobert die Leinwand

Rachel Rubin

Es wird allgemein angenommen, dass bis Ende des 2. Weltkrieges *The Jazz Singer* der einzige Tonfilm war, in dem jüdische Identität auf der Leinwand dargestellt worden ist.[1] Jüdische Identität ist aber bereits im klassischen Hollywoodkino (wenn auch nicht thematisch) entdeckt worden. Und zwar in einer Art und Weise, die auch neue Perspektiven für die Erforschung von anderen, (nichtjüdischen) ethnischen Erfahrungen eröffnet hat – vor allem, als der ethnische Gangster in den 1930er Jahren die Leinwand eroberte.

Petrified Forest (1936): Humphrey Bogart wird hier als ‚altmodischer amerikanischer Bandit' im Gegensatz zu den Gangstern mit Immigrations-Background wahrgenommen. Neben Humphrey Bogart Joe Sawyer (links) und Adrian Morris.

Zeitgleich mit dem Tonfilm entstand der Gangsterfilm als dominantes Genre – und entwickelte sich mehr als alle anderen mit der Entwicklung der Tontechnik. Natürlich waren auch schon zuvor populäre Kriminalfilme gedreht worden. Aber der kometenhafte Aufstieg erfolgte in den frühen 30er Jahren durch die Ausprägung jener Konventionen und Motive, die das Genre in Folge definieren würden. Besonders durch die neu hinzugekommene Sprache und die authentischen Verhaltensweisen, die die Kultur der 1930er Jahre prägten, konnte der Gangster in den drei klassischen Gangsterfilmen dieser Periode – *Little Caesar* (1930), *The Public Enemy* (1931) und *Scarface* (1932) – sowohl ethnisch als auch urban typisch kenntlich gemacht werden: Es waren eingewanderte Katholiken – Iren und Italiener –, die in zwei von drei Fällen von jüdischen Schauspielern dargestellt wurden.

1936 war der Begriff Gangster bereits so stark mit ‚ausländischer' Herkunft konnotiert, dass er in *The Petrified Forest* als selbstverständlicher Gemeinplatz wirksam werden konnte: Ein knallharter Schauspieler namens Humphrey Bogart verkörpert jenen Gangster auf der Leinwand, der ihn bereits am Broadway berühmt gemacht hatte. Während einer spannenden Geiselnahme verteidigt ein harmloser alter Mann namens Pops den flüchtigen Kriminellen Duke Mantee gegen die Beschuldigung, er sei ein Gangster und eine Ratte. Pops erklärt: „Er ist kein Gangster, er ist nur einer dieser altmodischen Banditen. Gangster sind Ausländer, und er ist ein Amerikaner."

Pops Worte wurden vom Publikum gut verstanden, denn in vielen Filmen hatten die ethnisch identifizierbaren Gangster die Leinwände erobert. Dabei trafen

Little Caesar (1931): Cesare ‚Rico' Bandello (Edward G. Robinson), lässt sich bei einem Gastmahl feiern. Reichtum und Macht lachen ihm und seinen Freunden aus dem Gesicht. Der Aufstieg scheint geschafft.

Scarface (1932): Der 1895 in Lemberg geborene Paul Muni als Tony Camonte (links).

Little Caesar (1931): Der in Rumänien als Emmanuel Goldenberg geborene Edward G. Robinson spielt Cesare Enrico ‚Rico' Bandello. Mit Zigarre, teurer Uhr und gutem Anzug ist er im Zenit seiner Gangster-Macht angekommen (rechts).

zwei Entwicklungen aufeinander. Gangster wurden in Gangsterfilmen hauptsächlich über ihre Sprache ethnisiert. Gleichzeitig hatten viele jüdische Schauspieler ihre Namen anglisiert, um öffentlich nicht als Juden identifiziert zu werden. Das faszinierende Ergebnis war, dass jene, die berühmte Gangster darstellten – wie etwa Edward G. Robinson (geborener Emmanuel Goldenberg) oder Paul Muni (geborener Muni Wisenfreund) – im Laufe der Zeit typische Eigenarten der Filmgangster durch identifizierbare jüdische Ausdrucksformen definierten. Sie sublimierten so ihr Jüdisch-Sein mit dem Erfolg, dass nun auf der Leinwand häufig als Gangster versteckte jüdische Schauspieler auftraten. Was nun geschah war, dass die Amerikaner jüdische Gesten, Akzente und Stereotypen auf erfrischende Weise als stilisierte Darstellung urbaner Kriminalität erkannten.

Auf erfrischende Weise deshalb, weil lange Zeit die jüdische Sprache und Kriminalität als etwas Zusammengehöriges verstanden worden ist – spätestens seit den Schriften Martin Luthers, der behauptet hatte, dass Juden eine Geheimsprache verwenden, um Christen zu hintergehen. In den USA verschärfte der massive Zustrom osteuropäischer Juden an der Wende zum 20. Jahrhundert eine Haltung, die mit jener im Europa der Aufklärung vergleichbar war. Henry Adams phantasierte z.B. „einen hinterhältigen Jakob oder Isaak (...) der eigenartiges Jiddisch knurrt".[2] Henry James war bestürzt über die schäbigen jüdischen Cafés an der East Side, die er als „Sprach-Folterkammern"[3] bezeichnete. Henry Ford warnte in seinem populären *Dearborn Independent* pausenlos vor jenen „jüdischen Typen", deren Sprache und Erscheinung ihr Gangstertum verraten. Sogar Polizeikommissar Theodore A. Binghams berüchtigter Bericht von 1908, in dem behauptet wurde, dass 50 % aller Kriminellen New Yorks Juden seien, stellte einen direkten Zusammenhang mit der jüdischen Sprache her. „Amerika wurde sich seiner Juden und seiner Filme fast gleichzeitig bewusst", resümierte treffend der Filmhistoriker Lester Friedman.[4]

Im klassischen Gangsterfilm gab es jedoch einen Perspektivenwechsel: Der Jude wird nicht als Krimineller gezeichnet (bis in die 1960er Jahre gab es keinen explizit als Juden zu identifizierenden Gangster). Vielmehr werden oft kriminelle Eigenschaften jüdisch dargestellt. So grimassiert und gestikuliert sich etwa Paul Muni in *Scarface* (1932) durch bekannte, standardisierte ‚bühnenjüdische' Gebräuche; auch Edward G. Robinsons karrierebildende Darstellung in *Little Caesar* (1931) beruht hauptsächlich auf seinen unruhigen Händen und seinem nasalen Brooklyn-Akzent (der Film spielt in Chicago). Immer wieder wurden in derartigen Darstellungen Verbrecher durch ethnisch jüdische Verhaltensweisen symbolisiert, obwohl die Figuren selbst keine Juden waren.

Oberflächlich betrachtet illustriert der ethnische Gangster der 1930er Jahre – brutal, gierig, verdammt – das, was Freud als das ‚Abarbeiten' an der Fremdenfeindlichkeit in Amerikas Metropolen bezeichnen würde. Betrachten wir die üblichen ethnischen Kennzeichnungen der Gangster-Charaktere (unabhängig von den Schauspielern, die diese sehr erfolgreich dargestellt haben) gemeinsam mit den distanzierenden Vorwörtern, die die Studios gemäß des Hays-Code[5] am Beginn vieler Filme einbauten, ist es leicht, darin eine glatte Warnung zu erkennen: Diese Fremden sind eine Bedrohung für den amerikanischen Weg.

Diese einfache Botschaft führte aber zu einer bemerkenswerten Komplikation. Zur Verblüffung der Kritiker identifizierte sich die Mehrheit des Publikums – besonders in den Einwanderer-Bezirken – lautstark mit den Gangstern und ihren Beweggründen. Wenn die Gangster die Waffen in die Hand nehmen (und zwar umso modernere, je höher sie in der Unterwelt-Hierarchie aufsteigen), erlangen sie damit, d.h. durch die Beherrschung von neuen Technologien, die Kontrolle über ihr eigenes Schicksal. Mit ihrer Hilfe verlassen sie die Slums, in die sie hineingeboren worden sind, und beginnen einen sichtbaren, wenn auch kurzfristigen Aufstieg. Letztendlich sind sie damit nicht unamerikanisch, sondern eine ziemlich perfekte Inkarnation des amerikanischen Traums. Durch die visuelle Ökonomie des Gangsterfilms der 1930er Jahre, der die Konventionen des Gangster-Stils und die Aufstiegsmethoden etabliert hatte, veränderte sich das Bild vom eingewanderten Gauner: die vorgebliche Warnung vor dem unamerikanischen Verbrechen entwickelte sich zur Möglichkeit, sich durch Verbrechen effizienter zu assimilieren. 1949 sieht man den Gangsterprotagonisten (gespielt von einem anderen jüdischen Schauspieler, den als Jacob Garfinkle geborenen John Garfield) erstmals folgerichtig nicht in einem Einwandererviertel, sondern auf der Wall Street, ausgerechnet am Independence Day.

Jahre nach dem Ende seiner Unterwelt-Karriere erklärte der jüdische Gangster Meyer Lansky, dass er ein kriminelles Leben geführt habe, um in den amerikanischen Mittelstand aufzusteigen. Seine Vorbilder waren zahlreiche Filmhelden. Was wir auf der Leinwand finden ist ein Gangster, der an seinem Akzent, seinen Manieren, seinem Stil und Wortschatz zu erkennen ist, während er von der Delancey Street auf die Wall Street zusteuert, und schlussendlich in Allrightniks Row landet.[6]

1 Steven Whitfield, *American Space, Jewish Time, Essays in Modern Culture and Politics*, Armonk (NY) 1988, 1996.
2 Henry Adams, *The Education of Henry Adams. An Autobiography*, 1918, Reprint: Boston 1961.
3 Henry James, *The American Scene*, 1907, Reprint: New York 1967.
4 Lester Friedman, *Hollywood's Image of the Jew*, New York 1982.
5 Der Hays-Code beinhaltet Richtlinien für die Herstellung von amerikanischen Spielfilmen bezüglich einer moralisch akzeptablen Darstellung von Kriminalität und sexuellen Inhalten (vgl. auch Kap. 8, *Zuhause in L.A. Ein Tempel, ein Golfplatz und der Antisemitismus*, S. 84).
6 Die *Delancey Street* ist eine Straße in der hauptsächlich von Juden bewohnten Lower Eastside, auf der sich Drogenabhängige, Exhäftlinge, Gangster und Prostituierte herumgetrieben haben. *Allrightniks Row* ist ein Roman des Schriftstellers und Drehbuchautors Samuel Ornitz, der 1923 unter dem Titel *Haunch, Paunch and Jowl. An Anonymous Autobiography* erschienen ist und 1986 als *Allrightniks Row* neuaufgelegt wurde. Die deutschsprachige Ausgabe erschien 1925 unter dem Titel *Herr Fettwanst. Eine amerikanische Autobiographie*.

Scarface (1932): Tony Camonte hält in seinen Händen eine technisch hochentwickelte Schnellfeuerwaffe, die ihn als ersten innerhalb der Gangster-Hierarchie ausweist. Die Gewehrsalven und die Autogeräusche kamen der neuen Tonfilmtechnik entgegen.

11

Das Monster aus dem Osten
Horror Movies in der Goldenen Ära Hollywoods

Natalie Lettner

In den 30er und 40er Jahren hatte jedes Studio ein Filmgenre, für das es besonders bekannt war. Bei den Warners waren das sozialrealistische Gangster- und Kriegsfilme, bei Paramount Komödien und bei 20th Century Fox Musicals. „Universals bleibendes Vermächtnis“[1] sind die *Monster Movies.*[2] Es ist kein Zufall, dass ausgerechnet Universal den ersten großen Horrorfilm-Boom in Hollywood auslöste: Als das europäischste aller Hollywoodstudios hatte es schon in der Stummfilmzeit einige stilistisch und auch personell vom deutschen Expressionismus geprägte Horrorfilme produziert.[3] Der selbst aus Deutschland stammende Studiogründer Carl Laemmle hielt sich bis 1933 jedes Jahr in Europa auf, nicht zuletzt, um Filmtalente abzuwerben. Für Laemmle arbeiteten unter anderen Erich von Strohheim, Paul Leni, Edgar Ulmer, Karl Freund, Conrad Veidt, Rudolf und Joseph Schildkraut, Paul Kohner, Ewald André Dupont und Dimitri Buchowetzki. Als einer der Meilensteine in „Universal's school of horror“[4] gilt *The Cat and the Canary* (*Spuk im Schloss,* 1927), der das Spukhaus-Genre bis in die 50er Jahre prägen sollte. Regie führte Paul Leni, der in Deutschland u.a. mit expressionistischen Klassikern wie *Das Wachsfigurenkabinett* (1924) berühmt geworden war. Aber erst die *Monster Movies* ab den frühen 30er Jahren führten dazu, dass sich Universal als Horrorspezialist etablieren konnte. Die Monsterfilme wurden zur wichtigsten Cash-Cow des Studios, obwohl sie nur einen kleinen Teil der Gesamtproduktion ausmachten. Sie wirken heute harmlos und sind im Zeitalter der Slasher- und Splatterfilme kaum mehr geeignet, ein Publikum in Angst und Schrecken zu versetzen. Die Monster allerdings, insbesondere aus *Dracula* und *Frankenstein* (beide 1931), haben die Ikonografie der Popkultur nachhaltig geprägt.

Das Schema dieser klassischen Horrorfilme ist einfach. Ein bedrohliches Monster dringt in die heile Welt ein und erschüttert sie in ihren Grundfesten, bis ein Held auftaucht, der es besiegt und die durcheinandergebrachte Ordnung wiederherstellt. Geht man mit Neal Gabler davon aus, dass Hollywood den Mythos des amerikanischen Traums inszeniert bzw. überhaupt erst erfunden hat, dann spielen die Horrorfilme die Verteidigung dieses Mythos gegen Invasoren durch. Die Botschaft ist also prinzipiell wertekonservativ, systembewahrend und auf den ersten Blick fremdenfeindlich. Allerdings weist das Monster facettenreiche, oft unvermutete Qualitäten auf und verkörpert nicht notwendigerweise ausschließlich das Böse. Es ist – allein kraft seines hybriden Körpers – der Inbegriff der Ambiguität. Angst und Lust, Schrecken und Attraktivität liegen bekanntlich nah beieinander. Oft genug richtete sich daher das Begehren des Publikums – ähnlich wie bei den Gangsterfilmen der Zeit[5] – eher auf die monströsen Bösewichte als auf deren biedere Feinde. Eines ist dabei besonders bemerkenswert: Nicht wenige dieser die heile Welt gefährdenden Eindringlinge kommen aus Osteuropa – so wie viele Immigranten bzw. wie der Großteil der jüdischen Produzenten und Studiobosse. Das trifft vor allem auf

The Cat and the Canary (Paul Leni, 1927): Der Spukhaus-Film verdeutlicht den Einfluss deutscher expressionistischer Filmemacher auf das Horror-Genre in Hollywood.
(Katalog: Set 11, S. 194)

Dracula (Tod Browning, 1931): Bela Lugosi macht als monströs-verführerischer Osteuropäer dem amerikanisch-puritanischen Mann seine Braut abspenstig.

Dracula (1931) zu, der den Auftakt zur *Monster-Movies*-Serie bildete und als erster Horrorfilm der Tonfilmära gilt. Bis heute haben über 400 Filme den blutsaugenden Grafen zum Thema – der Vampirfilm ist damit eines der erfolgreichsten Subgenres des Horrorfilms überhaupt.[6] Neben Fritz Murnaus deutscher Stummfilm-Version *Nosferatu* (1922) war es dabei vor allem die Produktion von Universal, die stilbildend wirkte.

Die literarische Vorlage, Bram Stokers 1897 erschienener Roman, schildert den Untoten als perfekte Verkörperung der im damaligen viktorianischen England vorherrschenden Ängste. Im transsylvanischen Grafen mischen sich Fremdenfeindlichkeit (um die Jahrhundertwende emigrierten viele katholische und jüdische Osteuropäer nach England und in die USA), Sexualangst (Dracula verunreinigt das Blut seiner Opfer wie die damals weit verbreitete Syphilis), Homophobie (Dracula ist auch männlichen Opfern nicht abgeneigt) und nicht zuletzt antisemitische Stereotype, sowohl was das Äußere (Hakennase, große Ohren) als auch was seine sonstigen Eigenschaften (Blutsaugen, Parasitentum, Geldgier, Abneigung gegen das Kreuz) betrifft.[7] Schließlich spiegelt sich auch der antisemitische christliche Ahasver-Mythos vom ‚Ewigen Juden' in Draculas ‚untoter' Existenz. Roman Polanski sollte später in seiner Dracula-Persiflage *The Fearless Vampire Killers* (*Tanz der Vampire*, 1966) viele dieser impliziten Bedeutungsfelder lustvoll auswalzen, indem er seinen Grafen von Krolock mit nicht mehr nur angedeuteten homosexuellen Neigungen ausstattet und auch einen zweifelsfrei jüdischen Vampir auftreten lässt. Als gegen diesen in gewohnter Weise ein Kreuz gezückt wird, zeigt er sich wenig beeindruckt und reagiert in jiddisch-englischem Mischmasch mit dem legendären Satz: „Oy vey, have you got the wrong vampire!"

Während Fritz Murnaus *Nosferatu* ein ekelerregendes Monster mit Rattenzähnen zeigt, bringt Universal einen ganz anderen Vampir auf die Leinwand: Graf Dracula ist ein charmanter, bestens gekleideter Fremder mit exotischem Sexappeal, der sehr gut ohne lange Vampirzähne auskommt. Der aus Ungarn stammende Schauspieler Bela Lugosi, der damit auf die Rolle seines Lebens festgelegt war, erhielt Berge von Fanpost mit eindeutigen Angeboten des weiblichen Publikums. Lugosi hatte den verführerischen Vampir zuvor bereits am Broadway in mehr als 250 Aufführungen verkörpert. Er sprach mit starkem Akzent und verlieh der Rolle gerade dadurch ihren besonderen Reiz. Für viele war Lugosi damals *The Sexiest Man Alive*. Nicht zufällig bewarb Universal den Film mit dem Slogan „The Strangest Love Story of All" und legte den Kinostart auf den Valentinstag. Natürlich muss Dracula am Ende trotzdem besiegt werden, doch zuvor verfallen ihm reihenweise die Frauen. Durchgespielt wird, wie der amerikanische Mann seine jungfräuliche Braut an den osteuropäischen Aristokraten verliert.[8] Dracula –

der seit 500 Jahren nichts produziert und geleistet hat – bildet den absoluten Kontrast zum puritanisch-protestantischen Arbeitsethos. Er wird zur „gräuliche(n) Karikatur des europäischen Liebhabers, den der amerikanische Pionier zu überwinden trachtet".[9] Eine ähnliche Botschaft transportiert der etwa zehn Jahre später von Val Lewton für RKO produzierte Horrorfilm *Cat People* (1942), der amerikanische Männer davor warnt, sich mit fremden Frauen einzulassen. Wieder kommt die Gefahr aus Osteuropa: Die Serbin Irena Dubrovna (Simone Simon) verwandelt sich im Zustand der (sexuellen) Erregung in einen blutdürstigen Panther und zerreißt ihre Opfer in Stücke. Das heißt, die amerikanische heile Welt wird von osteuropäischen Monstern – in *The Mummy* (1932) ist es dann ein glutäugiger Orientale – ins Chaos gestürzt. Und meistens ist das fremdländische Monster um vieles attraktiver und interessanter als sein biederer Gegenpart, den die Frau – oder bei *Cat People* der Mann – schließlich zum damit durchaus fragwürdigen Happy End bekommt. Bis zu Bela Lugosis Dracula verstand man in Hollywood unter einem Vampir übrigens eine Männer zerstörende Femme Fatale. Die erste, die diese Rolle in *A Fool There Was* (1915) und zahlreichen weiteren Filmen exemplarisch und prägend verkörperte, war Theda Bara. Der Begriff Vamp für eine dämonische Verführerin geht auf Theda Baras gleichlautenden Beinamen zurück.[10]

Dracula war der erste Horror-Tonfilm und stellte das Studio vor nicht geringe Herausforderungen. Da vor allem in der Provinz noch nicht alle Kinos mit dem entsprechenden Sound-Equipment ausgestattet waren, produzierte Universal auch eine Stummfilmversion mit eingeblendeten Zwischentiteln. Aber auch die Sprache wurde jetzt zu einem Problem. Stummfilme hatte man ohne Schwierigkeiten in die ganze Welt verkaufen können, *Talkies* wurden nicht überall verstanden. Da eine nachträgliche Synchronisation technisch noch nicht möglich war, musste der jeweilige Film in der gewünschten Sprache neu gedreht werden. Für Universal war der lateinamerikanische Markt essentiell, daher produzierte der aus Teplitz-Schönau stammende Paul Kohner in der Nacht eine zweite *Dracula*-Version mit spanischsprachigen Stars – im selben Set, in dem tagsüber auf Englisch gedreht wurde. Der Film wurde also in drei Versionen gleichzeitig herausgebracht.

Cat People (Jacques Tourneur, 1942): Eine Osteuropäerin verwandelt sich in eine monströse Raubkatze und bedroht die heile amerikanische Welt.

Schon knappe sieben Wochen nach der äußerst erfolgreichen Premiere begann das Studio mit der Produktion des nächsten *Monster Movie*, der Verfilmung von Mary Shelleys 1818 erschienenem Roman *Frankenstein*. Der Film kam im selben Jahr wie *Dracula* heraus und wurde zum zweiten großen Box-Office-Erfolg für Universal. Während Dracula den ausbeuterischen, aber verführerischen Aristokraten verkörpert, reproduziert das Frankenstein-Monster das Klischee des Schrecken verbreitenden Proletariers. Seine Kleidung (der schlecht sitzende Anzug, die schweren Schuhe), seine Unartikuliertheit und Unbildung sowie auch sein zwischen Kindlichkeit und Brutalität changierendes Verhalten spiegelten das Angstbild, das sich die Mittelschicht von der Arbeiterklasse machte. Abgesehen davon, dass auch die meisten Studiobosse aus ärmlichsten Verhältnissen stammten, gibt es sogar hier eine lose Verbindung des Monsters zu ihren osteuropäischem Hintergrund. Diese betrifft nicht die Rolle selbst, sondern den Schauspieler, der sie verkörperte und absolut mit ihr identifiziert wurde: Boris Karloff. Der Name suggeriert eine slawische Herkunft, Karloff hieß aber eigentlich William Henry Pratt und war in London geboren. Während die meisten jüdischen Filmleute, ob Schauspieler oder Produzenten, ihre Namen amerikanisierten (so wurde Schmuel Gelbfisz zu Samuel Goldwyn, Emmanuel Goldenberg zu Edward G. Robinson oder Joseph Levitch zu Jerry Lewis), beschritt der

1938 kamen *Dracula* (1931) und *Frankenstein* (1931) als Double Feature neuerlich in die Kinos – mit sensationellem Erfolg. Die New York Times sprach von der „rasenden Gier des Publikums nach übernatürlichem Horror in einer Zeit, in der realer Horror die Titelseiten dominiert" (16.10.1938).

britische Schauspieler den umkehrten Weg. Warum? In keiner der einschlägigen Karloff-Biografien findet sich dazu eine klare Antwort; auch zu welchem Zeitpunkt er sich für die Namensänderung entschied, lässt sich wohl nicht mehr rekonstruieren.[11] Aber der exotische Klang des Namens fand offenbar den idealen Resonanzboden in den zahlreichen Horrorrollen, die Karloff in den folgenden Jahren verkörpern sollte, wie in *The Mummy* (1932), *The Black Cat* (1934), *Bride of Frankenstein* (1935), *Son of Frankenstein* (1939) oder *The Body Snatcher* (1945).

Auch das Frankenstein-Monster bleibt ambivalent. Mit seiner rechteckigen Schädelform, den herunterhängenden Lidern, den eingefallenen Wangen und den Elektroden im Nacken ist es zwar schreckenerregend, seine kindliche Naivität lädt aber zugleich zu einer mitfühlenden Haltung ein. Als das eigentliche Ungeheuer erweist sich Dr. Henry Frankenstein, der das Monster überhaupt erst schuf und dessen Name heute nicht zufällig mit diesem identifiziert wird. Auch in diesem Fall bekommt die weibliche Heldin zum Happy End einen fragwürdigen Bräutigam: den Inbegriff eines *Mad Scientist*[12], ein Figurentypus, der auch in vielen weite-

Frankenstein (James Whale, 1931): Noch zeigt der proletarische Monster-Mann seine verspielt-kindliche Seite. Im nächsten Augenblick wird er das Mädchen im See ertränken. Die Szene fiel 1931 in einigen Bundesstaaten, beim *Re-Release* 1938 in den gesamten USA der Zensur zum Opfer.

ren Horrorfilmen auftaucht und den David J. Skal überzeugend mit Nazi-Ärzten vergleicht.[13] Das Monster selbst wiederum, das ein Mensch werden möchte, leidet unter seiner schwierigen Existenz.

Das trifft auch auf *The Wolf Man* (1941) zu, ein weiteres Monster aus Universals Horrorkabinett. Auch hier kommt das Böse aus dem Osten und auch hier ist das Ungeheuer selbst ein Opfer. Der gerade aus Amerika angereiste Larry Talbot (Lon Chaney Jr.) wird in England von einem Werwolf gebissen, dessen wahre Identität bald enthüllt wird: Er ist eigentlich der Sohn einer Zigeunerin (Maria Ouspenskaya). Ihr starker russischer Akzent lässt keinen Zweifel an ihrer osteuropäischen Herkunft. Das Drehbuch verfasste Curt Siodmak, der 1933 vor den Nationalsozialisten aus Deutschland geflohen und 1937 in die USA immigriert war. In Interviews pflegte er von seinem eigenen „*Wolf-Man*-Schicksal" zu sprechen: „Das ist ein Mann, der keine Sünde begangen hat, aber von einem Wolf gebissen wird und dadurch ein schreckliches Schicksal erleiden muss. (...) Er erinnert mich an mich selbst, denn ich bin 1902 als Jude in Deutschland geboren. Hätte ich mir das ausgesucht? Nein, das hätte ich nicht. Es ist mein Schicksal."[14] Curt Siodmak spricht hier explizit aus, was in den vorangegangenen Monsterfilmen nur in Andeutungen verhandelt wurde: In all seiner Ambivalenz kann das Monster sogar als Identifikationsangebot für Immigranten (und nicht zuletzt für das jüdische Hollywood selbst) fungieren.

1 Neal Gabler, *Ein eigenes Reich. Wie jüdische Emigranten Hollywood erfanden*, Berlin 2004, S. 288.

2 Michael Brunas, John Brunas u. Tom Weaver, *Universal Horrors. The Studio's Classic Films 1931-1946*, Jefferson, North Carolina, 1990.

3 Ian Conrich, *Universal, Silent Cinema, and the Last of Horror-Spectaculars*, in: Stephen Prince (Hg.), *The Horror Film*, New Brunswick (NJ) - London 2004, S. 40-57.

4 Carlos Clarens, *An Illustrated History of the Horror Film*, New York 1968, S. 56.

5 Z.B. *Little Caesar* (1931) mit Edward G. Robinson oder *The Public Enemy* (1931) mit James Cagney in der Hauptrolle, vgl. u.a. Kap. 10 *Italiener, Iren, aber keine Juden? Der ethische Gangster erobert die Leinwand*, S. 92ff.

6 Heike Kühn, *Dracula*, in: Ursula Vossen (Hg.), *Filmgenres. Horrorfilm*, Stuttgart 2004, S. 61-71.

7 Judith Halberstam, *Skin Shows. Gothic Horror and the Technology of Horror*, Durham - London 2006 (1995), S. 86-106.

8 *Dracula* spielt zwar – sowie viele Horrorfilme, die englische *Gothic Novels* als Vorlage haben – eigentlich in England, die Widersacher Draculas sind jedoch mit amerikanischen Schauspielern besetzt. David Manners in der Rolle von Minas Verlobtem, John Harker, ist gebürtiger Kanadier.

9 Georg Seeßlen u. Fernand Jung, *Horror. Grundlagen des populären Films*, Marburg 2006, S. 129.

10 Sie hieß Theodosia Burr Goodman und ihr Vater war ein aus Polen emigrierter Jude. Doch das Fox-Studio dichtete ihr eine noch weit exotischere Herkunft an: Es hieß, sie sei die Tochter einer arabischen Prinzessin und eines französischen Künstlers, und ihr Name sei ein Anagramm von ‚Arab Death'. Der osteuropäische Background ihres Vaters scheint in diesem Fall nicht verrucht genug gewesen zu sein. Vgl. Kap. 4, *Stars. Oder: Die strengen Gesetze des Kinohimmels*, S. 56f.

11 Beverley Bare Buehrer, *Boris Karloff. A Bio-Bibliography*, Westport 1993, S. 4.

12 Vgl. Andrew Tudor, *Monsters and Mad Scientists. A Cultural History of the Horror Movie*, Oxford 1989.

13 David J. Skal, *The Monster Show. A Cultural History of Horror*, New York 1993, S. 226.

14 Curt Siodmak im Interview, zit. n.: *Universal Horror. Photoplay Production*, Dokumentarfilm 1998 (Übersetzung Natalie Lettner).

The Wolf Man (George Waggner, 1941): Das Monster ist zugleich ein Opfer, mit dem sich nicht nur sein Drehbuchautor, der aus Nazi-Deutschland geflohene Curt Siodmak, identifizieren kann.

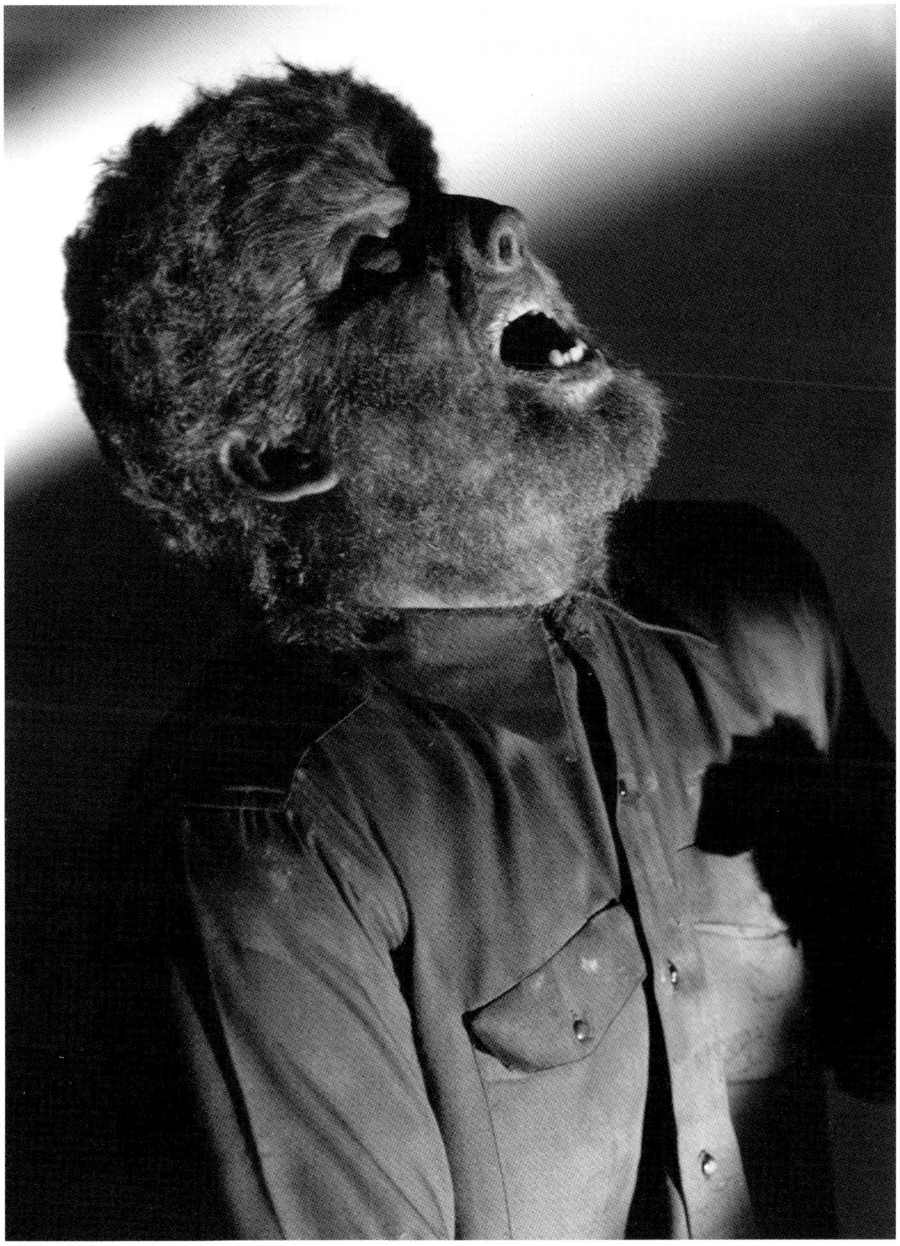

12

Heimatlos in Hollywood
Casting *Casablanca*: Warner Bros. und das europäische Filmexil

Brigitte Mayr und Michael Omasta

Flüchtlinge und Geschäftemacher, Spieler und Säufer, Nazis und Kollaborateure und Freiheitshelden: Sie alle stranden früher oder später in Rick's Café Américain in Casablanca, dessen Besitzer, ein aus enttäuschter Liebe zynisch gewordener Amerikaner, von sich behauptet, „I stick my neck out for nobody. I'm the only cause I'm interested in". Das geht so lange gut, bis er seiner ehemaligen Geliebten Ilsa in Begleitung von Victor László wieder begegnet, dem meistgesuchten Widerstandskämpfer Europas. In *Casablanca*, Hollywoods bleibendem Gesamtkunstwerk der 1940er Jahre, ist fast alles so falsch wie der strahlend weiße Anzug des kürzlich dem KZ entronnenen Untergrundführers Henreid und die Modellkleider seiner ohne Gepäck reisenden Frau Bergman, aber der Film funktioniert bis heute: Nie wieder sollte der Antifaschismus so elegant sein! Ein perfektes Melodram im Dienste der Warner Bros. und der US-amerikanischen Demokratie.

Es wird hell auf der dunklen Leinwand. Das Firmenlogo WB. Dann, in großen Lettern, Humphrey Bogart, Ingrid Bergman, Paul Henreid in: CASABLANCA. Unter den Credits eine Landkarte von Afrika und Dokumentaraufnahmen von Flüchtlingsströmen. Erzähler aus dem Off: „Mit Ausbruch des Zweiten Weltkriegs wandten sich viele Augen im eingeschlossenen Europa hoffnungsvoll oder verzweifelt nach Westen – der Freiheit Amerikas zu. Lissabon wurde zum größten Umschlaghafen. Doch nicht jedem gelang, direkt nach Lissabon zu kommen. So entstand plötzlich eine Route, auf der Flüchtlinge mühsam und auf Umwegen ihr Ziel zu erreichen suchten. Von Paris nach Marseille ... über das Mittelmeer nach Oran ... mit dem Zug, dem Auto oder zu Fuß durch das nördliche Randgebiet Afrikas nach Casablanca in Französisch-Marokko. Hier konnten die Glücklichen vielleicht durch Geld oder Einfluss oder reinen Zufall Ausreisevisa bekommen und nach Lissabon gelangen und von dort in die Neue Welt. Aber die anderen warten noch in Casablanca ... und warten ... und warten ..."

Casablanca, der im Frühjahr 1942 als Film Nr. 410 der Warner Bros. in Produktion geht, konfrontierte die Amerikaner mit politischen Ereignissen, die sie weit entfernt wähnten, aber für die meisten der am Film Beteiligten waren sie der Grund, Zuflucht in den Vereinigten Staaten zu suchen. Nur drei der im Abspann genannten Schauspieler (Humphrey Bogart, Joy Page und Dooley Wilson, der Klavierspieler Sam) sind gebürtige US-Amerikaner, alle anderen Emigranten, Flüchtlinge oder importierte Stars aus Europa. Vom ungarischen Regisseur über den Wiener Komponisten und den deutschen Ausstatter bis hin zu den Darstellern: Claude Rains, der sympathisch-korrupte Polizeipräfekt Renault, und Sydney Greenstreet, der voluminöse Senor Ferrari, kommen aus England, Ingrid Bergman, die kühle Ilsa Lund, aus Schweden. Der größte

Der Regisseur Michael Curtiz (rechts) mit seinen beiden Hauptdarstellern Humphrey Bogart und Ingrid Bergman am Set zu *Casablanca*.

Die beiden Widersacher Victor László (gespielt von Paul Henreid, stehend rechts) und Nazi-Major Strasser (dargestellt von Conrad Veidt, stehend links). Zur Unterstützung Ingrid Bergman in der Rolle der Ilsa und Claude Rains als Capt. Louis Renault.

Teil des Ensembles aber stammt aus Deutschland und Österreich, präziser: den ehemaligen Kronländern der k. u. k. Monarchie.

Paul Georg Julius Herrnried, als Ritter von Wasel-Waldingau in Triest geboren, verbringt seine Jugend in Wien und findet neben dem Tennisspielen auch bald Gefallen an der Schauspielerei. Ab 1940 arbeitet er unter dem Namen Paul Henreid in Hollywood und kommt als romantischer Liebhaber von Bette Davis in *Now, Voyager* groß heraus. Den Victor László in *Casablanca* legt er, ganz standesgemäß, als Widerstandskämpfer aristokratischen Zuschnitts an.

Sein Gegenspieler, der Berliner Conrad Veidt, brillant in der Rolle des Nazi-Majors Strasser, begründet 1919 als somnambules, willenlos mordendes Medium in *Das Cabinet des Dr. Caligari* seinen Ruhm und wird zum Star der deutschen Bühne und des Films, bevor der „dämonische Liebling deutscher Mägdelein" (so der Wiener Schriftsteller Arnold Höllriegel) zuerst nach England und dann in die USA emigriert. Er tritt als Bösewicht in zahlreichen Anti-Nazi-Filmen auf und engagiert sich auch privat im Kampf gegen das ‚Dritte Reich'.

Strassers rechte Hand, der fette Nazi Heinze, wird gespielt von Richard Ryen, einem Schauspieler und Regisseur aus Föherczeglak, ehemals Ungarn zugehörig, der als Richard Révy in Wien, Zürich und an den Münchner Kammerspiele Karriere macht und sich ab 1938 in den USA mehr schlecht als recht als Kleinstdarsteller durchzubringen versucht. Sprachschwierigkeiten zwingen ihn jedoch seinen Beruf aufzugeben.

Das Casting-Department kann aus dem Vollen schöpfen: die zu Hunderten aus Europa vertriebenen, meist jüdischen Schauspieler sind auf der Suche nach Arbeit und reißen sich um die kleinste Nebenrolle, um wenigstens für ein paar Tage beschäftigt und bezahlt zu werden. Jeder muss spielen, wonach er aussieht.

Oder wonach sein Akzent klingt. Russen spielen deutsche Ex-Bankiers und schrullige Barkeeper, ein Ire einen singenden Franzosen, Italiener arabische Straßenhändler und der Kanadier John Qualen den norwegischen Widerstandskämpfer Berger.

Marcel Dalio, bekannt aus Renoirs Vorkriegsmeisterwerk *La règle du jeu*, und Madeleine LeBeau, seine damalige Frau, haben die Geschichte, die in *Casablanca* verhandelt wird, hautnah erlebt. Das Ehepaar verließ Paris beim Einmarsch der Deutschen, floh über Lissabon und landete mit falschen Visa zunächst in Chile. Im Film spielen sie Émile, den Croupier, und Yvonne, die sitzen gelassene Freundin Ricks.

Hans Heinrich von Twardowski aus Stettin, der an der Seite Conrad Veidts seinen Einstand in dem Stummfilmklassiker *Das Cabinet des Dr. Caligari* gibt, macht in Hollywood als Nazi Karriere. In *Casablanca* bändelt er als deutscher Offizier mit Yvonne an, in *Hangmen Also Die!* spielt er den SS-Reichsprotektor Heydrich und in *The Gentleman in Room 6* gar Hitler persönlich.

Ansonsten tummeln sich in Rick's Café noch Dutzende in den Credits meist ungenannt gebliebene Emigranten. Curt Bois, in Berlin stadtbekannter Charakterkomiker, macht lange Finger. Lotte Palfi, die aus Bochum stammt, will ihre Diamanten versetzen, während Wolfgang Zilzer, im richtigen Leben ihr Mann, schon zu Beginn des Films mit abgelaufenen Papieren erwischt und auf der Flucht von der Polizei erschossen wird. Paul Panzer, geboren in Würzburg, serviert Kaffee und Cocktails. Lutz Altschul aus Baden bei Wien, der sich nun Louis Victor Arco nennt, geht als Flüchtling einmal durchs Bild, wie auch schon in den Anti-Nazi-Filmen *Underground*, *Berlin Correspondent* und *All Through the Night*. Die Berliner Chansonette Trude Berliner versucht ihr Glück beim Bakkarat und Helmut Dantine am Roulettetisch. Der junge Schauspieler aus Wien, der gerade zuvor in *Mrs. Miniver* einen markanten Auftritt als über England abgeschossener deutscher Pilot hat, spielt hier Jan Brandel, einen Bulgaren, der Geld braucht, um für sich und seine verzweifelte Frau ein Visum zu ergattern – raus aus Casablanca.

Szöke Szakall als Ober Carl im typisch Wiener Kellner-Dress (rechts) mit Paul Henreid.

Rick's Café ist nicht nur ein Treffpunkt, an dem die Flüchtlinge warten – dort wird auch Schmuck zu Geld gemacht, um ein Visum auf dem Schwarzmarkt bezahlen zu können, oder der illegale Erwerb eines solchen wird gleich am Tisch selbst abgewickelt.

Der ungarische Komiker Szöke Szakall, der in *It's a Date*, seinem ersten Hollywoodfilm, als Theaterimpresario Carl Ober auftritt, hat nun als Ober Carl in Rick's Café eine Vertrauensstellung. Zusammen mit Herrn und Frau Leuchtag, einem ältlichen Ehepaar auf dem Weg nach Amerika, gespielt von Ilka Grüning aus Wien und Ludwig Stössel aus Lockenhaus im Burgenland, stößt er auf die neue Heimat an:

Frau Leuchtag: At last the day is came!
Herr Leuchtag: Mareichen and I are speaking nassing but English nau.
Frau Leuchtag: So we should feel at home when we get to Amerika.
Carl: Very nice idea, mm-hmm.
Herr Leuchtag: To Amerika!
Frau Leuchtag: To Amerika!
Carl: To America!
Herr Leuchtag: Liebchen, sweetnessheart, what watch?
Frau Leuchtag: Ten watch.
Herr Leuchtag: Such much?
Carl: You will get along beautiful in America, mm-hmm.

Casablanca (1942).

Einer, der es zu dieser Zeit schon geschafft hat in Amerika, ist Peter Lorre, der den zwielichtigen Ugarte gibt, der seinen Lebensunterhalt mit dem Verkauf gestohlener Papiere aller Art bestreitet. Eigentlich heißt er László Löwenstein, stammt aus dem mährisch-slowakischen Rosenberg, steht in Wien und Berlin auf der Bühne und empfiehlt sich mit dem ‚Kinderverzahrer' in Fritz Langs *M – Eine Stadt sucht einen Mörder* für einen internationale Filmkarriere. In Hollywood gehört Lorre zu den gefragten Charakterdarstellern, ein Meister unheimlicher Maskierungen; allein während er bei Warner Bros. unter Vertrag ist, dreht er 15 Filme. Helmut Dantine ist dreimal mit von der Partie, Humphrey Bogart viermal, Sydney Greenstreet tritt in acht Filmen gemeinsam mit ihm auf.

Carl Jules Weyls Ausstattung von Rick's Café (oben).
Original Café-Stuhl aus dem Film *Casablanca.*
(Katalog: Set 12, S. 194)

Casablanca (1942): Rick's Café als Warteraum für gestrandete Flüchtlinge mit der Hoffnung auf baldige Weiterreise. Humphrey Bogart als Rick und Dooley Wilson als Sam gehören zu den wenigen Schauspielern, die nicht selbst von der vorherrschenden Flüchtlingssituation betroffen sind.

Überhaupt kann man sich das Studiosystem á la Warner ein bisschen so vorstellen wie einen europäischen Theaterbetrieb mit quasi fixem Ensemble. Nicht nur das Personal vor, sondern auch das hinter der Kamera ist bestens aufeinander eingespielt. Carl Jules Weyl, gelernter Architekt aus Stuttgart, der zuvor Sherwood Forest für *The Adventures of Robin Hood* und den Ozeandampfer für *Now, Voyager* gebaut hat, stattet nun Rick's Café und den Bazar von Casablanca mit orientalischem Flair aus.

Michael Curtiz, der Regisseur, gehört über drei Jahrzehnte zu den fest angestellten Topleuten des Studios, für das er an die 100 Filme dreht. Als Jugendlicher tourt der aus Budapest gebürtige Michael Kaminer angeblich als Trampolinartist mit einem Wanderzirkus durch Europa. Im Wien der 20er Jahre macht er sich als Mihály Kertész mit biblischem Monumentalkitsch wie *Sodom und Gomorrha* einen Namen, bevor er dem Ruf nach Hollywood folgt. *Casablanca* wird bei der Oscar®-Verleihung als bester Film und für das Drehbuch ausgezeichnet und bringt Curtiz als Regisseur seinen einzigen Academy Award ein.

Der Komponist Max Steiner, ein Kind des Wiener Wurstelpraters – sein Vater Gabor veranlasst den Bau des Riesenrads –, flieht vor dem Ersten Weltkrieg in die USA, landet in Hollywood und wird dort zu einem der Wegbereiter der klassischen Filmmusik. Insgesamt gehen an die 300 Scores auf sein Konto, darunter *King Kong*, *Gone with the Wind* und eben *Casablanca*. Allerdings hält er den Song, um den herum die Autoren die Romanze zwischen Bergman und Bogart geschrieben haben, für ein ödes Schlagerliedchen. Profi, der er ist, fügt er sich schließlich in sein Schicksal und komponiert eine Musik, die das ungeliebte ‚As Time Goes By' bei jeder sich bietenden Gelegenheit wie ein Leitmotiv benutzt.

Während das reale Casablanca rechtzeitig zur Premiere des Films im November 1942 Schlagzeilen macht, weil amerikanisch-britische Truppen in Afrika gelandet sind und die Wüstenstadt kurz darauf Schauplatz einer historischen Konferenz zwischen Roosevelt und Churchill ist, nimmt *Casablanca*, der Film, die Wende des Krieges in musikalischer Abstraktion vorweg. In Siegeslaune grölen Major Strassers Nazis in Rick's Café *Die Wacht am Rhein*; Victor László stimmt die *Marseillaise* an, und nach und nach fallen die anderen Gäste in die Hymne des freien Frankreich ein. So singt die Demokratie den Faschismus nieder. Und die Heimatlosen in Hollywood können wieder Hoffnung schöpfen.

Casablanca
USA 1942
Regie: Michael Curtiz
Buch: Howard Koch, Julius J. und Philip G. Epstein nach dem Stück *Everybody Comes to Rick's* von Murray Burnett und Joan Alison
Kamera: Arthur Edeson
Schnitt: Owen Marks
Musik: Max Steiner
Ausstattung: Carl Jules Weyl
Kostüme: Orry-Kelly
DarstellerInnen: Humphrey Bogart, Ingrid Bergman, Paul Henreid, Claude Rains, Conrad Veidt, Sydney Greenstreet, Peter Lorre, S. Z. Sakall, Madeleine LeBeau, Dooley Wilson, John Qualen, Leonard Kinskey, Curt Bois, Helmut Dantine, Ludwig Stössel, Ilka Grüning u. a.
Produktion: Hal B. Wallis, Jack L. Warner / Warner Bros.
Länge: 102 Minuten
Format: 35 mm, s/w

Filmplakat für *Casablanca* (1942).

13

Impressionen aus der Goldenen Mitte Hollywoods David O. Selznicks *Gone with the Wind*

Maren Waffenschmid

Rhett Butler dreht sich auf der Türschwelle um, rückt im Gehen seinen Hut zurecht und verschwindet, ohne sich noch einmal umzudrehen im Nebel. Scarlett steht weinend im Türrahmen und schaut ihm verzweifelt hinterher: „Nein, nein. Ich kann ihn nicht fortlassen. Ich muss einen Weg finden zu ihm. – Ach, ich kann jetzt nicht darüber nachdenken. Ich werde wahnsinnig, wenn ich's tu. Verschieben wir's auf morgen." Sie schließt die Türe. Wir Zuschauer bleiben mit ihr im Inneren ihres Hauses zurück und hören sie sagen: „Aber ich muss es überlegen. Aber ich muss es überlegen. Was fang ich jetzt an? Wofür leb' ich denn noch?" Sie sinkt auf der Treppe zusammen. Wir hören Stimmen ihrer Vergangenheit. Sie erhebt sich mit dem Gedanken: "Tara. Die Heimat. Ich komme. Ich werde einen Weg zu ihm finden. Aber nicht heute. Verschieben wir's auf morgen."[1]

Wer ist diese Scarlett O'Hara (Vivien Leigh), die ihren Rhett (Clark Gable) am Ende der Geschichte so ziehen lassen kann? Diese starke Frau des neuen Südens, die uns ohne Happy End, nur mit einer vagen Hoffnung zurück lässt. Die uns die Türe verschließt ohne die erlösende Umarmung, den sehnsüchtig erwarteten Versöhnungskuss. Einer *der* klassischen Hollywoodfilme schlecht hin ohne Happy End? Das „up ending"[2], das dramaturgisch in uns wirkt. Nachwirkt. Uns Tage nicht mehr los lässt.

Doch in diesem Blockbuster geht es nicht um Scarlett und Rhett. Vielmehr rankt sich die Geschichte um Scarletts Lebensinhalt –, ihre unerfüllte und unerwiderte Liebe, der ungestillten Sehnsucht nach Ashley Wilkes (Leslie Howard), ihrer Jugendliebe aus der Nachbarschaft. Diese Geschichte ist erzählt, die Kausalität dieses Plots aufgelöst. Ein neuer Abschnitt in Scarlett O'Haras Leben beginnt – doch ohne uns. Wir durften sie durch die Zeit des Erwachens und Erstarkens begleiten. Durch eine Zeit, in der sie lernt, eine moderne Südstaaten-Lady zu sein. Nicht wie ihre Mutter oder Melanie Hamilton/Wilkes (Olivia de Havilland), geduldig und aufopferungsvoll. Sondern kämpferisch, selbstbewusst, nicht ihrem sozialen Umfeld verpflichtet. Unabhängig. Auch ohne Mann an ihrer Seite. Eben eine Heroin. Eine Protagonistin, welche vor einer Entscheidung steht, die sie ihre gute Erziehung kostet, ihre Werte. Doch sie steht trotz Krieg, Armut und ungewohnten Aufgaben immer wieder auf und geht ihrem Schicksal entgegen. Die Angst vor Einsamkeit wird getilgt durch die Geborgenheit und Liebe zu ihrer heimatlichen Plantage, genannt Tara.

„Tara. Die Heimat. Ich komme. Ich werde einen Weg zu ihm finden. Aber nicht heute. Verschieben wir's auf morgen."[3]

Der Film beginnt. Gemeinsam mit MGM präsentiert Selznick International in Farbe Margaret Mitchell's Story des alten Südens *Gone with the Wind*. Nach den vier Stars des Films – Clark Gable, Vivien Leigh, Leslie Howard und Olivia de Havilland – folgt ein weiterer Name: David O. Selznick.

Rhett Buttler (Clark Gable) und
Scarlett O'Hara (Vivien Leigh) in
Gone with the Wind (1939).

Wer ist dieser David O. Selznick? „Trotz der Publicity um Akteure vor der Kamera bleiben Hollywoodregisseure, geschweige denn die anonymen Massen ihrer Mitarbeiter dem breiten Publikum bis heute weitgehend unbekannt", schreibt Robert Blanchet in seinem Resümee über den klassischen Erzählstil im kontemporären Hollywoodkino.[4] Und welche Aufgabe hat ein Produzent überhaupt? „Eine klare Definition des Aufgabenbereichs eines individuellen Produzenten gibt es nicht"[5], selbst heute ist die Berufsbezeichnung weitläufig und umfasst viele verschiedene Tätigkeiten. Selznick produzierte Filme auf seine ganz eigene Art und Weise. Seine Stellungnahmen, Einwürfe, Hinzufügungen, Erinnerungsnotizen und Anweisungen sind als festgeschriebene Memos heute eine große Hilfe bei der Analyse seiner Arbeitsweise.[6] Mit diesem Notizen-Versenden war er seiner Zeit weit voraus, mit der heutigen Mailing-Strategie hätte er wohl seine wahre Freude.

Diese und gegenüberliegende Seite: David O. Selznick am Set von *Gone with the Wind* (1939).

Selznick verbrachte seine Lehrjahre bei MGM, RKO und Paramount.[7] 1935 machte er sich mit Selznick International selbstständig. Seine Firmenphilosophie lautete, Gewinne zu erzielen, und dies sei „in der Filmindustrie nur mit sehr billigen oder aber mit sehr teuren Filmen zu machen".[8] Er entschied sich für das zweite und so hatte er 1940 im Vergleich zu anderen Hollywoodstudios die höchsten Einnahmen mit nur drei Filmen – einer davon war natürlich *Gone with the Wind* (1939).[9] Dieser gilt übrigens als einer der kommerziell erfolgreichsten Filme. Bei Produktionskosten von 3,9 Millionen spielte er bis 2003 weltweit 390 Millionen Dollar ein – also ein Verhältnis von 1 zu 100.[10] David O. Selznick war kein reiner „Dealmaking Producer", der seine Aufgaben nach der Herstellung von Kontakten beendet sah.[11] Er war dem Set stets sehr verbunden und hielt sich gerne am Drehort auf.

Selznicks Sohn Daniel beschreibt die Goldene Hollywood-Zeit mit folgenden Worten: „So when people talked about movies, they talked about Hollywood. And I guess the film stars – they were largely created by each of the studios. It was the chance to create myths not just from stories but from faces. The studios developed appetite. For this male star, this female star."[12]

Die Strategie für *Gone with the Wind* war folgende: Nach dem Erwerb der Filmrechte am Roman von Margaret Mitchell 1936 entschied sich Selznick für Clark Gable als männlichen Hauptdarsteller. Dieser war zwar bei MGM unter Vertrag und auf zwei Jahre ausgebucht, doch dank der engen familiären Verbindungen zu MGM – Selznick war mit der Tochter Irene des Studiobosses Louis B. Mayer verheiratet – glückte die Star-Übergabe und die Zeit bis Drehbeginn konnte gut genutzt werden. Denn die weibliche Protagonistin war noch nicht gefunden – und für diese Rolle kam nur *die* Scarlett O'Hara in Frage. Die Suche startete bei den zeitgenössischen weiblichen Stars: Paulette Goddard, Alicia Rhett, Bette Davis, etc. Doch weder unter den Stars noch bei einem Casting mit tausenden Bewerberinnen wurde Selznick fündig.

Wie aber fand David O. Selznick seine Scarlett? Blockbuster-Filme zeichnen sich unter anderem dadurch aus, dass besondere Effekte zum Einsatz kommen.[13] In diesem Sinne wurde schon an Hand von Drehbuch und Set-Design eine bestimmte Szene besonders eindrucksvoll gestaltet: Das brennende Atlanta sollte zu einem Höhepunkt der Zerstörung werden.[14] William Cameron Menzies war für die Ausstattung von *Gone with the Wind* zuständig, doch bevor er Tara und alles weitere bauen lassen konnte, musste auf dem Studiogelände erst einmal Platz geschaffen werden. Dort befanden sich nämlich diverse Ruinen

Das MGM-Studiogelände in Hollywood um 1940. Für den Brand von Atlanta ließ David O. Selznick Sets wie diese verbrennen.

Gone with the Wind (1939): ‚Atlanta brennt'. Die gedoubelten Hauptdarsteller (rechts im Bild) versuchen mit ihrem Wagen durch das Feuer zu entkommen, um sich vor den Yankees zu retten. Einen Moment später werden die Waggons des Bahnhofes von Atlanta in die Luft gehen. Gefilmt wurde diese Szene im Dezember 1938 noch vor dem eigentlichen Drehbeginn.

Kostümentwürfe für Clark Gable und Vivien Leigh von Walter Plankett (1939).
(Katalog: Set 13, S. 194)

aus vergangenen Filmtagen – „a village from *The Last of the Mohicans*, a street from *Little Lord Fountleroy*, even the giant gateway that once guarded the entry to the domain of King Kong."[15] Die rettende Idee: Alles niederbrennen! Eine Idee, die David O. Selznick sehr gefiel. Ganz im Stil der Goldenen Hollywoodzeit wurde daraus ein riesiges Spektakel – eine ‚Burning-Party'. Das Feuer musste kontrolliert werden, damit nicht das ganze Studiogelände in Flammen aufging. Dementsprechend nervös war David O. Selznick kurz bevor er am 10. Dezember 1938 den Startknopf für den ersten Brand drückte. Auf einer extra errichteten Plattform beobachteten geladene Gäste den Feuer-Event.[16] Davids Bruder Myron brachte von einer Party eine junge englische Schauspielerin mit, Vivian Leigh, die erst vor kurzem in Hollywood angekommen war. "When my brother introduced her to me, the dying flames were lighting up her face. (...) I took one look and knew that she was right – at least right as far as her appearance went (...) and right as far as my conception of how Scarlett O'Hara looked (...) I'll never recover from that first look."[17]

Scarlett war gefunden, die Dreharbeiten konnten beginnen.

Das Ergebnis konnte sich sehen lassen. Mit zehn Oscars®, unter anderem für die beste Hauptdarstellerin, stand dieses Werk in der Hit-Liste lange sehr weit oben. Und auch heute noch wird der Film jedes Jahr wiederholt ausgestrahlt, erreicht immer noch die Zuschauer vor den Bildschirmen. Wie Selznick es geplant hatte, war die Verfilmung ein Qualitätsprodukt, welches die Kosten mehrfach einspielte. Ein früher Blockbuster also, auch unter ökonomischen Gesichtspunkten. „Das ökonomische Kalkül besteht darin, riesige Summen in filmische Großprojekte zu investieren in der Hoffnung, am Ende noch größere Einnahmen erzielen zu können."[18] Das Genre des Blockbusters, die

Kategorisierung und Betitelung solcher kommerziell erfolgreicher Event-Movies kam erst einige Zeit später auf. Doch Selznicks Perfektion sowohl in wirtschaftlichen als auch dramaturgisch-publikumswirksamen Belangen war für diese Art von Film prädestiniert. Womöglich wäre der heutige Blockbuster, der ‚Wohnblock-Zersprenger', ohne den umfassenden Vorläufer *Gone with the Wind* undenkbar.

War das nun das glorreiche Hollywood, die Goldene Zeit? Ist das heute nach wie vor (dasselbe) Hollywood?

Was ist Hollywood? „Well, I think the point is that Hollywood became a symbol of this new medium that transformed our dreams, our consciousness, our awareness of how the rich people learned how poor people lived, the poor people learned how rich people lived. (...) But Hollywood still stands for a place where myths are created."[19]

Der Mythos, vom Tellerwäscher zum Millionär aufzusteigen, lebt in veränderter Weise weiter. Hollywood ist gestern wie heute die Projektionsfläche solcher Träume. Entdeckt werden, zum Film gehen, in Hollywood landen – auch heute ist dieser Traum noch existent. Die Ära der Goldenen Zeit ist zu Ende. Doch Hollywood mit seinem Starwesen, Millionenvillen und Erfolgstorys lebt. Und auch in den neugeschaffenen Welten erstirbt die Hoffnung eines glücklichen Alltags nie. Real wie fiktiv eine ‚*Neverending Story*'.

1 *Gone with the Wind* (1939), DVD, Turner Entertainment Co. and Warner Home Video GmbH 2000, 1:53:35-1:55:20.
2 Robert Blanchet, *Blockbuster. Ästhetik, Ökonomie und Geschichte des Postklassischen Hollywoodkinos*, Marburg 2003, S. 28.
3 Vgl. FN 1.
4 Blanchet 2003, S. 76.
5 Ebd., S. 9.
6 Claus Tieber, *Schreiben für Hollywood. Das Drehbuch im Studiosystem*, Wien 2008, S. 179.
7 Vgl. Ronald Haver, *David O. Selznick's Hollywood*, London 1980.
8 Tieber 2008, S. 180.
9 Ebd., S. 171. Die zwei weiteren Filme sind *Rebecca* (Alfred Hitchcock, 1940) und *Intermezzo* (Gregory Ratoff, 1939).
10 Vgl. The Internet Movie Database: http://www.imdb.com/title/tt0031381/, Stand: 25.08.2011.
11 Vgl. Blanchet 2003, S 91.
12 Interview mit Daniel Selznick geführt von Werner Hanak-Lettner am 11. Februar 2011.
13 Vgl. Stacey Abbot, *Blockbuster sf Film*, in: Mark Bould, Andrew M.Butler, Adam Roberts, Scherryl Vint, *The Routledge Companion to Science Fiction*, London - New York 2009, S. 468.
14 Allan David Vertrees, *Selznick's Vision. Gone with the Wind and Hollywood Filmmaking*, Austin 1997, S. 116f.
15 Otto Friedrich, *City of Nets, A Portrait of Hollywood in the 1940's*, Berkeley a.o. 1997, S. 20.
16 Vgl. auch Haver 1980, S. 252-258.
17 Ebd. S. 258.
18 Walter Uka, *Unterhaltungsfilm – Populärer Film – Blockbuster*, in: Werner Faulstich (Hrsg.), *Unterhaltungskultur*, Paderborn 2006, S. 86.
19 Vgl. FN 12.

Alltag in den Goldenen Jahren der Stadt Hollywood, um 1940.

Hollywood bei Nacht um 1940.

14

Hollywood und der Krieg
Die zögerliche Anti-Nazi-Propagandamaschine

Jan-Christopher Horak

Unter den deutschsprachigen, fast durchwegs jüdischen Emigranten in Hollywood wurde aus einer absurden Tatsache ein makabrer Witz. Dieser bezog sich ironisch auf den fast surrealistischen Umstand, dass die von den Nazis verfolgten jüdischen Schauspieler im Hollywood-Film in die Rollen ihrer ehemaligen ‚arischen' Peiniger geschlüpft sind. Robert Thoeren stellte lakonisch fest, in zweihundert Jahren werde man in den Filmarchiven feststellen, die Nazis seien ein rein semitischer Stamm.[1]

Der Anti-Nazi-Film in Hollywood spielte eine zentrale Rolle in der Exilgemeinschaft. Er war sowohl Ausdruck einer von Kompromissen bedingten antifaschistischen Haltung, als auch ein institutionalisierter Mechanismus jener deutschen und österreichischen Emigranten, die nach 1933 bzw. 1938 vor Hitler geflohen und in die US-Filmindustrie eingestiegen waren. Anti-Nazi-Filme waren, wie die Exilliteratur und die Exilpresse, das Medium einer Minderheit, erreichten aber, im Gegensatz zu den Druckmedien, ein wirkliches Massenpublikum.

Bis zum Kriegseintritt Amerikas im Dezember 1941 zögerte die Filmindustrie, Anti-Nazi-Filme zu drehen, da interne Zensurmechanismen offensichtlich antifaschistische Botschaften verhinderten. Die amerikanische Regierung hatte dagegen begriffen, dass ein ‚psychologischer Krieg' gegen den Feind genau so wichtig war, wie jener mit Waffen, Panzern und Munition. Die Filmindustrie übernahm diese Haltung erst 1942, jedoch nicht aus Patriotismus, sondern weil sie der Meinung war, dass sich das finanziell lohnen würde. Unabhängig davon, ob sie nun die ökonomischen Erwartungen erfüllten, waren die Anti-Nazi-Filme das Ergebnis einer komplexen Ordnung von Kräften, die einerseits die politischen Tagesereignisse und Schlagzeilen in den Zeitungen verarbeiteten und andererseits die festgesetzte Rechtsordnung und Normen individueller und kollektiver Politik im Bereich des Studio-Systems reflektierten.

Im Propaganda-Krieg gegen Japan wurden rassistische Codes gebraucht. Aber die Nazis waren (weiße) Europäer, wie die meisten US-Amerikaner. Hollywood konstruierte fiktionale Geschichten, die ideologische

Confessions of a Nazi Spy (1939): Oft traten jüdische Schauspieler aus Europa als Nazis in den Anti-Nazi-Filme auf: Der in Galizien geborene und in Berlin und Wien spielende Lionel Royce (Leo Reuss, links) als Gestapo-Mitarbeiter in den USA.

Confessions of a Nazi Spy (1939): Edward G. Robinson als erfolgreicher Detective, der die amerikanisch Nazi-Verschwörung aufdeckt. Die Warner Brothers waren die aktivsten Antifaschisten unter den Studiobesitzern, sehr zum Missfallen der deutschen Botschaft und der Isolationisten im eigenen Land.

Entscheidungsfragen und -konflikte visualisierten: Geschichten vom Leben im europäischen Untergrund und dem Widerstand gegen die ‚Neue Ordnung', Geschichten von Nazis in den amerikanischen Rüstungsfabriken. Zwischen 1939 und 1945 produzierten jüdische Filmexilanten sechzig Anti-Nazi-Filme, ein Drittel aller Filme des Genres (obwohl sie weniger als fünf Prozent der gesamten Arbeitskraft Hollywoods ausmachten). Sie garantierten – nach Ansicht der amerikanischen Produzenten – als Zeugen der Nazi-Gräuel die Echtheit des dargestellten Geschehens.

Der erste Hollywoodfilm, der sich der Frage nach der Mitschuld des deutschen Faschismus an der Entstehung einer möglichen Fünften Kolonne in den USA widmete, war *Confessions of a Nazi Spy* (1939). Hier wurde die These vertreten, dass der Deutsch-Amerikanische Bund und seine Unterstützer aus Deutschland den Sturz der Demokratie in den Vereinigten Staaten herbeiführen und eine faschistische Diktatur errichten wollten. Der Film basiert auf einem Aufsehen erregenden Prozeß, der 1938 in New York gegen Mitglieder des Deutsch-Amerikanischen Bundes stattgefunden hatte, wie Stefan Heym in der Exilzeitung *Deutsches Volksecho* (New York) berichtete.[2] Als Regisseur wurde der zuvor bei der UFA tätige Exilrusse Anatole Litvak engagiert, prominente Exil-Schauspieler wie Franz Lederer, Lionel Royce (Leo Reuss), Hans Heinz von Twardowski, Rudolf Anders, Wolfgang Zilzer, Lotte Palfi und Martin Kosleck wirkten mit. *Confessions* verbindet eine spannende Spionagegeschichte mit aktuellen Schlagzeilen. Die Kombination von echtem und fiktivem Wochenschau-Filmmaterial mit einer fiktionalen Handlung brachte ein schnelles Tempo in die sich überstürzenden Ereignisse. Schon damals erkannte Rudolf Arnheim das Neue an dieser modernen Mischform des Doku-Dramas.[3]

The Mortal Storm (1940): Die Bücherverbrennung von 1933.

The Mortal Storm (1940) ist einer der wenigen Anti-Nazi-Filme, der ein jüdisches Thema behandelt (die Rettung des europäischen Judentums war von den Kriegszielen der Amerikaner ausdrücklich ausgeklammert). Das Drehbuch verfassten der Wiener Georg Froeschel (Fröschel) und der wegen des Paragraphen 175 (Homosexualität) verfolgte Hans Paul Rameau. Gezeigt werden die Auswirkungen der antisemitischen Maßnahmen auf eine jüdische Professorenfamilie, die Bücherverbrennung am 10. Mai 1933 und die Errichtung von Konzentrationslagern. Obwohl er auch eine klassische Liebesgeschichte enthält, ist die Zerstörung der Familie das wichtigste Thema dieses Films, in dem die Nazis als Halbstarke und wildgewordene Kleinbürger gezeichnet werden. Nach seiner Premiere im Juni 1940 wurden die Mitarbeiter der MGM, die bis zu diesem Zeitpunkt noch enge geschäftliche Verbindung mit Deutschland unterhielt, endgültig aus dem Dritten Reich ausgewiesen.

Obwohl *None Shall Escape* (1944) in Polen spielt, analysiert der Film das deutsche Bürgertum im Faschismus und ist ein Plädoyer für ein Kriegsverbrechertribunal nach dem Krieg. Kaum drei Monate nachdem die Alliierten im Oktober 1943 Kriegsverbrecherprozessen zugestimmt hatten, produzierte die Columbia Pictures diese Geschichte, in der ein deutscher Offizier wegen der Gräueltaten gegen die jüdische Bevölkerung Polens vor Gericht gestellt wird. Der Wiener Produzent Joseph Than und der Schriftsteller Alfred Neumann konstruierten das Drama eines ideologischen Kampfes zweier Brüder um ihren Sohn bzw. Neffen: Carl ist Sozialdemokrat, Wilhelm Altkämpfer der NSDAP, jetzt Befehlshaber der Wehrmacht. Das Doppelgänger-Motiv erscheint hier, wie häufig im Anti-Nazi-Film und in der Exil-Literatur zum deutschen Faschismus, als Topos des Deutschen Volkes, humanistisch und liberal einerseits, autoritär und faschistisch andererseits. Gedreht von Andre de Toth, der 1939 den Angriffskrieg gegen Polen und die Ausgrenzung der

jüdischen Bevölkerung persönlich miterlebt hatte, werden hier – das einzige Mal in dieser Zeit – Bilder von der Ermordung der Juden und ihr Widerstand gezeigt.

In einer Notiz zu *The Hitler Gang* (1944) notierte Hans Kafka,[4] dass sich unter den Schauspielern die absolute Elite des deutschen Theaters befindet. Die Hollywood-Kolonie der Exilanten habe sich halb tot gelacht, als sie sich in Nazi-Uniform auf der Leinwand sah, bemerkte Walter Wicclair.[5] Der wohl ambitionierteste Anti-Nazi-Film der Kriegszeit versuchte eine historische Darstellung des Aufstiegs Hitlers und der NSDAP, vom Schützengraben bis zum Röhm-Putsch im Juni/Juli 1934. Unter Verwendung des heute als Fälschung entlarvten Bestsellers *Gespräche mit Hitler* (1940) von Hermann Rauschning entstand ein Panoptikum, das mehr als zwei Million Dollar gekostet hat und 128 gesprochene Rollen aufweist.[6]

Die deutsch-jüdischen Emigranten Hollywoods sahen ihre ästhetischen Ambitionen in den Anti-Nazi-Filmen nicht erfüllt. Dennoch lässt sich im Einzelfall ihr Einfluss nachweisen - vor allem durch den Einbau von Anekdoten und Nachrichten aus dem Dritten Reich in die fiktiven Handlungen. Und obwohl jüdische Themen ausdrücklich verboten waren, trugen sie auf diese Weise dazu bei, das amerikanische Publikum über Hintergründe des Krieges aufzuklären.

1 Vgl. Walter Slezak, *Wann geht der nächste Schwan?*, München 1970, S. 228.
2 *Deutsches Volks-Echo* (New York), 26. Feb. 1938, 16. April 1938, 4. Juni 1938, 2. Juni 1938, 22 Okt. 1938.
3 Rudolf Arnheim, *The New Laocoon*, in: *Film as Art*, Berkeley 1967, S. 199ff.
4 Hans Kafka, *Der Aufbau* (New York), 12. Mai 1944, S. 10.
5 Walter Wicclair, *Von Kreuzberg bis Hollywood*, Berlin (DDR) 1975, S. 138.
6 Der aus Graz stammende Journalist Walter Traun schrieb eine erste Fassung des Films, worin Hitler als Geisteskranker porträtiert wird, der sogar die Vergewaltigung und den Mord seiner Nichte Geli Raubal auf dem Gewissen hat.

None Shall Escape (1944): Im Gegensatz zu den meisten anderen Anti-Nazi-Filmen thematisierte *None Shall Escape* die Verfolgungen der Juden durch die Nazis.

15

Kalifornische Erdbeben
Kartelle, Fernsehen und unamerikanische Umtriebe

Natalie Lettner

Der Zweite Weltkrieg ist vorbei. Louis B. Mayer, der Studioboss von Metro-Goldwyn-Mayer, ist seit 1937 der bestverdienende Firmenchef der USA. Er ist der erste in der US-Geschichte, der die Schallmauer des Ein-Millionen-Dollar-Gehalts durchbricht.[1] 90 Millionen Amerikanerinnen und Amerikaner gehen durchschnittlich einmal pro Woche ins Kino – ein Allzeithoch. Die Hollywoodfilme spielen 122 Millionen Dollar im Jahr ein – im Vergleich dazu: 1920 waren es noch gute 100 Millionen weniger. Kurz: Im Jahr 1946 scheint die Hollywoodwelt in bester Ordnung zu sein. Und doch wird die amerikanische Filmindustrie nur kurze Zeit darauf in ihre tiefste Krise stürzen, in deren Verlauf sich das klassische Studiosystem auflösen wird. Es ist nicht *The Big One*, ein großes katastrophales Beben, das zu diesem Niedergang führt. Es sind viele kleinere und größere Erschütterungen, die sich zu einer transformativen Kraft bündeln. Hollywood wird dabei nicht untergehen. Aber es wird sich grundlegend verändern.

Ein nicht geringes Beben verursachte 1948 das Paramount-Urteil[2] des Obersten Gerichtshofs in den Anti-Kartell-Prozessen. Die großen Studios hatten sich bisher erfolgreich von möglichen Konkurrenten abgeschottet, indem sie alle wichtigen Bereiche des Filmbusiness kontrollierten: die Produktion der Filme, den Verleih und den Kinobetrieb – ein vertikales System, das Adolph Zukor bereits in den 1910er Jahren etabliert hatte. Eine wichtige Rolle spielten dabei auch wettbewerbsverzerrende Verleihmethoden. Mit dem sogenannten *block booking* zwangen die Studios freie Kinobetreiber dazu, erfolgreiche Filme gleichzeitig mit weniger gewinnbringenden zu buchen; mit *blind selling* verpflichteten sie diese, Filme überhaupt ‚blind' zu akzeptieren – in der Regel waren das natürlich nicht die großen Kassenschlager. Das Ziel der Anti-Kartell-Prozesse war es nun, dieses De-facto-Oligopol der *Major Five* (Paramount, MGM, Warner Bros., 20th Century Fox und RKO) aufzubrechen. Die Studios mussten Praktiken wie das *block booking* und *blind selling* unterlassen und sich von ihren Kinoketten trennen. Das Risiko, mit Filmen Geld zu verlieren anstatt zu verdienen, stieg damit erheblich, denn der Kinobetrieb und die verlässliche Abnahme der Filme hatten bisher für den Profit gesorgt. Die Kinos waren es auch, in die die Studios am meisten investiert hatten. Douglas Gomery liefert dazu überraschende Zahlen: In der Goldenen Ära der 30er und 40er Jahre machten die Ausgaben für die Produktion inklusive der Stargehälter nur etwa fünf Prozent der Gesamtinvestitionen aus, für den Vertrieb gerade einmal ein Prozent, während etwa 94 Prozent in die Kinos gingen.[3] Und noch eine verblüffende Zahl: Trotz dieser enormen Investitionen besaßen die großen Studios nur 15 Prozent aller Kinos in den USA.[4] Aber es kam eben darauf an, welche Kinos man kontrollierte. Maßgeblich waren die prestigeträchtigen Filmpaläste in den großen Städten, in denen Stars geboren wurden und in denen entschieden wurde, ob ein Film Erfolg hatte oder nicht.[5] Mit genau diesen Kinos hatten die Studios bisher 70 Pro-

Ende der 50er Jahre hatten bereits 90% aller amerikanischen Haushalte ein Fernsehgerät.

zent ihres Profits lukriert. Diese sicheren Einnahmen fielen nun weg. Überraschenderweise sollten die *Majors* – nach anfänglichen Schwierigkeiten – langfristig dennoch vom Paramount-Urteil profitieren. Denn als Folge des Urteils nahmen frei produzierte Filme massiv zu. Und da nur die großen Studios über eine überregionale Infrastruktur für den Vertrieb verfügten, waren die unabhängigen Produktionsfirmen weiterhin auf sie angewiesen. Fazit: Die Studios konzentrierten sich nun auf den Vertrieb und machten damit ihren größten Profit. Und sie kontrollierten auf diese Weise weiterhin den Filmmarkt.

Für weitere Erschütterungen sorgte die neue Konkurrenz im Medienzirkus: das von den Studiobossen zunächst weit unterschätzte Fernsehen. Im Hollywoodboomjahr 1946 hatte Darryl F. Zanuck noch gemeint: „Die Leute werden es bald satt haben, jeden Abend auf eine Sperrholzkiste zu starren."[6] Ein Irrtum, wie man bald erkennen musste. Schon 1954 gab es über 30 Millionen TV-Geräte in den USA, und Ende der 50er Jahre waren 90 Prozent aller amerikanischen Haushalte mit einem Fernseher ausgestattet.[7] Die alten Hollywood-Mogule reagierten anfangs ungeschickt. Anstatt das Fernsehen als neuen Markt für sich selbst zu erobern, bekämpften sie es. Das führte zu Skurrilitäten wie zu Jack Warners ausdrücklichem Verbot, in Warner-Filmen ein Fernsehgerät als Requisit einzusetzen.[8] Früher oder später war allerdings auch den Studiobossen klar, dass Kooperation der einzige Weg war, um selbst am lukrativen Kuchen mitschneiden zu können. Die Sendezeiten wurden ständig ausgeweitet, und die TV-Stationen brauchten dringend Material. Und genau das konnten die Hollywood-Studios liefern: ihre alten Filme, die bis dahin nutzlos in den Archiven geschlummert hatten. Damit entstand eine erste Generation von Fernsehzuschauern mit filmhistorischem Wissen. Einige von ihnen – sie verehrten Howard Hawks und John Ford ebenso wie François Truffaut und Jean-Luc Godard – wurden zu den großen *auteurs* von New Hollywood.[9] Schon bald produzierte Hollywood selbst in umfangreichem Maßstab Material fürs Fernsehen. Columbia hatte bereits 1951 eine eigene Fernsehproduktionsfirma gegründet, und Warner Bros. begann Mitte der 50er Jahre als erstes Studio TV-Serien zu drehen. 1953 wurde erstmals die Oscar®-Verleihung im Fernsehen übertragen, im darauf folgenden Jahr sahen 43 Millionen die Show – die größte Zuschauerzahl in der damaligen TV-Geschichte. Fernsehen und Filmindustrie waren eine Vernunftehe eingegangen. Und schon 1960 war Hollywood selbst das Zentrum der amerikanischen TV-Produktion.

Abraham Polonsky vor dem HUAC 1951 – ein Beispiel für viele. Die Karriere des Film-Noir-Regisseurs und Drehbuchautors kam durch die antikommunistische Hetzjagd zu einem abrupten Ende. Er landete auf der inoffiziellen Schwarzen Liste der Studios.

Einer der Gründe für den Siegeszug des Fernsehens und die rapide fallenden Zuschauerzahlen in den Kinos lag nicht zuletzt in den veränderten Lebensgewohnheiten der Amerikanerinnen und Amerikaner. Das dazu immer wieder genannte Schlagwort lautet: Suburbanisierung. Das Wirtschaftswunder nach dem Zweiten Weltkrieg führte zur Abwanderung der Mittelklasse aus den urbanen Ballungszentren in die Vorstädte. Der Weg in die innerstädtischen Kinos war nun weit, der Babyboom band die Familien ans Haus, die Freizeitaktivitäten veränderten sich. Die 90 Millionen, die noch 1946 einmal pro Woche ins Kino gegangen waren, hatten sich bis 1960 mehr als halbiert: nur mehr 40 Millionen zog es einmal in der Woche zum *Big Screen*.[10] Viele der Innenstadtkinos mussten schließen. Dafür erlebten in den späten 50er und frühen 60er Jahren

Autokinos einen Höhepunkt. Mehr als 4.000 *Drive-Ins* überzogen die USA wie ein Netz. Einerseits ermöglichten sie es der ganzen Familie samt (schreiendem) Baby ins Kino zu gehen. Andererseits boten sie jungen Leuten einen der wenigen Freiräume für erste sexuelle Erfahrungen, so dass sie bald, je nach Standpunkt, als „passion pits" bzw. Lusthöhlen glorifiziert oder auch verunglimpft wurden.[11]

Für den Filmhistoriker Robert Sklar sind weder das Fernsehen noch das Paramount-Urteil für den Niedergang des klassischen Hollywood maßgeblich, sondern die antikommunistische Hexenjagd und die ängstlich-nachgiebige Haltung der Studios.[12] Schon 1934 war das später berühmtberüchtigte *House Committee on Un-American Activities* (HUAC) gegründet worden – ursprünglich, um etwaige Nazi-Aktivitäten in den USA zu unterbinden. Doch bereits 1938 lenkten die Komiteemitglieder ihre Aufmerksamkeit auf die ihrer Ansicht nach viel gefährlicheren kommunistischen Umtriebe im Land. Im Fokus des HUAC standen Linke und Liberale, und nicht im speziellen Juden. Trotzdem hatten die Anhörungen oft auch einen antisemitischen Beigeschmack. Die jüdischen Studiobosse hatten sich in der Geschichte Hollywoods immer wieder vorwerfen lassen müssen, unamerikanisch und zu wenig patriotisch zu sein. Der republikanische Senator Gerald Nye, der im Zweiten Weltkrieg einen isolationistischen Standpunkt vertrat, bezichtigte Hollywood, insbesondere die Warner Brothers[13], der Kriegstreiberei. Er unterstellte ihnen, sie seien aufgrund ihrer Herkunft für „rassische Emotionen"[14] besonders anfällig. Der ebenfalls erzkonservative Senator Ralph O. Brewster wiederum hielt „neue" Bürger („recent citizens"), womit er die jüdischen Immigranten meinte, für ungeeignet, die patriotischen Interessen der USA im Zweiten Krieg gebührend zu vertreten.[15] Auch wenn sich das Haupt-

Kleopatras Palast in den Pinewood Studios in England: Das aufwändige teure Set wurde wegen wiederholter langer Erkrankung von Hauptdarstellerin Elizabeth Taylor nie genützt. *Cleopatra* (1963) gilt als Inbegriff der überteuerten Monumentalfilme, mit denen Hollywood auf seine Krise reagierte. Die Produktionskosten betrugen 44 Millionen Dollar – bis *Avatar* (2009) inflationsbereinigt der teuerste Film aller Zeiten und ein finanzielles Desaster für 20th Century Fox.

augenmerk des HUAC auf Gewerkschaften und vermeintlich kommunistische Beamte in der amerikanischen Regierung richtete, geriet zwischen 1938 und 1958 auch die Filmindustrie in sein Visier.[16] Jack Warner war der erste Zeuge, der 1947 verhört wurde. Er machte keine gute Figur. In seinem Eingangsstatement meinte er: „Ideologische Termiten haben viele amerikanische Firmen unterhöhlt. Ich sage, lasst sie uns ausgraben und loswerden." Er wäre auch gerne bereit, einen „Pest-Entfernungs-Fonds" zu gründen, „um jene Leute nach Russland zu schicken, denen unser amerikanisches Regierungssystem nicht gefällt."[17] Die starken Sprüche nutzten Jack Warner allerdings wenig, und dem Komitee gelang es immer wieder, ihn zu verunsichern und in die Enge zu treiben. Sowohl er als auch MGM-Chef Louis B. Mayer mussten sich unter anderem für ihre Kriegspropagandafilme wie *Mission to Moscow* (Michael Curtiz, 1943) und *Song of Russia* (Gregory Ratoff, 1944) rechtfertigen, die in den Augen des Komitees ein zu freundliches Bild der Sowjetunion (bekanntlich ein Bündnispartner der USA im Zweiten Weltkrieg) vermittelten.

Otto Friedrich ist überzeugt, dass sich die Produzenten mit einer weniger unterwürfigen und selbstbewussteren Positionierung gut zur Wehr setzen hätten können.[18] Lester D. Friedman meint dagegen, die Studiobosse hätten gefürchtet, Opfer der traditionellen antisemitischen Gleichsetzung von Juden mit Kommunisten zu werden, die ihre Filmindustrie zerstört hätte.[19] Robert Sklar wie auch Neal Gabler deuten die Hexenjagd in Hollywood als Versuch von außen, politische Kontrolle über die Filmindustrie zu bekommen. Hollywood hatte in seiner bisherigen Geschichte immer versucht, sich gegen Einmischungen zu schützen und selbst die Kontrolle über alle Bereiche zu bewahren. Ein gutes Beispiel dafür ist die bereitwillige Selbstzensur ab Mitte der 30er Jahre – der sogenannte *Production Code*. Auch jetzt versuchte Hollywood, die Sache selbst in die Hand zu nehmen. Die berüchtigte *Waldorf Declaration*[20], in der sich die Studios bereit erklärten, die *Hollywood Ten*[21] zu kündigen und keine Kommunisten einzustellen, ist zumindest auch in diesem Zusammenhang zu sehen. Von den fünfzig Anwesenden waren nur die unabhängigen Produzenten Samuel Goldwyn und Walter Wanger sowie Dory Schary (damals RKO, später MGM) gegen eine Schwarze Liste. Man war sich dabei „der Gefahr, unschuldige Leute zu verletzen" und „des Risikos, eine Atmosphäre der Angst zu schaffen" durchaus bewusst, wie man in der *Waldorf Declaration* ebenfalls festhielt. Und: „Kreative Arbeit kann nicht in einer Atmosphäre der Angst ausgeübt werden."[22] Eine fast prophetische Ansage: Tatsächlich war die Atmosphäre vergiftet, und Hollywood sollte durch den antikommunistischen Kreuzzug – davon ist zumindest Robert Sklar überzeugt – für viele Jahre seine Mythen produzierende Kraft verlieren.[23]

Hollywood selbst wollte – vielleicht auch in einer Art Realitätsverweigerung – die einbrechenden Publikumszahlen weder mit dem Fernsehen, noch mit den Anti-Kartell-Prozessen oder mit den Auswirkungen der HUAC-Anhörungen in Zusammenhang bringen. Man fand einen anderen Grund, der aufs Erste weniger beunruhigend zu sein schien: Die Filme waren eben nicht mehr gut genug.[24] Um die Leute zurück ins Kino zu holen, produzierten die Studios daher immer teurere, opulentere Monumentalepen. Sie investierten in Technicolor und in neue Breitwandformate wie VistaVision und Cinemascope, die das Kinoerlebnis von den flimmernden, damals noch schwarzweißen Fernsehbildern abheben sollten. Die Strategie ging teilweise auf, und bombastische Sandalenschinken wie *The Ten Commandments* (1956) oder *Ben-Hur* (1959) brachten die Kassen wieder zum Klingeln. Allerdings war das Risiko solcher Großproduktionen enorm hoch und konnte auch zu sagenhaften Verlusten führen. Außerdem veränderten sich mit der Zeit der Publikumsgeschmack und die Zuschauerstruktur. Die alten Studiobosse wussten und verstanden nicht mehr, was das (junge) Publikum sehen wollte. Exemplarisch dafür war die Haltung von MGM-Chef Louis B. Mayer, ein strammer Republikaner, der großen Wert darauf legte, dass in seinen Filme konservative Wertvorstellungen wie Patriotismus und die heile Familie hochgehalten wurden. Am liebsten waren ihm gediegene, eskapistische Filme, die auf keinen Fall irgendwelche sozialen Probleme zum Thema haben sollten. Größtes Unverständnis zeigte er nicht zuletzt für Billy Wilders *Sunset Boulevard* (*Boulevard der Dämmerung*, 1950), der einen illusionslosen Blick auf die Schattenseiten Hollywoods hinter der glitzernden Fassade wirft: Ein erfolgloser Drehbuchautor und eine ehemalige Stummfilmdiva, deren Stern untergegangen ist, ziehen einander gegenseitig in den Abgrund. Bei einem privaten Screening für die Hollywood-Community warf Louis B. Mayer Wilder wutentbrannt vor, die Hand zu beißen, die ihn füttere.[25] Mayers Reaktion verdeutlicht vor allem eines: Auch sein Stern am Hollywood-Himmel war im Sinkflug. Schon ein Jahr später zwang ihn MGM-Manager Nicholas Schenck zum Rücktritt, und Mayer zog sich reich, aber verbittert ins Privatleben zurück.

Viele der ehemaligen Studiogründer starben in den 1950er Jahren[26], und die Ära der großen Hollywood-Mogule schien endgültig zu Ende zu gehen – mit einer gewichtigen Ausnahme: Lew Wasserman sollte als „Last Mogul"[27] neuen Typs der Filmindustrie in den kommenden Jahrzehnten seinen Stempel aufdrücken. Sein Motto: *Dress British, think Yiddish*. Mit dem Geburtsdatum 1913 war er mindestens eine Generation jünger als die Hollywoodgründer. Als deren Zeit vorbei war, nützte Wasserman das Machtvakuum. Seit 1946 war er Chef der Music Cooperation of America (MCA), einer Talent-Agentur, die schon längst nicht mehr nur Musiker, sondern auch Schauspieler, Regisseure und sogar unabhängige Produzenten erfolgreich vertrat. 1950 gelang ihm ein Coup, der die Filmindustrie nachhaltig veränderte. Für James Stewart verhandelte er einen Vertrag, der erstmals einen Schauspieler mit 50 Prozent an den Netto-Gewinnen eines Films beteiligte.[28] Dieses Modell sollte Schule machen. Die Knebelverträge für Schauspielstars und Regisseure, die das alte Studiosystem geprägt hatten, waren Geschichte. Und die Ära der astronomischen Gagen hatte begonnen.[29] Lew Wasserman begünstigte damit auch die Entstehung unabhängiger Produktionsfirmen in den Händen von Stars. Oder wie Neal Gabler 2002 in seinem Nachruf auf Wasserman meinte: Er war derjenige, „der die Verantwortung für die Hollywood-Irrenanstalt den Insassen übertrug"[30] – natürlich nicht, ohne selbst davon zu profitieren. Bald baute Wasserman sein Imperium weiter aus und kaufte Universal. Er galt als Hai in Hollywood, und es überrascht wenig, dass er ausgerechnet mit Steven Spielbergs *Jaws* (*Der weiße Hai*, 1975) die Blockbuster-Kultur richtungsweisend verändern sollte. Erstmals wurde ein Film massiv im Fernsehen beworben, und erstmals wurde er nicht nur in einer Handvoll Premierenkinos in den großen Städten gezeigt, sondern in fast 1.000 amerikanischen Kinos gleichzeitig – heute eine Selbstverständlichkeit, damals eine Sensation.[31] Lew Wasserman blieb bis weit in die 80er Jahre der mächtigste Mann der amerikanischen Unterhaltungsindustrie.

Noch ein letztes Beispiel dafür, wie sich Hollywood und seine Macher veränderten. 1966 wurde Paramount Pictures von einem Mann gekauft, der bis dahin herzlich wenig mit der Filmindustrie zu tun gehabt hatte. 1926 in Wien geboren, kam Charles Bluhdorn 1942 nach New York. Er arbeitete sich von einem 15-Dollar-Job hoch und verkaufte bald Schmalz nach Brasilien und Malz nach Italien. Im Alter von 21 Jahren setzte er bereits eine Million Dollar im Jahr um. Zehn Jahre später war er Chef von Gulf+Western, einer gigantischen Autoersatzteil-Firma, die er in den folgenden Jahren zu einem diversifizierten Großkonzern transformierte. Er galt als „Wallstreet's Mad Austrian"[32],

Lew Wasserman 1960, der letzte Hollywood-Mogul. Im Gegensatz zu den polternden Studiobossen der alten Schule wirkte er wie ein New Yorker Banker. Er war immer elegant gekleidet und verlangte dies auch von seinen Mitarbeitern. Sein Motto lautete: *Dress British, think Yiddish!* Er galt bis in die 80er Jahre als einer der mächtigsten Männer der USA.

dessen Hauptziel es war, andere Firmen aufzukaufen, u. a. den größten Zinkproduzenten der USA. 1966 kam auch Paramount Pictures als glamouröser Aufputz dazu. „Ich werde diese gottverdammte Stadt neu aufbauen", soll Charles Bluhdorn geschrien und damit selbstbewusst ganz Hollywood gemeint haben.[33] Auch wenn es vielen missfiel, Bluhdorn hatte Erfolg. Er tauschte Paramounts Führungsriege aus und traf sich mit Schauspielern, Regisseuren und Drehbuchautoren. Vor Bluhdorns Übernahme war Paramount bei Boxoffice-Ergebnissen an neunter Stelle, schon bald darauf Nummer Eins, unter anderem durch New-Hollywood-Hits wie *The Godfather* (*Der Pate*, F. F. Coppola, 1972) und *Chinatown* (Roman Polanski, 1974).

Hollywood wurde in seiner Geschichte von vielen Erdbeben erschüttert, so ist das eben in Kalifornien. Im Meer versunken sind beide bisher nicht.

1 Otto Friedrich, *City of Nets. A Portrait of Hollywood in the 1940s*, Berkeley - LA 1997 (1986), S. 15.

2 Der Fall ‚United States v. Paramount Pictures, Inc.' galt als stellvertretend für alle großen Hollywoodstudios.

3 Douglas Gomery, *The Hollywood Studio System*, Basingstoke 1986, S. 8-14.

4 Tino Balio, *The American Film Industry*, Madison 1985, S. 255.

5 Vgl. Kap. 5. *The Red Carped Treatment. Kinopaläste für eine ‚klassenlose Gesellschaft'*, S. 62ff.

6 Zit. n. Philip Collins, *The Golden Age of Televisions*, Santa Monica - LA 1997, S. 10 (Übers. NL).

7 Lars Dammann, *Kino im Aufbruch. New Hollywood 1967-1976*, Marburg 2007, S. 22.

8 Gregor Orr, der Enkelsohn Jack Warners, im Interview, in: *Moguls & Movie Stars*, siebenteilige Dokumentation, TCM 2010, Folge 6.

9 Vgl. Kap. 18, *New Hollywood. Dekonstruktion und Renaissance des Mythos Amerika*, S. 142ff

10 Anfang der 70er Jahre war der Tiefpunkt mit 17 Millionen erreicht. Erst F. F. Coppolas *The Godfather* (*Der Pate*, 1972) brachte eine Trendwende. Geoff King, *New Hollywood Cinema. An Introduction*, London - New York 2002, S. 24.

11 Kerry Segrave, *Drive-In Theaters. A History From Their Inception in 1933*, Jefferson (NC) 1992, S. 148-152.

12 Robert Sklar, *Movie-Made America. A Cultural History of American Movies*, New York 1994 (1975), S. 249-268.
Eine ähnliche Position vertritt Neal Gabler, *Ein eigenes Reich. Wie jüdische Emigranten Hollywood erfanden*, Berlin 2004 (New York 1988).

13 Vgl. Kap. 14.

14 Zit. n. Neal Gabler 2004 (1988), S. 479.

15 Robert Sklar 1994 (1975), S. 249.

16 1938, 1947, 1951-52, 1953-55, 1957-58; vgl. u.a. Richard A. Schwartz, *Cold War Culture. Media and the Arts 1945-1990*, New York 2000.

17 Zit. n. Otto Friedrich 1997 (1986), S. 312 (Übers. NL).

18 Otto Friedrich 1997 (1986), u. a. S. 335.

19 Lester D. Friedman, *Hollywood's Image of the Jew*, New York 1982, S. 141.

20 Benannt nach dem Treffen der 50 wichtigsten Hollywoodproduzenten im Waldorf-Astoria Hotel in New York am 24. u. 25. November 1947.

21 Zehn vom HUAC 1947 vorgeladene Filmleute, vor allem Drehbuchautoren, die sich mit der Berufung auf Versammlungs- und Meinungsfreiheit geweigert hatten, die Frage zu beantworten, ob sie Mitglieder der Kommunistischen Partei (gewesen) seien. 1948 wurden sie wegen Missachtung des Kongresses zu Haftstrafen von 6 bis 12 Monaten verurteilt.

22 Zit. n. Gordon Kahn, *Hollywood on Trial. The Story of the Ten Who Where Indicted*, New York 1948, S. 184f. (Übers. NL).

23 Sklar 1994 (1975), S. 267f.

24 Sklar 1994 (1975), S. 279.

25 Es existieren verschiedene Versionen zu diesem Vorfall, vgl. Ed Sikov, *On Sunset Boulevard. The Life and Times of Billy Wilder*, New York 1998, S. 303.

26 William Fox 1952, L. B. Mayer 1957, Jesse Lasky 1958, Harry Cohn 1958.

27 Dennis McDougal, *The Last Mogul. Lew Wasserman, MCA, and The Hidden History of Hollywood*, New York 2001 (1998).

28 Es ging um die Hauptrolle im Film *Winchester '73* (1950) von Anthony Mann. Der Film wurde ein Riesenerfolg und James Stewart sehr reich.

29 Einige Schauspieler hatten allerdings das Gefühl, nur ein feudales Joch gegen das nächste ausgetauscht zu haben. Nun standen sie eben in Abhängigkeit von ihren Agenten. McDougal 2001 (1998), S. 153.

30 Neal Gabler, *An Appreciation. Wasserman Made Old Hollywood Into New*, in: LA Times, 5. Juni 2002, S. F1 (Übers. NL).

31 Dennis McDougal 2001 (1998), S. 387-389.

32 Chris Welles, *Close-Up, Charles Bluhdorn, Collector of Companies*, in: Life Magazine, 10. März 1967, Bd. 62, Nr. 10, S. 43-50, S. 43.

33 Chris Welles 1967, S. 47.

Charles Bluhdorn (rechts) und David Judelson, Chairman und President von Gulf+Western, auf einer Film-Premiere mit ihren Ehefrauen 1967. Im Jahr davor hatte der gebürtige Österreicher und Wallstreet-Tycoon Bluhdorn Paramount Pictures übernommen. Die Zeit des klassischen Studiosystems ist vorbei, und die Filmindustrie wird Teil großer diversifizierter Konzerne.

16

Hollywood und der Holocaust (1940–1980) Eine amerikanische Geschichte

Leshu Torchin

Im Rahmen einer Folge der Komödien-Serie *Extras* aus dem Jahr 2005, in der Kate Winslet in einem Holocaust-Film mitspielt, reagiert sie sehr kaltschnäuzig auf das Lob eines anderen Darstellers, dass sie eine „Botschaft weiterverbreiten würde“: „Ich glaube nicht, dass wir noch einen Film über den Holocaust brauchen. Wie viele gibt es denn schon? Wir haben das schon kapiert. Es war grauenvoll. Aber wir müssen es hinter uns lassen. Ich mache es, weil ich bemerkt habe, dass man für einen Holocaust-Film garantiert einen Oscar bekommt!“ Dieser Witz war nicht nur prophetisch (Winslet erhielt 2008 den Oscar für ihre Rolle als Nazi-Aufseherin Hanna Schmitz in *The Reader*). Er beinhaltet – trotz seiner Geschmacklosigkeit – einen anerkennenden Impuls für den Wert der Neuinterpretation von Filmen über den Holocaust, einen Wert, den manche als verringert betrachten, da die historische Darstellung durch die Populärkultur und ihre Marktstrukturen gesteuert ist. Diese verstärken die Angst vor der filmischen Gestaltung eines Themas, dessen Schrecken und Gewicht die Grenzen der Interpretation überfordert und die Popkultur provoziert.

Trotz dieser Herausforderung wurde der Holocaust von Anbeginn durch den filmischen Blickwinkel gefiltert. Auch von Hollywood, einem Begriff, der sowohl das amerikanische Kino, eine globale Industrie als auch einen standardisierten Stil meint. Vor der jüngsten Welle, die möglicherweise von *Schindler's List* (Steven Spielberg, 1994) und den geopolitischen Umbrüchen (der Zusammenbruch des Kommunismus und die Entwicklung der Europäischen Union haben Koproduktionen über eine gemeinsame Vergangenheit ermöglicht) ausgelöst worden ist, wurden in Hollywood nur vereinzelt Holocaust-Filme gedreht.

Während des Krieges beschäftigten sich *The Mortal Storm* (Frank Borzage, 1940) und *Hitler's Children* (Edward Dmytryk, 1942), aber auch Ko-Produktionen mit dem US-Departement of War, wie Walt Disneys *Hitler: Education for Death* und *Prelude to War* aus der Serie *Why We Fight* (Frank Capra, 1942) mit diesem Thema. Ihr Schwerpunkt lag aber nicht auf dem Genozid, sondern auf dem Faschismus. Die Nazi-Ideologie als Massenphänomen wurden gegen die amerikanischen Werte von Individualismus und Freiheitsglauben gestellt. Die Hauptdarsteller und Opfer dieser Filme waren mehrheitlich weiß und Christen.

Unmittelbar nach Ende des Zweiten Weltkriegs zeigte man in den Wochenschauen Bilder von den Lagern, den Überlebenden und den Leichen. General Dwight D. Eisenhower hatte angeordnet, dass so viele Menschen wie möglich Zeugen der Gräueltaten werden sollten, damit sie nicht als Propaganda geleugnet werden konnten. Fotoreporter, Kameraleute und Angehörige der Nachrichten-Truppe der US-Armee waren die wesentlichen Vermittler, durch die die amerikanische Öffentlichkeit mit dem Holocaust bekannt wurde.

Gleichzeitig kündigte der Chef der Abteilung für Strategische Dienste (OSS) William Donovan an, für kommende Gerichtsverfahren eine Dokumentation über Nazi-Kriegsverbrechen zu produzieren. Er gründete eine

Das Tagebuch eines jungen jüdischen Mädchens als Ausgangspunkt für die Annäherung an ein tabuisiertes Thema. Millie Perkins als Anne Frank hinter den Zeilen des Tagebuchs (*The Diary of Anne Frank*, 1959).

Dokumentarfilm-Einheit unter dem Kommando des Marine-Kapitäns und renommierten Filmemacher John Ford. Viele der später berühmten Mitarbeiter filmten die Befreiung und stellten Dokumentationsmaterial zusammen. Unter jenen, die Dokumentarfilme für den Nürnberger Prozess vorbereitet haben, befand sich auch Lt. Colonel George C. Stevens von der Nachrichtentruppe der US-Armee, der später bei *The Diary of Anne Frank* (1959) Regie führen würde. Stevens Film *Nazi Concentration Camps* wurde während der Verhandlungen vorgeführt. Das Bildmaterial erlangte durch seine Wiederverwendung im Film Noir *The Stranger* (Orson Welles, 1946), im Dokumentarfilm *Night and Fog* (Alain Resnais, 1954) sowie bei zwei Dramatisierungen der Nürnberger Prozesse – *Judgment at Nuremberg* (Stanley Kramer, 1961) und der TV-Miniserie *Nuremberg* (Yves Simoneau, 2000) – große Bekanntheit.

Im Gegensatz zu Samuel Goldwyns berühmten Ausspruch "Willst du eine Botschaft versenden, dann gehe zur Western Union!", wurden die Filmemacher nun angehalten, eine klare Aussage zu vermitteln. Die Kriegsfilme sollten die Amerikaner motivieren, die Auseinandersetzungen in Übersee zu unterstützen, die Aufnahmen von der Befreiung dienten dazu, die Welt zu Augenzeugen zu machen und Beweise für die Prozesse und das öffentliche Gedächtnis zu liefern. Gleichzeitig gab es das Bestreben, diese Dokumente auch für die Umerziehung der Deutschen einzusetzen. Diese Aufgabe wurde an bekannte Regisseure wie Alfred Hitchcock (*A Painful Reminder*), Billy Wilder (*Die Todesmühlen/The Death Mills*) und Samuel Fuller übertragen. Obwohl die Art der Darstellung zu Beginn des Kalten Krieges als kontraproduktiv für die neuen Allianzen angesehen wurde,[1] setzte man Erwartungen in das Veränderungspotential dieser Filme: In *The Stranger* verfolgt ein Detektiv einen flüchtigen Nazi, der sich hinter einer falschen Identität versteckt. Der Agent zeigt der amerikanischen Ehefrau des Gesuchten die Filme, um sie zur Kooperation zu überzeugen. Es funktionierte.

Auch in der Folgezeit behandelten Filme wie *The Search* (Fred Zinnemann, 1948) weniger die jüdische Thematik, sondern zielten auf ‚allgemeingültige' Botschaften. Dies war auch bei *The Diary of Anne Frank* der Fall, das von Frances Goodrich und Albert Hackett für die Bühne und die Leinwand bearbeitet worden ist. Doch die erste Bearbeitung der Tagebücher war schon zuvor geschehen. Als Gerrit Bolkstein, niederländischer Exil-Minister für Erziehung, Kunst und Wissenschaft angekündigt hatte, eine Sammlung von Kriegstagebüchern und Briefen zu veröffentlichen, begann Anne Frank selbst, ihr privates Tagebuch für eine mögliche Veröffentlichung umzuarbeiten. Spätere Bearbeitungen hatten eher gesellschaftpolitische Hintergründe. Die Adaptierung des Textes durch den Vater, Otto Frank, beseitigte beispielsweise Hinweise auf sexuelle oder zionistische Themen. Dadurch bewahrte das veröffentlichte Tagebuch zwar einige Momente adoleszenter Rebellion sowie die Frustration eines Teenagers über seine Mutter, verlor jedoch einige wichtige Details. Goodrich und Hackett setzten diesen Stil fort, indem sie einer unschuldigen, fast naiven Anne den Vorzug gaben. Ihre Anne spricht zwar von Verfolgung, hat aber die Fragen der leidenden Juden oder ihren Hass auf die Deutschen verloren. Diese Anne lädt zur allgemeinen Identifikation ein.

In Stevens Film wurde Anne zu einem amerikanischen Teenager der Nachkriegszeit. Millie Perkins, ein zwanzigjähriges unbedarftes Model gab mit der Titelrolle ihr Filmdebut. Perkins Anne bemüht sich nicht, ‚würdevoll' zu wirken. Als sie für den Diebstahl von Peters Schuhen bestraft wird, erklärt sie ihrer Mutter, dass sie Spaß haben möchte. Diese Ausbrüche sollen Annes nicht unterdrückbaren Geist betonen, während

Die Eingeschlossenen und ihre Verbindung zur Außenwelt – das Radio.

Perkins Schmollen und Tänzeln an die knabenhaften Qualitäten von Audrey Hepburn erinnern, die die Rolle trotz der persönlichen Anfrage von Otto Frank abgelehnt hatte.[2] Perkins launische und kokette Darstellung entspricht dem Drehbuch, das die altklugen und einfühlsamen Beobachtungen der Erwachsenenwelt des Tagebuchs ebenso ausblendet, wie Annes Träumereien über Sex und ihren sich entwickelnden Körper. Der Film präsentiert Annes Romanze mit Peter als sehr keusch; ihre Streitereien erinnern an die Aufregung vor der Versöhnung in Hollywoods Screwball-Comedies.

Diese Ausblendungen machen aus einer launischen Heranwachsenden ein unschuldiges Kind, vernachlässigen die jüdische Thematik zugunsten einer allgemeingültigeren Anne als universelle Hoffnung. Die Anne im Film beschäftigt sich nicht mit dem Leid der Juden, wie in ihren Tagebucheinträgen. Dafür wurde Stevens Film hoch gelobt. John Stone, der Leiter des Beratungsgremiums für jüdische Filme erklärte: „Diese Verfilmung ist sogar besser als die Bühnenfassung. Sie haben der Geschichte eine universellere Aussage und Wirkung gegeben."[3] Diese universellere Anne war offen für alle möglichen Interpretationen. Die Amerikaner konnten Bezüge zu ihren verallgemeinernden moralischen Ansichten über das Unrecht zuhause, einschließlich McCarthyismus, der Gesetze Jim Crows für den Süden und der Rassendiskriminierung quer durch alle Staaten herstellen.[4]

Durch die Schlussworte, mit denen sowohl Otto als auch Anne Hoffnung vermitteln, bemüht sich der Film um eine aufbauende Botschaft. Dieses Ende unterscheidet sich deutlich von Stevens Originalversion. Hier wurde Annes Schicksal nach ihrer Verhaftung gezeigt, „wie sie in der KZ-Uniform durch einen feuchten Nebel schwankt". Das Publikum – vermutlich auch das Studio – reagierte ablehnend auf dieses Ende, das „als zu hart für die Zuschauer erachtet wurde und nicht der Erwartung von 20th [Century] Fox entsprach, die den Film trotz allem als hoffnungsvoll interpretiert sehen wollte."[5]

Der Trend, aus einem historischen Ereignis allgemeinere Botschaften abzuleiten, setzte sich in *Judgment at Nuremberg* (Stanley Kramer, 1961) fort. Der jüdische Charakter des Genozids wurde noch mehr zurückgenommen. Jüdische Opfer traten in dieser Darstellung der Prozesse nicht als Zeugen auf (wie das übrigens auch bei den realen Prozessen nicht der Fall war). Der Film tut wenig, um die historischen Fakten der ‚Endlösung' darzulegen. Die Spannung konzentriert sich auf die Entscheidung des Richters Dan Haywood (Spencer Tracy): Wird er, um die Allianzen des Kalten Kriegs unter den Deutschen zu unterstützen, die Nazi-Anwälte freisprechen, oder wird er Gerechtigkeit üben? Wie bei *The Diary of Anne Frank*, erlaubte dieser Ansatz Betrachtungen über die amerikanische Rechtsprechung zu Hause und im Ausland.

Die Rassenfrage in Amerika durchzieht auch *The Pawnbroker* (Sidney Lumet, 1965), einen Film über

The Diary of Anne Frank (1959): Der Blick aus dem Dachboden-Gefängnis in die Freiheit.

Am Set von *The Diary of Anne Frank* anwesend war auch die tatsächliche Helferin der untergetauchten Familien: Die in Wien geborene Miep Gies (Mitte) mit der Film-Anne, Millie Perkins (links), und anderen Mitwirkenden.

einen jüdischen Holocaust-Überlebenden in East Harlem, der für seine durch Rückblenden hergestellte Analogien zwischen dem New Yorker Ghetto und dem Holocaust kritisiert worden ist: ein Schuh-Haufen in einem Fenster erinnert an die Schuhe im Lager; eine U-Bahnfahrt löst eine Erinnerung an die mit Häftlingen überfüllten Eisenwaggons aus. Obwohl Lumet als Hintergrund für diese Holocaust-Geschichte eine erkennbare amerikanische Landschaft und Gesellschaft ausgewählt hatte, ist es bemerkenswert, wie sich dieser Film auf das jüdisches Opfer konzentriert und eine Erklärung für die Auswirkungen eines Traumas sucht.[6] Die Rückblenden dienen nicht nur der Herstellung einer Analogie, sie helfen auch zu zeigen, wie traumatische Erinnerungen ihren Weg ins Bewusstsein nehmen. Die Auseinandersetzung mit Überlebenden könnte zu diesem Zeitpunkt auch teilweise durch den Eichmann-Prozess im Jahr 1961 beeinflusst worden sein, bei dem erstmals jüdische Überlebende des Holocaust bei Gericht (vom Fernsehen übertragen) als Zeugen präsentiert wurden.

Trotz des Beifalls für *The Pawnbroker* beschäftigten sich in der Folge nur mehr wenige Hollywood-Filme mit dem Holocaust und seinen Opfern. Man konzentrierte sich eher auf die Deutschen oder auf kriminelle Nazis, wie in *Cabaret* (Bob Fosse, 1972), *The Man in the Glass Booth* (Arthur Hiller, 1975) über den Eichmann-Prozess, *The Marathon Man* (John Schlesinger, 1976) mit Laurence Olivier als Nazi-Zahnarzt und Kriegsverbrecher, oder *The Boys from Brazil* (Franklin J. Schaffner, 1978). Hier spielt Olivier, basierend auf einem Bestseller von Ira Levin, einen Nazi-Jäger auf der Suche nach Dr. Josef Mengele (schockierend gegenbesetzt mit Amerikas ‚good guy' Gregory Peck). Dieser plant, Hitler durch Klonen wiederauferstehen zu lassen. *Voyage of the Damned* (Stuart Rosenberg, 1976), ein britischer Film mit Star-Besetzung, weicht nur gering von diesem Trend ab. Er behandelt das Schicksal des Ozean-Dampfers MS St. Louis, mit dem jüdische Flüchtlinge transportiert wurden. Er erzählt von der Weigerung kubanischer und amerikanischer Häfen, die Auswanderer aufzunehmen, und endet mit deren Rückführung nach Europa. Betrachtet man diesen Film im Kontext der USA der 1970er Jahre, in denen Menschenrechtsaktivisten weiterhin gegen Segregation demonstrierten, lässt sich eine gemeinsame Angst davor beobachten, dass, angesichts des scheinbar leichten Aufstieg der Nationalsozialisten, diese brutale Ideologie auch auf amerikanischem Boden Wurzeln schlagen könnte.[7]

1 *A Painful Reminder* wurde vermutlich unter dem Titel *The Memory of the Camps* in der amerikanischen Sendung ‚Frontline' im Mai 1985 ausgestrahlt. Weitere Informationen zu diesen Projekten finden sich bei Elizabeth Sussex, *The Fate of F3080, Sight and Sound*, Frühling 1984.

2 Francine Prose, *Anne Frank. The Book, The Life, The Afterlife*, New York 2009, S.228f.

3 Zit. in: Tim Cole, *Selling the Holocaust. From Auschwitz to Schindler. How History is Bought, Packaged, and Sold*, New York 1999, S. 32.

4 Cole 1999, S.32-39; Judith E. Doneson, *The Holocaust in American Film*, Syracuse, NY 2002, S 57-84.

5 Diese Geschichte wird in Cole 1999 erzählt.

6 Obwohl oft behauptet wird, dies sei der erste Film über einen Holocaust-Überlebenden, wurde dieses Thema bereits in *The Juggler* (Edward Dmytryk, 1953) mit Kirk Douglas in der Hauptrolle behandelt. *Singing in the Dark* (Max Nossek, 1956) beschäftigt sich mit einem Holocaust-Überlebenden und dem Thema Amnesie.

7 Eine inhaltliche Fortsetzung des Themas findet sich in Kap. 23, *Hollywood und der Holocaust (1980-2010. Filme machen (Film)Geschichte*, S. 174ff.

Casting-Direktor Owen McLean sucht in Berlin nach der Besetzung der Titelrolle (1958). Die Wahl fällt letztendlich auf das amerikanische Fotomodell Millie Perkins, die als Anne Frank in die Filmwelt einsteigt.

Die Stühle von Cast und Crew des Films *The Diary of Anne Frank* (1959).

17

Transatlantische Filmbeziehungen nach 1945 Vom amerikanischen Engagement in Europa bis zum Auslands-Oscar®

Gabriele Flossmann und Werner Hanak-Lettner

Wien um 1900: Genau an der Wende zum 20. Jahrhundert veröffentlichte der österreichische Psychoanalytiker Sigmund Freud sein Buch *Die Traumdeutung.*[1]

Hollywood, 1910: Wenige Jahre nach Freuds bahnbrechender Publikation zur Deutung menschlicher Träume entstand nahe Los Angeles die legendäre Traumfabrik. Eine Reihe von Filmstudios trat an, um mit ihren Bildern tief in das kollektive Unbewusste des internationalen Kinopublikums einzudringen. Filmemacher gehörten zu den ersten Fans der Psychoanalyse, und so ist es kein Wunder, dass auch Sigmund Freud ein Angebot aus Hollywood bekam. 1925 versuchte ihn Samuel Goldwyn für ein Honorar von 100.000 Dollar als Berater für einen Liebesfilm über Antonius und Kleopatra zu gewinnen.[2] Doch Freud war kein Freund der Traumfabrik und lehnte ab. Erst 20 Jahre später wagte sich Alfred Hitchcock mit *Spellbound* an das Experiment einer filmischen Traumdeutung und ließ sich dabei vom Surrealisten Salvador Dalí beraten. Anders als Sigmund Freud fühlten sich viele andere europäische Kreative von Hollywood angezogen. Mehr als 1500 Schriftsteller, Schauspieler, Musiker, Regisseure, Dramatiker und Drehbuchautoren waren in der ersten Hälfte des 20. Jahrhunderts nach Hollywood gekommen. Unter anderen F.W. Murnau, Josef von Sternberg, Erich von Stroheim, Ernst Lubitsch, Greta Garbo, Salka und Berthold Viertel, Michael Curtiz, Fritz Lang, Lion Feuchtwanger, Hanns Eisler, Max Reinhardt, Franz Werfel, Bertolt Brecht, Arnold Schönberg, Billy Wilder, Marlene Dietrich, Peter Lorre, Oskar Homolka oder Leon Askin. Einige von ihnen waren schon in den 20er Jahren eingetroffen, als nach dem Ersten Weltkrieg die europäische Filmindustrie – nach einem ersten, hoffnungsvollen Aufkeimen – wieder zum Stillstand gekommen war. Viele kamen erst in den 30er Jahren auf der Flucht vor den Nazis. Dass so viele der Flüchtlinge schon bald nach ihrer Ankunft in New York nach Kalifornien übersiedelten, hatte vor allem damit zu tun, dass die aufstrebende Filmindustrie Jobs und Einkommen versprach, und das nicht nur im kreativen Bereich.

Der Einfluss der europäischen Immigranten prägte die künstlerische Produktivität in der kalifornischen Filmmetropole. Ihr Blick von außen half ihnen, das Innere der amerikanischen Identität besser zu erkennen und zu verstehen. Die Studiogründer wurden Amerikaner, doch auch Europa blieb ihnen vertraut, und von Hollywood aus revolutionierten sie auch die Bildsprache des alten Kontinents.

Nach 1945 riss der Strom aus Europa ab. Gerade in dieser Zeit entstand eine Initiative, die Traumfabrik wieder stärker mit Europa zu verbinden: Die Academy of Motion Picture Arts and Sciences zeichnete ab 1947 die besten außerhalb der USA produzierten Filme aus, sofern diese einen amerikanischen Verleih gefunden

Europäer Willkommen: Hollywood in den 1920ern. Der athletische Superstar und United-Artists-Gründer Douglas Fairbanks trägt den feinfühligen Regiestar Ernst Lubitsch durch Hollywood. Lubitsch kam wie die Regisseure Sternberg und Strohheim früh an die Westküste. Jene, die nach 1933 eintrafen, hatten es schwerer.

‚Und immer lockt das Kapital': Brigitte Bardot als Camille und Jack Palance als Jeremy Prokosch, protziger amerikanischer Filmproduzent mit osteuropäischem Background in Godards *Le Mepris (Die Verachtung*, 1963) (oben).

Neureiches Studio-Amerika trifft auf altes Emigranten-Hollywood in Europa: Jack Palance als Jeremy Prokosch (rechts), Regisseur Fritz Lang, sich selbst spielend (Mitte), und Michel Piccoli als Drehbuchautor Paul Javal in *Le Mepris* (1963) (unten).

hatten und vor Ort zu sehen waren. Vorerst bedachte Hollywood den Rest der Welt nur mit ‚Spezialpreisen'. 1956 aber änderte die Academy die Statuten, sodass von nun an der jeweilige Preisträger – so wie in allen anderen Oscar®-Kategorien – aus einer Auswahl von fünf, von den Mitgliedern der Filmakademie nominierten Filmen hervorging.

Lange Zeit hatten französische Filme die besten Aussichten.[3] Gepriesen wurde ihre Leichtigkeit, die Poesie der Alltäglichkeit, die das Leben nach dem Krieg wieder erträglich machte. Danach spielte die emotionale, und vor allem auch erotische Spannung der italienischen Filme eine große Rolle, und schließlich – im Sog des internationalen Erfolgs von Ingmar Bergman – die tiefenpsychologisierenden Filme aus Nordeuropa. Die Vorliebe für französische und italienische Filme spiegelt auch die Tatsache wider, dass in den 1960er und 1970er Jahren viele europäische Produktionen mit amerikanischem Geld kofinanziert wurden. Die Filme der Nouvelle Vague wurden nicht nur zunehmend in Europa und den USA erfolgreich, sie zeigten auch einen möglichen Weg aus der Krise, in die das verkrustete Studiosystem Hollywoods seit den 1950er Jahren mehr und mehr geraten war. Ein frühes, selbstreflektierendes Beispiel dieser neuen Zusammenarbeit aus europäischer Sicht ist der Film *Le Mepris* (*Die Verachtung*, 1963) von Jean-Luc Godard, mit Brigitte Bardot, Michel Piccoli und Jack Palance in den Hauptrollen. Godard lässt dabei einen unsympathischen amerikanischen Produzenten mit dem osteuropäischen Namen Jeremy Prokosch mit dem sich selbst spielenden, aus dem amerikanischen Exil zurückgekehrten Regisseur Fritz Lang zusammenstoßen – mit dem pessimistischen Schluss, dass Geld über Kultur und die USA über Europa siegen, dies am Ende jedoch niemandem nützt. Nicht zu Godards Freude, aber doch zu seinem Nutzen wurde auch *Le Mepris* von amerikanischen Geldgebern, insbesondere von Joseph E. Levine mitfinanziert, und es heißt, dass Godard die Nacktszene mit Brigitte Bardot nicht freiwillig, sondern erst auf Drängen des amerikanischen Produzenten gedreht habe.[4]

Ein gutes Beispiel für einen ‚Hollywood-Produzenten', der zahlreiche europäische Filme kofinanzierte, ist Eric Pleskow. Als United-Artists-Vertriebschef für Europa knüpfte er wesentliche Kontakte, bevor er Konzernchef wurde.[5] Sein Engagement ermöglichte europäische Meisterwerke wie *Satyricon* (1969) von Fellini, *Die 120 Tage von Sodom* (1975) von Pasolini, oder *Der letzte Tango in Paris* (1972) und *1900* (1976) von Bertolucci. Auf die Frage, wie sein Interesse für den europäischen Film entstanden war, antwortete Pleskow: „Das liegt daran, dass ich auch aus Europa komme! Auch wenn man mich aus Österreich hinausgeschmissen hat – man nimmt dieses Kulturverständnis, mit dem man aufgewachsen ist, mit ins Exil. Und das hat sich dann ja auch bei den Filmen gezeigt, für die ich verantwortlich bin."[6]

Auch für das Auswahlkomitee des Auslands-Oscars® waren lange Jahre jene verantwortlich, die sich mit dem ‚europäischen Kulturverständnis' verbunden fühlten. Im Jahr 1987, als beispielsweise Wolfgang Glücks Verfilmung von Friedrich Torbergs *38 – Auch das war Wien* nominiert wurde, organisierten bereits lange Jahre der in Wien geborene Leon Askin (Jahrgang 1907) und der gebürtigen Berliner Film-Cutter Rudi Fehr (Jahrgang 1911) die Vorauswahl der ausländischen Oscar®-Aspiranten. Askin bestätigte damals in einem Interview mit dem ORF nicht ohne Stolz, dass es in erster Linie die Immigranten aus Europa gewesen seien, die das Interesse an der alten Heimat hochgehalten und damit den Auslands-Oscar® überhaupt erst ermöglicht hatten. Nach dem Zweiten Weltkrieg, so Askin, hätten die jüdischen Mitglieder des Auswahlkomitees an Zahl und Bedeutung zugenommen – und daher nicht ganz zufällig auch die Filme, die sich mit Geschichte und Geschichten ihrer Vergangenheit auseinandersetzten.

Das derzeitige Durchschnittsalter der rund 6000 Academy-Mitglieder wird auf etwa sechzig Jahre geschätzt. Noch älter sind jene, die zu dem nur rund 300 Personen umfassenden Gremium gehören, das für die Vorauswahl der ausländischen Filme zuständig ist. Denn nicht-englischsprachige Filme für den Oscar® nominieren dürfen nur jene, die nachweislich mindestens 80% der Filme zur Gänze, das heißt in den kontrollierten Vorführungen der Filmakademie gesehen haben. Bei rund 70 eingereichten Filmen muss also jedes wahlberechtigte Mitglied an die 1000 Stunden im Kino verbringen. Dieser strengen Regel können sich naturgemäß nur jene beugen, die altersbedingt genügend Zeit haben bzw. nicht mehr aktiv im Filmbusiness tätig sind. Doch seit 2008 wird dieses Gremium nun durch eine weitere Jury ergänzt, die aus aktiven Filmemachern besteht. Während die erste Gruppe nach

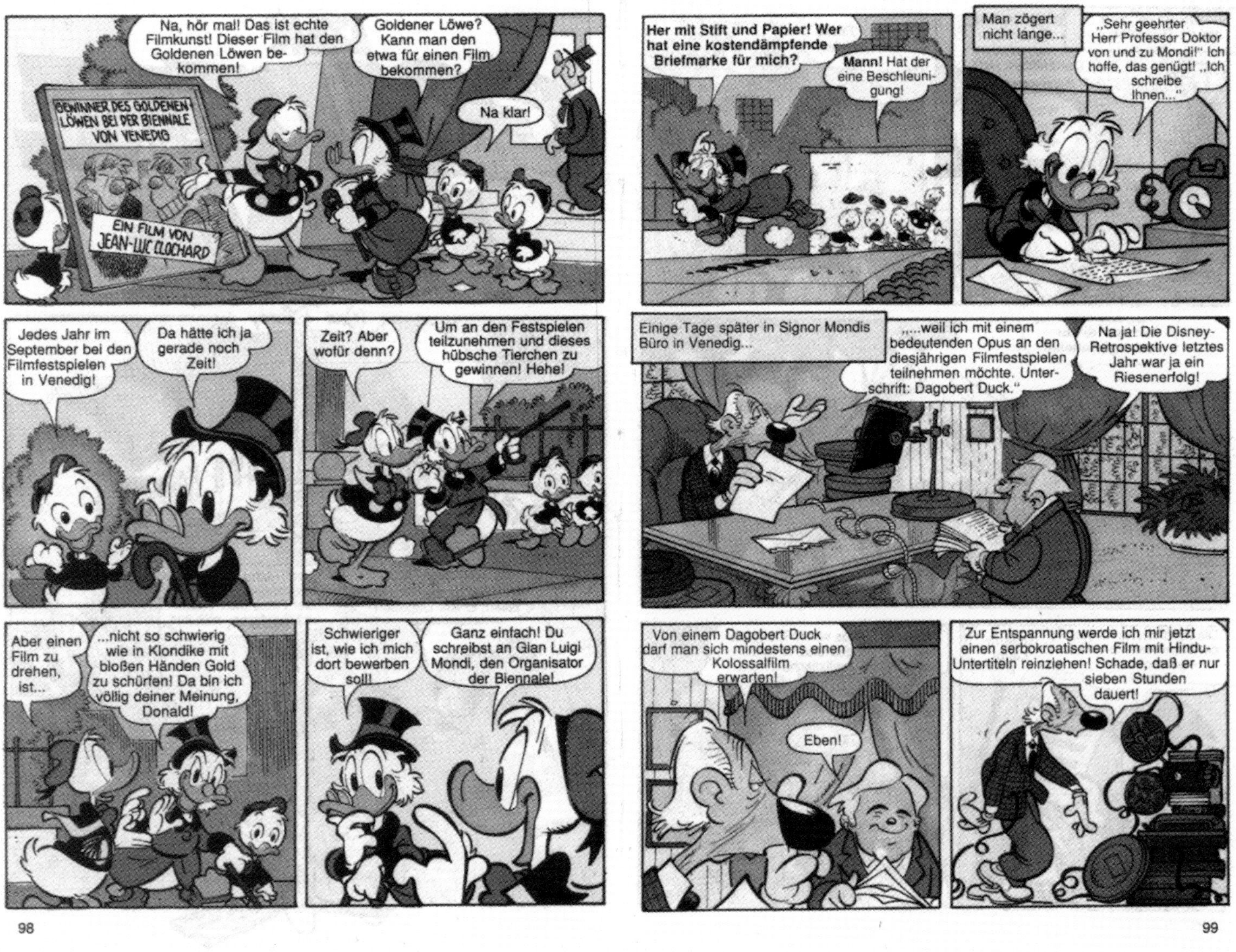

Humoristische Aufarbeitung der europäischen Angst vor dem amerikanischen Produzenten: Dagobert Duck und die Filmfestspiele in Venedig (*Der goldene Löwe*, in: Walt Disney's lustiges Taschenbuch, Nr. 153, 1990, © Disney). (Katalog: Set 17, S. 195)

wie vor aus den zahlreichen Einsendungen eine Shortlist erstellt, nimmt letztere aus den bestgereihten Kandidaten die endgültige Nominierung vor.

Der ‚Oscar® für den besten nicht-englischsprachigen Film'[7] brachte in den letzten Jahren immer wieder Regisseure nach Hollywood, die zuvor ausschließlich in Europa gearbeitet hatten. Der Deutsche Florian Henckel von Donnersmarck gewann mit *Das Leben der Anderen* 2006 den Oscar® für den ‚Besten fremdsprachigen Film' und führte 2010 bei *The Tourist* Regie, der Österreicher Stefan Ruzowitzky gewann 2008 mit *Die Fälscher*[8] und drehte im Sommer 2011 *Kin*. Der sogenannte Auslands-Oscar® verbindet Hollywood und Europa nach wie vor, in Zukunft wird sich der Fokus auf das nicht-europäische Ausland – insbesondere auf Asien – verstärken. Die Welt außerhalb der USA ist heute schon der Ort, an dem Hollywood mehr verdient als am Heimatmarkt.

Hollywood hat als Filmproduktions-Kolonie der in New York beheimateten amerikanischen Filmkolonie begonnen. Während sich die Filmproduktion seit einigen Jahren aus Kalifornien, nicht zuletzt aus finanziellen Gründen, mehr und mehr zurückzieht (die billigen Arbeitskräfte und Steuervorteile finden sich heute außerhalb Kaliforniens), werden Hollywood, seine Studios und die Szene in Los Angeles weiterhin der Umschlagplatz für Film- und Finanzierungsideen in der westlichen Welt bleiben. Europa bleibt für Hollywood, was es immer war: wichtig und unwichtig zugleich. Nur der Fokus wird sich von der Vergangenheit auf die Gegenwart verschieben.

1 Sigmund Freud, *Die Traumdeutung*, Leipzig - Wien 1900.
2 Diesen Hinweis verdanken wir dem Sigmund Freud Museum Wien.
3 Seit 1947 gewann Italien zehn Mal, Frankreich, das bisher die meisten Nominierungen (36) aufzuweisen hat, folgt mit neun Siegen. Dahinter liegen Spanien (vier), Deutschland, Schweden und die UdSSR (je drei).
4 Dennoch drehte Jean-Luc Godard später noch einen Film in Hollywood, *King Lear* (1987), eine Shakespeare-Adaptierung, bei der auch Woody Allen mitspielte (produziert von Menahem Golan / Cannon Group).
5 Siehe das Interview mit Eric Pleskow, Kap. 20, *Producing the Seventies. Ein Gespräch zwischen Eric Pleskow und Gabriele Flossmann*, S. 156ff.
6 Interview mit Gabriele Flossmann am 2. Juli 2011.
7 So heißt der Auslands-Oscar® seit 1983. Ausschlaggebend war ein Konflikt um den Film *Yol – Der Weg* des kurdischen Regisseurs Yilmas Güney. 1982 wurde *Yol* in Cannes mit der Goldenen Palme ausgezeichnet. Nachdem ihn die Türkei verboten hatte und er von den koproduzierenden europäischen Ländern, u.a. Schweiz und Deutschland, eingereicht worden ist, nimmt die Academy nun nur noch Filme an, die auch in einer der Sprachen des einreichenden Landes gedreht worden sind.
8 Ruzowitzkys Oscar® war nach drei Nominierungen in der Kategorie ‚Bester fremdsprachiger Film' der erste für Österreich.

Verdiente europäische Hollywood-Größen wie der in Wien geborene Leon Askin engagierten sich aktiv für den sogenannten Auslands-Oscar®.

Der Film, der den ersten Oscar® in der Kategorie ‚Bester fremdsprachiger Film' für Österreich gewann: *Die Fälscher* (Stefan Ruzowitzky, 2007). Im Bild von links nach rechts: Karl Markovics, Devid Striesow, Martin Brambach.

18

New Hollywood
Dekonstruktion und Renaissance des Mythos Amerika

Natalie Lettner

Dennis Hopper sitzt mit Peter Fonda am Lagerfeuer, heult wie ein Coyote und spricht von Indianern und Cowboys. Am nächsten Tag werden sie zusammen das rot leuchtende Monument Valley durchqueren. Nicht auf Pferden wie in den berühmten Western von John Ford, sondern auf ihren Harley-Davidson-Choppers. Dass das Motorrad ein Äquivalent zum Pferd des Cowboys bildet, wird spätestens dann deutlich, wenn Hopper und Fonda ihre Maschinen in einem Stall reparieren, während der Rancher gleichzeitig sein Pferd mit Hufen beschlägt. Aus dem Western ist ein Road Movie geworden. Verhandelt wird Ähnliches: Freiheit, Outcasts und ihre Rolle in der Gesellschaft, der amerikanische Traum, die Eroberung der Landschaft, Männerbilder. Frauen kommen nur marginal vor, und wenn, vorzugsweise als Huren.

Easy Rider (1969) demontiert, transformiert und rekonstruiert den traditionellen Western. Genau das wird ein maßgebliches Merkmal zahlreicher New-Hollywood-Filme sein: Genres aus der Goldenen Ära Hollywoods werden gegen den Strich gebürstet und neu erfunden, ob es sich dabei um den Western, um den Horror-, den Gangster- oder den Detektivfilm handelt.[1] *Easy Rider* benützt den Mythos des Wilden Westens für seine Gegenkultur-Agenda. „Das war einmal ein großartiges Land", meint Jack Nicholson nostalgisch am Lagerfeuer und probiert dabei seinen ersten Joint. Und: „Es geht darum, frei zu sein. Aber darüber zu reden und es wirklich zu sein, sind zwei verschiedene Dinge. Ich meine, es ist wirklich schwer, frei zu sein, wenn du auf dem Markt gekauft und verkauft wirst." Kapitalismuskritik, Western-Mythos und Drogenrausch verbinden sich zu einer rückwärtsgewandten Utopie und einer Sehnsucht nach dem echten Amerika, als noch Pioniergeist und nicht Konsumterror herrschte. Nicht zufällig nennt sich die Peter-Fonda-Figur ‚Captain America' und trägt eine Bikerjacke mit ‚Stars and Stripes'. Die beiden (Anti-)Helden unternehmen eine pikareske Reise voller denkwürdiger Begegnungen – allerdings in die falsche Richtung. Sie ziehen nicht als Vorreiter der Zivilisation bzw. des Kolonialismus gegen den zu erobernden Westen, wie das im Westerngenre unzählige Male vorexerziert worden ist, sondern von Los Angeles nach Osten. „Wir haben's vergeigt", wird Peter Fonda zum verblüfften Dennis Hopper irgendwann sagen. Es scheint dann fast folgerichtig, dass die beiden nicht die Utopie, sondern den Tod finden. Oder wie das originale Filmplakat verkündete: „Ein Mann machte sich auf die Suche nach Amerika. Und konnte es nirgends finden." Der Mythos Amerika, den die einst als Immigranten ins Land gekommenen Studiogründer auf die Leinwand und in die kollektive Psyche des Landes (und der Welt) gezaubert hatten, war in die Jahre gekommen, so wie auch seine ‚Erfinder'. Die meisten Studiobosse der ersten Generation lebten nicht mehr. Aber auch ihre Nachfolger, die noch ganz in der Studiotradition dachten und handelten, wurden demontiert oder scheiterten an opulenten Megaprojekten, die das (junge) Publikum nicht mehr sehen wollte. Die dringend notwendige Erneuerungskur bringt die 68er

Easy Rider (1969): Dennis Hopper und Peter Fonda reanimieren den Mythos des amerikanischen Westens – auf Harley-Davidson-Maschinen, unter Drogen und zum Soundtrack von Steppenwolf bis Jimi Hendrix.

Hopper und Fonda hatten schon zuvor in Roger Cormans Low-Budget-Drogenfilm *The Trip* (1967) zusammengearbeitet. Das Drehbuch stammte vom damals noch völlig unbekannten Jack Nicholson.

Generation. Mit Sex, Drogen und Rock 'n' Roll rettet sie Hollywood, wie das Peter Biskind so pointiert formuliert hat.[2] Als Inbegriff des überalteten, an seine Grenzen stoßenden Studiosystems gilt *Cleopatra* (1963), eine Produktion, die 44 Millionen gekostet und 20th Century Fox fast in den Ruin getrieben hat. *Easy Rider* kostete inklusive Postproduktion etwa eine halbe Million Dollar und spielte weltweit 60 Millionen ein.[3] Die Botschaft war klar und wurde auch von den Studios verstanden.

Der Erfolg von *Easy Rider* hatte nicht zuletzt mit einem „Semi-Independent-Deal"[4] zu tun, der beispielgebend für viele weitere New-Hollywood-Produktionen sein sollte. Der Film kam also nicht völlig aus dem Untergrund. Revolutionen sind selten einfach und unverfälscht, wie Lee Hill in seiner Analyse von *Easy Rider* nachweist.[5] Sowohl Peter Fonda als auch Dennis Hopper kamen aus dem alten Studiosystem Hollywoods und kannten seine Mechanismen.[6] Sie hatten also durchaus Zugang zum Establishment, gegen das sie so heftig rebellierten. Beide fühlten sich jedoch von den Studios und deren Rollenvorstellungen für junge Männer eingeengt und fanden eine Nische bei einem umtriebigen Low-Budget-Produzenten, dessen Rolle für New Hollywood gar nicht überschätzt werden kann: bei Roger Corman. Er war es, der jungen Filmtalenten um wenig oder gar keinen Lohn die Chance bot, ihre ersten Filme zu drehen. Bei ihm sammelten spätere Regiestars wie Martin Scorsese, Francis Ford Coppola, Peter Bogdanovich, Joe Dante, Jonathan Demme und James Cameron, sowie Schauspieler wie Jack Nicholson, Robert De Niro und eben auch Dennis Hopper und Peter Fonda ihre ersten Erfahrungen. Corman war berühmt dafür zu sagen: „Da ist das Geld, da ist das Skript. Ich weiß, es ist nicht sehr gut, aber mach, was du kannst! Ändere es, wenn du willst, aber halte dich ans Budget und an die Termine. Du willst einen guten Film machen? Masel tov!"[7]

Corman selbst hatte bereits in den 1950er Jahren billigste, bei der Zielgruppe jedoch höchst erfolgreiche Teenager- und Horrorfilme gedreht. Er brauchte dafür nicht mehr als eine Woche und überzog niemals das ohnehin minimale Budget. Wenn James Cameron heute sagt, „Meine Ausbildung war die Roger Corman Film School", klingt das zunächst wie ein Hohn, denn schließlich zählen seine Filme wie *Titanic* (1997) oder *Avatar* (2009) mittlerweile zu den teuersten und aufwändigsten Produktionen aller Zeiten. Cameron verdeutlicht damit aber zweierlei. Erstens, wo viele der späteren Blockbuster-Regisseure wie er selbst, aber auch Steven Spielberg und George Lucas ihr Handwerk gelernt haben, und zweitens, welche Entwicklung mit New Hollywood (nach einem kurzen Zeitfenster für innovative Projekte) begonnen hat: Massive Veränderungen in den wirtschaftlichen Mechanismen und Produktionsweisen der Filmindustrie führten zu einer endgültigen Auflösung des alten Studiosystems und ab spätestens Mitte der 70er Jahre zur Herausbildung gigantischer, diversifizierter Medienkonzerne, die auf aufwändige Blockbuster-Produktionen setzten.

Doch zurück zu *Easy Rider*. Auch Dennis Hopper und Peter Fonda hatten für Corman gearbeitet, doch interessanterweise wurde *Easy Rider* nicht bei Cormans American International Pictures (AIP) produziert, wo der Film inhaltlich, budgetär und personell hingepasst hätte[8], sondern von Bob Rafelson und Bert Schneider, die eine kleine Produktionsfirma gegründet hatten. Bert Schneider hatte als Sohn des ehemaligen Columbia-Chefs Abe Schneider[9] allerdings bestes Insiderwissen und sorgte schließlich dafür, dass *Easy Rider* von Columbia finanziert und dann auch vertrieben wurde, also von einem der altehrwürdigen Studios, das bisher kaum Erfahrung mit Filmen für ein junges Publikum hatte. Während den Columbia-Chefs der Film zunächst eher peinlich war, wurden sie vom sensationellen Erfolg überrascht und versuchten nun, mit ähnlichen Projekten daran anzuschließen.

Mit ganz anderen Schwierigkeiten hatte noch zwei Jahre zuvor jener Film zu kämpfen, der als erster New-Hollywood-Film überhaupt gilt: *Bonnie and Clyde* (1967). Der Film ist nicht nur eine Neuerfindung des Western, sondern auch eine De- und Rekonstruktion des Gangster-Genres der 1930er Jahre. Wie bei *Easy Rider* werden auch hier die alten Mythen neu interpretiert, die Botschaft ist auch hier moralisch zweifelhaft und das Ende äußerst gewalttätig, so dass bis heute YouTube ohne Anmeldung und Alterseingabe den Zugriff auf den entsprechenden Filmausschnitt verweigert. Während bei *Easy Rider* das tödliche Ende seiner Protagonisten etwas Beiläufig-Depressives hat – die beiden werden von zufällig vorbeifahrenden Hinterwäldlern abgeknallt, wir sehen alles hauptsächlich aus Totalen –, kommt es bei *Bonnie and Clyde* zu einem brutalen, aber gleichzeitig hoch artifiziellen und spektakelhaften Showdown: Bonnie und Clyde werden von Kugeln durchlöchert, und ihre Körper führen dabei mehr als eine halbe Minute lang ein makabres Totentanz-Ballett auf. Beide Filme arbeiten mit dem vom europäischen Autorenfilm kommenden Prinzip, die Filmsprache etwa mit Jumpcuts, Zooms oder überraschenden Vor- und Rückblenden sichtbar zu machen – der absolute Sündenfall für das alte Hollywood, dessen Stil sich eben genau durch das Verbergen seiner Mittel auszeichnete.

Bonnie and Clyde polarisierte 1967 wie kein anderer Film die amerikanische Öffentlichkeit. Beispielhaft für das Unverständnis der alten Studiobosse gegenüber den neuen Trends ist die kolportierte Reaktion Jack Warners auf das erste Screening des Rohschnitts. Jack Warner war berühmt dafür, Filme mittels der Frequenz seiner Toilettengänge während der Vorführung zu bewerten. Während *Bonnie and Clyde* ging er dreimal hinaus und erklärte den Film zum „three piss picture"[10] – eigentlich ein Todesurteil. Es überrascht daher nicht, dass Warner dem Film in jeder Hinsicht einen schlechten Start verschaffte: Er ließ ihn zu einem ungünstigen Termin Mitte August anlaufen und in nur wenigen, zweitrangigen Kinos zeigen, die ihn oft nach einer Woche wieder aus dem Programm nahmen. Dick Lederer, damals Werbechef bei Warner Bros., meinte viele Jahre später, der Film hätte die alten Studiochefs so verärgert, weil sie genau spürten, dass eine neue Ära begann, die sie nicht mehr verstanden.[11]

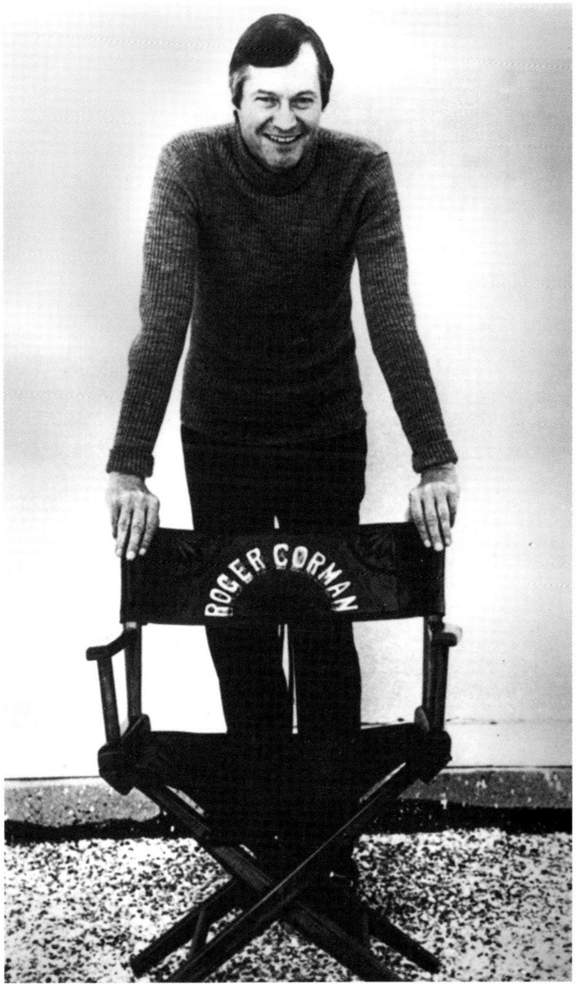

Roger Corman bot vielen späteren New-Hollywood-Größen in seiner „shoot-today-edit-tomorrow-low-budget-motion-picture-academy" (Peter Biskind) die Chance, erste Filmerfahrungen zu sammeln.

Faye Dunaway in *Bonnie and Clyde* (Arthur Penn, 1967): Blutbad statt Happy End und die Initialzündung für New Hollywood.

Die Reaktionen der wichtigsten Kritiker des Landes schienen ihnen zunächst Recht zu geben. Beklagt wurden die Darstellung von sinnloser Gewalt, die Amoral des Gangsterpärchens und die geschmacklose Effekthascherei. Bosley Crowther, der honorige Kritiker der New York Times, schrieb insgesamt vier Polemiken und verstieg sich sogar dazu, zu behaupten, *Bonnie and Clyde* sei wie ein Film, der Sympathie für Adolf Hitler oder Lee Harvey Oswald wecke.[12] Dass der Film zunächst floppte, ist unter diesen Umständen kein Wunder. Langsam aber sicher setzte er sich dann doch durch. Pauline Kael, später eine der wichtigsten Filmkritikerinnen des Landes, veröffentlichte einen hymnischen Essay im New Yorker. Sie bezeichnete *Bonnie and Clyde* als „amerikanischsten amerikanischen Film seit *The Manchurian Candidate*"[13] (1962). Der Mythos Amerika war also alles andere als tot, er hatte jetzt nur ein neues Gewand (und neue Gesichter wie Faye Dunaway, Warren Beatty, Robert De Niro oder Jack Nicholson). Kael bescheinigte dem Film darüber hinaus, wie kein anderer ein zeitgenössisches Lebensgefühl zu vermitteln, obwohl er in den 30er Jahren spielte, also in der Goldenen Ära Hollywoods und seiner Gangsterfilme. Auf den Festivals hatte sich der Film schon längst als äußerst erfolgreich erwiesen. Aber erst nachdem er für zehn Oscars® nominiert war, gab das Warner-Studio das Okay für einen breiten *Re-Release*, der eigentlich der wirklich ernstzunehmende Kinostart war.[14] Und jetzt wurde *Bonnie and Clyde* auch ein sensationeller Kassenerfolg, obwohl er bei den Oscars® nur Preise für die ‚Beste Nebendarstellerin' und die ‚Beste Kamera' gewann. Das junge Hollywood, das sich auf der Überholspur wähnte, war sicher gewesen, *Bonnie and Clyde* würde groß abräumen. Sieger des Abends mit fünf Oscars® wurde allerdings *In the Heat of the Night* (1967)[15], ein Film, der bereits einzelne New-Hollywood-Elemente aufwies, allerdings mit einer eindeutigen moralischen, antirassistischen Botschaft und mit versöhnlichem Happy End in liberaler Tradition. Eine nicht unerhebliche Rolle mögen bei der Entscheidung auch die sich im Jahr 1967 zuspitzenden, immer wieder gewaltsamen Rassenkonflikte gespielt haben, die wenige Tage vor der Oscar®-Gala in der Ermordung von Martin Luther King gipfelten. Die Academy war bemüht, ein deutliches antirassistisches Statement zu setzen, und hatte wohl auch Bedenken, einen Film wie *Bonnie and Clyde*, der brutalste Gewalt zu verharmlosen schien, auszuzeichnen. Darüber hinaus

Ed Ruscha: *Back of Hollywood* (1977)
(Katalog: Set 18, S. 196)

spiegelte sich in der Preisverleihung aber auch der unübersehbare Generationenkonflikt in Hollywood. Nachdem Jack Warner schon vorher den Großteil seiner Anteile am Studio verkauft hatte, zog er sich 1969 endgültig als letzter der alten Hollywood-Mogule aus dem Geschäft zurück. Nicht ohne Bedauern meinte er an seinem letzten Tag im Studio: „Heute bin ich Jack L. Warner, ab morgen bin ich nur mehr irgendein reicher Jude."[16]

1 Beispiele für den Western: *Butch Cassidy and the Sundance Kid* (George Roy Hill, 1968), *The Wild Bunch* (Sam Peckinpah, 1968), *McCabe & Mrs. Miller* (Robert Altman, 1971), *Little Big Man* (Arthur Penn, 1971);
Gangsterfilm: *Bonnie and Clyde* (Arthur Penn, 1967), *The Godfather I-II* (Francis Ford Coppola, 1972, 1974);
Detektivfilm: *Klute* (Alan J. Pakula, 1970), *The Long Goodbye* (Robert Altman, 1972), *Chinatown* (Roman Polanski, 1974);
Horrorfilm: *The Night of the Living Dead* (George Romero, 1968), *Rosemary's Baby* (Roman Polanski, 1968), *The Exorcist* (William Friedkin, 1973), *Carrie* (Brian De Palma, 1976).
Andere Genres wie Historien- oder Sandalenfilme verschwanden in den 70er Jahren fast vollkommen.

2 Peter Biskind, *Easy Riders, Raging Bulls. How the Sex-Drugs-and-Rock 'n' Roll Generation Saved Hollywood*, London 1998.

3 Susan Sackett, *The Hollywood Reporter Book of Box Office Hits*, New York 1990, S. 206.

4 Lars Dammann, *Kino im Aufbruch. New Hollywood 1967-1976*, Marburg 2007, S. 75.

5 Lee Hill, *Easy Rider*, London 1996, S. 10.

6 Dennis Hopper war schon in den 50er Jahren bei Columbia und Warner Bros. unter Vertrag und spielte Nebenrollen u.a. in den James-Dean-Filmen *Rebel Without A Cause* (1955) und *Giants* (1956). Peter Fonda hatte als Sohn des berühmten Henry Fonda und Bruder von Jane Fonda, einem der Sexsymbole der 60er Jahre, schon früh Einblick in die Funktionsweisen des Studiosystems.

7 Vgl. John Sayles in der Doku-Reihe *Moguls & Movie Stars. A History of Hollywood*, Turner Classic Movies 2010, Folge 7 (Übersetzung NL).

8 Corman hatte zuvor Filme wie den Biker-Movie *The Wild Angels* (1966) mit Peter Fonda und den Drogenfilm *The Trip* (1967), sowohl mit Peter Fonda als auch mit Dennis Hopper, produziert.

9 Harry Cohn hatte Columbia gegründet, nach seinem Tod 1958 übernahm Abe Schneider die Studioleitung.

10 Zit. n. Biskind 1989, S. 35.

11 Patrick Goldstein, *Bonnie & Clyde & Joe & Pauline*, in: Los Angeles Times, 25. August 1997.

12 Zit. n. Mark Harris, *Pictures at a Revolution. Five Movies and the Birth of the New Hollywood*, London 2008, S. 344.

13 Pauline Kael, *Onward and Upward with the Arts. Bonnie and Clyde*, in: The New Yorker, 21. Oktober 1967, S. 147-171 (Übersetzung NL).

14 Vgl. Harris 2008, S. 391.

15 Vgl. Kap. 19, *Vom Blackface zum Superblackman. Afroamerikanische Rollenbilder in Hollywood*, S. 148f.

16 Bob Thomas, *Clown Prince of Hollywood. The Antic Life and Times of Jack L. Warner*, New York 1990, S. 4 (Übersetzung NL).

Bei der Oscar®-Verleihung 1965 war für Studioboss Jack L. Warner (ganz links) die Welt noch in Ordnung. Der Musicalfilm *My Fair Lady* (1964) mit Audrey Hepburn und Rex Harrison unter der Regie von George Cukor (ganz rechts) gewann acht Oscars®. Zwei Jahre später wurde *Bonnie and Clyde* (1967) für 10 Oscars® nominiert – für Jack Warner völlig unverständlich, der den Film zwar im Vertrieb hatte, ihn aber aus moralischen und ästhetischen Gründen ablehnte.

19

Vom Blackface zum Superblackman
Afroamerikanische Rollenbilder in Hollywood

Natalie Lettner

Eine Oscar®-prämierte Schlüsselszene 1967: Ein Schwarzer ohrfeigt einen Weißen und hat dafür die Sympathien des (schwarzen und weißen) Publikums auf seiner Seite.[1] Das hatte es so in Hollywood noch nicht gegeben. Der Schwarze ist Virgil Tibbs (Sidney Poitier), ein Kriminalkommissar aus dem liberalen Norden, der Weiße ein reicher Grundbesitzer im Old South, auf dessen Plantagen sich schwarze Baumwollpflücker und -pflückerinnen abplagen. Die Ohrfeige war allerdings kein Erstschlag. Als Tibbs suggeriert, der Plantagenbesitzer könnte in einen Mordfall verwickelt sein, schlägt dieser ihn ins Gesicht. Tibbs reagiert im Bruchteil einer Sekunde und gibt die Ohrfeige zurück. Der fassungslose Südstaatler stammelt: „Es ist noch nicht lange her, und ich hätte Sie dafür erschießen lassen können." *In the Heat of the Night* (1967) erhielt fünf Oscars®, unter anderem in der Kategorie ‚Bester Film'. Die Bürgerrechtsbewegung begann langsam im Mainstream anzukommen. Allerdings wurde der Film auch als liberaler Rassenversöhnungskitsch und Sidney Poitiers Figur als stereotyp kritisiert. Als dieser *In the Heat of the Night* (1967) drehte, war er am Höhepunkt seiner Karriere. Schon unzählige Male davor hatte er den intelligenten schwarzen jungen Mann mit Mittelklassemanieren gespielt, der jargonfreies Englisch spricht, immer vermittelnd agiert und der niemals die Selbstkontrolle verliert, auch wenn er mit rassistischem Verhalten konfrontiert ist. Clifford Mason stellte 1967 in der New York Times die spannende Frage, warum das weiße Amerika Sidney Poitier so sehr liebt. Seine Antwort: Poitier ist ein „antiseptischer eindimensionaler Held", eine Variation des *Good Niggers*, der Weißen hilft, ihre weißen Probleme zu lösen.[2] Und der zwar gut aussah, aber kein Sexsymbol sein durfte. Kurz, ein neuer „superblackman"[3]. Auch in *In the Heat of the Night* spielt Sidney Poitier diese Rolle. Allerdings schlägt er diesmal zurück. Und der Film zeigt die Südstaaten als rückständige, rassistische und bigotte Provinz – eine Sichtweise, die in Hollywood alles andere als selbstverständlich war, wie etwa zwei der erfolgreichsten Filme, *The Birth of a Nation* (1915) und *Gone with the Wind* (1939), verdeutlichen. In Hollywood – einerseits

In the Heat of the Night (Norman Jewison, 1967): ‚Superblackman' Sidney Poitier(links) gelingt es sogar, den bigotten Sheriff Bill Gillespie (Rod Steiger) für sich einzunehmen.

The Birth of a Nation (1915): Regisseur D.W. Griffith, selbst Sohn eines Südstaatenoffiziers, glorifiziert den Ku-Klux-Klan als Hüter von Recht und Ordnung. Die Hauptrollen der Afroamerikaner spielten weiße Schauspieler in *Blackface*; hier Walter Long in der Rolle des Gus, der vom Ku-Klux-Klan gelyncht wird.

Die Szene kontrastiert zwei schwarze Rollenbilder: Sidney Poitier (rechts) ist ein ebenbürtiger Kollege von Sheriff Gillespie. Jester Hairston (im Hintergrund) verkörpert die traditionelle Rolle des ‚Uncle Tom', der seinem weißen Herrn treu ergeben ist.

The Jazz Singer (1927): Rassistische Stereotypisierung oder Zelebrieren ethnischer Hybridität? Die Deutungen von Al Jolsons *Blackface*-Auftritten gehen weit auseinander.

Spiegel der amerikanischen Gesellschaft, andererseits selbst Ideologieproduzent – wechseln sich rassistische Stereotypisierungen ab mit liberalen Bemühungen um eine kritische Perspektive.

Da hier nur einige wenige Schlaglichter auf die Darstellung von Schwarzen in Hollywood geworfen werden können, konzentriere ich mich dabei vor allem auf Filme, die auch in anderen Kapiteln der Ausstellung vorgestellt werden.[4] *The Jazz Singer* (1927)[5], der erste Tonfilm Hollywoods, greift eine damals noch weit verbreitete Unterhaltungsform auf: den Auftritt eines weißen Schauspielers in Blackface, das heißt in schwarzer Schminke mit stereotyp überbetonten Lippen und rollenden Augen. Die Blackface-Maskerade hatte ihre Wurzeln in der ‚Minstrel-Show', dem beliebtesten Unterhaltungsgenre der breiten Massen im Amerika des 19. Jahrhunderts. Im frühen 20. Jahrhundert entwickelte sie sich in modifizierter Form zu einer fast ausschließlich jüdischen Performancekunst. Viele spätere Filmstars wie Al Jolson, Eddie Cantor, Sophie Tucker, George Jessel oder George Burns begannen ihre Karrieren unter anderem mit Blackface-Auftritten in Vaudeville-Theatern. Die Gründe dafür sind bis heute umstritten. Irving Howe interpretiert Blackface als eine Art jüdischen Solidaritätsakt gegenüber einer ebenfalls diskriminierten Gruppe.[6] Tatsächlich sahen Juden im Rassismus gegenüber Schwarzen Parallelen zu ihren eigenen Erfahrungen mit dem Antisemitismus – auch in der neuen Heimat – und engagierten sich bereits im frühen 20. Jahrhundert massiv in der schon damals bestehenden Bürgerrechtsbewegung. Ob die stereotypen Blackface-Performances allerdings ein

Blackening Up: Der jüdische Entertainer Eddie Cantor schminkt sich schwarz.

geeigneter Beitrag dazu waren, darf zumindest aus heutiger Sicht ernsthaft bezweifelt werden. Michael Rogin meint, Blackface hätte es, in Abgrenzung zu den in den Performances karikierten Schwarzen, jüdischen Immigranten vielmehr ermöglicht, sich zu assimilieren und echte Amerikaner zu werden.[7] Es sei Juden nicht möglich gewesen, Juden zu spielen, daher seien sie als Schwarze aufgetreten, um echte Weiße werden zu können. Die These scheint zumindest für *The Jazz Singer* eine gewisse Plausibilität zu haben: Die Blackface-Maskerade und der Jazz dienen der Al-Jolson-Figur dazu, die europäisch-jüdische Tradition zu überwinden und eine neue Identität als Amerikaner zu gewinnen.[8] Ganz anders verhält sich das jedoch bei den Blackface-Performances von Eddie Cantor. In *Whoopee!* (1928) parodiert Cantor diverse ethnische Stereotypen: er ist Indianer, Schwarzer und – vor allem! – hypochondrischer Jude, der auch manchmal vom Englischen ins Jiddische springt. Gerade die oben erwähnten jüdischen SchauspielerInnen traten zwar oft in Blackface auf, um vieles öfter aber als ebenfalls stereotypes „Jewface"[9]. Es macht jedoch einen Unterschied, ob man die eigene ‚Ethnie' karikiert oder eine andere. Mehr als vierzig Jahre später sollte der Independent-Regisseur Larry Cohen unter ganz anderen Vorzeichen das Blackface-Motiv aufgreifen. In seinem Blaxploitation-Film[10] *Black Caesar* (1973) – einem Remake von *Little Caesar* (1931)[11] mit schwarzem Gangsterhelden – demütigt dieser einen korrupten und rassistischen weißen Polizisten, indem er ihm Schuhcreme ins Gesicht schmiert und ihn zwingt, *Mammy*, Al Jolsons großen Hit aus *The Jazz Singer*, zu singen.

In den Anfängen Hollywoods wurden Schwarze generell von weißen Schauspielern dargestellt, berühmtberüchtigt in D.W. Griffiths Stummfilm *The Birth of a Nation* (1915)[12], der den amerikanischen Bürgerkrieg aus einer extrem rassistischen Perspektive schildert. Der Sieg der Nordstaaten wird als Katastrophe dargestellt, die dazu führt, dass triebhafte, faule, marodierende Schwarze an die Macht kommen. Hilfe bringt erst der Ku-Klux-Klan, den Griffith zu einer Art Widerstandsarmee glorifiziert. Im Film finden sich die wichtigsten stereotypen schwarzen Rollen, die auch die kommenden Jahrzehnte prägen werden: den treu ergebenen Uncle Tom, der nichts anderes sein will als ein Sklave; die Mammy, eine dicke, mürrische, aber gutherzige Dienerin; die tragische Mulattin, die verdeutlicht, dass ‚Rassenmischung' ins Unglück führt.[13]

Fred Williamson als *Black Caesar* (Larry Cohen, 1973) im gleichnamigen Film, hinter ihm rechts Isaac Hayes. Erst ab den 70er Jahren konnten Schwarze als coole und sexuell attraktive Gangster dargestellt werden. Auch dieses Rollenmuster wurde allerdings bald als stereotyp kritisiert.

In ihrem Leben konterkarierte Hattie McDaniel ihre stereotypen Filmrollen: „Auf der Leinwand bin ich eine gute schwarze Mammy", meinte sie, „bei mir zu Hause bin ich Hattie McDaniel." Sie fuhr einen luxuriösen Packard Sedan und richtete ihr Haus mit teuren Möbeln und Luxusgegenständen ein, die sie auch gerne der Hollywood-Presse zeigte.

Hattie McDaniel (rechts) mit Vivien Leigh in ihrer Oscar®-prämierten Rolle als Mammy in *Gone with The Wind* (1939).

Die wichtigste Rolle in *The Birth of a Nation* kommt allerdings dem Buck zu, dem Schwarzen als übersexualisiertem Bösewicht, dessen Hauptziel es ist, weiße Frauen zu vergewaltigen und die Ordnung zu untergraben. So erfolgreich der Film nicht zuletzt aufgrund seiner künstlerisch innovativen Filmsprache war, die ihm bis heute Vorführungen bei Festivals und in Programmkinos verschafft, so sehr löste er auch von Anfang an Proteste, Demonstrationen, teilweise auch gewalttätige Ausschreitungen aus, so dass er in fünf amerikanischen Bundesstaaten und 19 Städten verboten wurde. Eine Konsequenz daraus ist besonders bemerkenswert. Für Jahrzehnte vermieden es die Studios, afroamerikanische Bösewichte zu zeigen. Und das Thema Sex und Schwarze wurde zu einem Tabu, das erst in den 70er Jahren gebrochen wurde. Mit *Sweet Sweetback's Baadasssss Song* (1971) des afroamerikanischen Regisseurs Melvin Van Peebles kamen explizit sexualisierte schwarze *Bad Guys* als vom Publikum bejubelte Helden zurück auf die Leinwand. Der unabhängig produzierte Film löste eine „Buckmania"[14] aus, die dann auch von den Studios aufgegriffen wurde.

The Birth of a Nation war die finanziell erfolgreichste Produktion, bis zu David O. Selznicks *Gone with The Wind* (1939), einem weiteren monumentalen Südstaatenepos, das ebenfalls zur Zeit der Sezessionskriege spielt. Auch dieser Film – bis heute der erfolgreichste, was die weltweit verkauften Tickets betrifft[15] – reproduziert Südstaatenklischees, schildert aber das Verhältnis von Schwarzen und Weißen in der Vorbürgerkriegszeit so realistisch wie bis dahin kein anderer, wie Donald Bogle betont.[16] Natürlich entspricht die von Hattie McDaniel verkörperte *Mammy*, eine große, dicke, asexuelle Frau mit rollenden Augen, den bekannten Klischees, aber es gelingt der Schauspielerin, innerhalb dieses Rahmens eine komplexe,

Sam (Dooley Wilson, links) und Rick (Humphrey Bogart) in *Casablanca* (1942) – ein gutes Beispiel für die sogenannte Huck-Finn-Fixierung: Ein Weißer rebelliert gegen die Gesellschaft und freundet sich mit einem Schwarzen an, der allerdings niemals das hierarchische Gefälle zwischen beiden in Frage stellt.

selbstbewusste und nicht zuletzt schlagfertige Figur zu kreieren. Sie erhielt dafür als erste Schwarze einen Oscar®. Schon während der Produktion gab es allerdings heftige Proteste gegen die Verfilmung von Margaret Mitchells Roman, insbesondere von Seiten des NAACP[17] und der afroamerikanischen Presse. David O. Selznick bemühte sich um einen Konsens und lud Earl Morris, einen schwarzen Journalisten, zu den Dreharbeiten ein. Auf seine Anregung verzichtete man auf das Wort ‚Nigger'. Auch die Romanepisode mit dem Ku-Klux-Klan wurde gestrichen. Selznick schrieb an Walter White, den Generalsekretär des NAACP, er habe „jeden Hebel in Bewegung gesetzt, um alle denkbaren Stellen des Romans aus unserem Film zu streichen, gegen die die Neger in Amerika Einwände haben könnten." Im Film werde sich auch keine „Anti-Negro-Propaganda" finden und die schwarzen Hauptrollen würden als „liebenswerte, gewissenhafte Personen mit edler Gesinnung" dargestellt werden.[18] In einem Brief an John Hay Whitney nahm Selznick auf die Judenverfolgung in Nazi-Deutschland Bezug: „Ich fühle mich so betroffen von dem, was den Juden der Welt geschieht, so dass ich gar nicht anders kann, als mit den Negern und ihren Befürchtungen zu sympathisieren, so ungerechtfertigt diese hinsichtlich der ihnen als beleidigend oder schädigend erscheinenden Inhalte sein mögen."[19] Trotzdem gab es aus der afroamerikanischen Community natürlich kritische Stimmen zum Film, nicht zuletzt aufgrund seiner Verharmlosung der Sklaverei und seines verzerrten Bilds der sogenannten ‚Reconstruction-Ära' nach dem Bürgerkrieg. Gleichzeitig war man außer sich vor Begeisterung über Hattie McDaniels Oscar® und sah eine neue Zeit der Anerkennung für schwarze Schauspieler anbrechen. Es sollten allerdings weitere 34 Jahre vergehen, bis wieder ein Oscar® an eine/n Schwarzen ging. Diesmal an Sidney Poitier.[20]

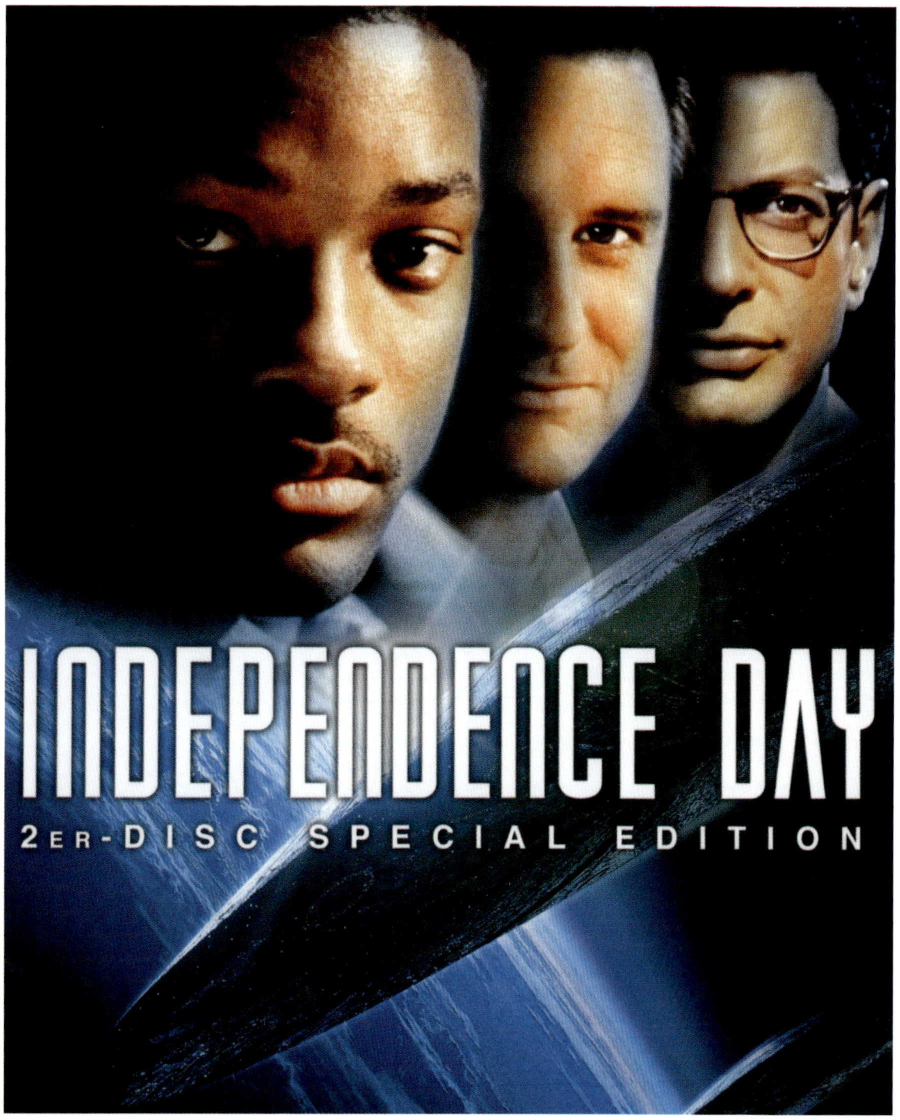

DVD-Cover zu *Independence Day* (1996): ein athletischer Schwarzer, ein intellektueller Jude und der (weiße) Präsident der USA – zusammen retten sie die Welt.

Ab der Tonfilm-Ära, insbesondere ab den 40er Jahren, gibt es neben der oft lustigen Dienerfigur eine weitere wichtige Rolle für Schwarze im Film, die des Entertainers, vor allem des Musikers. Dooley Wilson als Sam in *Casablanca* (1942)[21] verbindet beides in einer Person: den treuen Diener und den begnadeten Musiker. Auch wenn zwischen dem weißen Rick (Humphrey Bogart) und dem schwarzen Sam eine enge Freundschaft besteht, ändert das nichts an der klaren Rollenverteilung. Rick ist der Boss, und Sam würde diese Hierarchie niemals in Frage stellen. Donald Bogle bezeichnet dies als erstes Beispiel für eine Huck-Finn-Fixierung,[22] die zahlreiche spätere Hollywoodfilme prägen sollte: Ein weißer Außenseiter freundet sich aufgrund seiner Opposition zur Gesellschaft mit einem Schwarzen an, der ebenfalls ausgegrenzt wird, der aber auch niemals mit ihm konkurrieren würde.

Die Geschichte von Hollywood ist nicht rassistischer oder aufgeklärter als jene der amerikanischen Gesellschaft selbst. Manchmal verstärkte Hollywood konservative, manchmal liberale Tendenzen, manchmal beides zugleich. Im Blockbuster *Independence Day* (1996) von Roland Emmerich, ein zweifelsohne konservativ-patriotischer Film, retten ein Schwarzer (Will Smith), ein Jude (Jeff Goldblum) und ein WASP[23] (Bill Pullman) die Welt vor der Vernichtung durch bösartige Außerirdische. Die drei ergeben ein kongeniales Team, wobei die Rollenverteilung durchaus ‚ethnischen' Hierarchisierungen und Zuschreibungen folgt: Der Schwarze ist ein draufgängerischer Marine-Pilot, der Jude ein grenzgenialer Computerexperte und der WASP ist Präsident der Vereinigten Staaten. 1998 sollte Hollywood mit Morgan Freeman in *Deep Impact* erstmals einen schwarzen Präsidenten auf die Leinwand bringen, eine Fantasie, die zehn Jahre später mit der Wahl Barack Obamas Realität wurde.

1 Mark Harris, *Pictures at a Revolution. Five Films and the Birth of a New Hollywood*, London 2008, S. 335 f.
2 Clifford Mason, *Why Does White America Love Sidney Poitier So?*, in: The New York Times, 10. Sept. 1967.
3 Donald Bogle, *Toms,* Coons, *Mulattos, Mammies & Bucks. An Interpretive History of Blacks in American Films,* New York 2001, S. 216.
4 Mehr zum Thema bei Bogle 2001; ders, *Bright Boulevards, Bold Dreams. The Story of Black Hollywood*, New York 2005; Thomas Cripps: *Slow Fade to Black. The Negro in American Film 1900-1942*, London 1977.
5 Vgl. Kap. 7, *The Jazz Singer. Der Film spricht, die Religion privatisiert*, S. 74ff.
6 Irving Howe, *World of Our Fathers. The Journey of the Eastern European Jews to America and the Life They Found and Made*, New York 1976, S. 563.
7 Michael Rogin, *Blackface, White Noise. Jewish Immigrants in the Hollywood Melting Pot*, Berkeley - Los Angeles 1996.
Für eine umfassende Kritik zu Rogin siehe Joel Rosenberg, *Rogin's Noise. The Alleged Historical Crimes of the Jazz Singer*, in: Prooftexts Bd. 22, Nr. 1-2, 2002, Special Issue, *The Cinema of Jewish Experience*, Bloomington 2002, S. 221-239.
8 Vgl. auch Mark Slobin, *Putting Blackface in its Place*, in: J. Hoberman u. Jeffrey Shandler (Hg.), *Entertaining America. Jews, Movies, and Broadcasting*, New York 2003, S. 93-99.
9 Rosenberg 2002, S. 228.
10 Der Begriff ‚Blaxploitation' setzt sich aus den Wörtern ‚black' und ‚exploitation' zusammen und bezeichnet ein in den 70er Jahren boomendes Genre von Low-Budget-Filmen mit schwarzen Schauspielern in den Hauptrollen. Die Filme galten einerseits als Ausdruck des neuen afroamerikanischen Selbstbewusstseins, wurden andererseits aber auch für ihre stereotype Darstellung von Schwarzen kritisiert.
11 Vgl. Kap. 10, *Italiener, Iren, aber keine Juden? Der ethnische Gangster erobert die Leinwand*, S. 92ff.
12 *The Birth of a Nation* war ein Massenspektakel, in dem zwar schwarze Statisten auftraten, aber die tragenden afroamerikanischen Rollen von Weißen gespielt wurden.
13 Bogle 2001, insb. S. 3-18.
14 Bogle 2001, S. 241 f.
15 Geoff King, *New Hollywood Cinema. An Introduction*, London - New York 2002, S. 51.
16 Bogle 2001, S. 88 f.
17 Die National Association for the Advancement of Colored People (NAACP) ist eine der ältesten (seit 1909) und wichtigsten Organisationen der amerikanischen Bürgerrechtsbewegung. Vgl. Patricia Sullivan, *Lift Every Voice. The NAACP and the Making of the Civil Rights Movement*, New York 2009.
18 Zit.n. Donald Bogle, *Bright Boulevards, Bold Dreams. The Story of Black Hollywood*, New York 2005, S. 180 (Übersetzung NL).
19 Memo von David O. Selznick an John Hay Whitney, 10. Feb. 1939, Selznick Papers, University of Texas, Austin, Texas (Übersetzung NL).
20 Als bester Hauptdarsteller für seine Rolle als Homer Smith in *Lilies of the Field* (1963).
21 Vgl. Kap. 12, *Heimatlos in Hollywood. Casting Casablanca: Warner Bros. und das europäische Filmexil*, S. 102ff
22 Bogle (2001, S. 140 f.) bezieht sich damit auf Mark Twains Roman *Adventures of Huckleberry Finn* (1884), der die Freundschaft des weißen Außenseiters Huck Finn mit dem schwarzen Sklaven Jim schildert.
23 White Anglo-Saxon Protestant.

20

Producing the Seventies
Gabriele Flossmann im Gespräch mit Eric Pleskow

Pleskow: Schau' dir den an – der hat Charakter! Einen schlechten zwar – das ist aber immer noch besser als gar keinen Charakter!

Der Herr, den Eric Pleskow mit diesen Worten vorstellt, ist eine glänzende Erscheinung: eine goldene Statuette, die schief auf einem Sockel steht. Auf dem Sockel ist der Name ‚Rocky' eingraviert.

Pleskow: Dieser Oscar® ist mir einmal runtergefallen, seither steht er nicht mehr gerade und deshalb wollte ihn meine Tochter nicht.

Diese Worte lassen verstehen, warum in Pleskows Haus in Weston, im US-Bundesstaat Connecticut, nur drei Oscars® stehen, obwohl der langjährige Präsident des österreichischen Filmfestivals Viennale im Laufe seines erfolgreichen Vorlebens als einer der letzten großen Film-Mogule Hollywoods insgesamt vierzehn der begehrten Statuetten in der Kategorie ‚Bester Film' gewonnen hat.

Pleskow: Die restlichen elf stehen bei meiner Tochter. Ich hab mir nur diese drei Oscars® behalten. Denn drei Oscars® in der Kategorie ‚Bester Film' hintereinander – das hat vor mir noch keiner geschafft.

Die drei Produktionen mit denen Pleskow diesen Hollywood-Hattrick zustande brachte, waren Einer flog über das Kuckucksnest *von Miloš Forman (One Flew Over the Cuckoo's Nest, 1975),* Rocky *von John G. Avildsen (1976) und* Annie Hall *(*Der Stadtneurotiker, *1977) von Woody Allen. Meine erste Begegnung mit Eric Pleskow fand übrigens anlässlich der Weltpremiere von* Rocky *im Februar 1977 in London statt. Er war damals Präsident von United Artists. „We are Nr. 1" stand auf den T-Shirts seiner MitarbeiterInnen. Eine dezentere Selbstbeschreibung wäre falsche Bescheidenheit gewesen, denn die United Artists hatten es unter der Präsidentschaft Eric Pleskows tatsächlich geschafft, zum Marktführer der US-Filmindustrie zu werden. Die drei zwischen 1975 und 1977 gewonnenen Oscars® zeugen einerseits von der nach der ersten New-Hollywood-Phase durcheinandergewirbelten amerikanischen Filmszene. Andererseits enstanden diese Filme, ein Boxer-Drama, ein intellektuelles ‚Liebesverwirr-Spiel' eines Stadtneurotikers und ein in einem Irrenhaus angesiedeltes Freiheitsepos, natürlich auch aus ganz spezifischen Interessen des Masterminds.*

Pleskow: Mir war es immer wichtig, dass ich mir selber nicht fad werde. Und nichts ist langweiliger, als immer wieder das Gleiche zu machen. Mit Woody (Allen) habe ich rund 20 Filme gemacht und damals war er viel schwieriger als heute. Solange er für mich gearbeitet hat, wollte er nie Interviews geben, und ich habe das respektiert. Den Film *Annie Hall* wollte er noch dazu *Anhedonia* (*Verlust von Lebensfreude*) nennen. So ein Titel ist geradezu eine Aufforderung an das Publikum, sich den Film nur ja nicht anzuschauen. Ich

Eric Pleskow in Wien, fotografiert von Peter Rigaud, 2011. Der ehemalige Präsident der United Artists und Orion Pictures gewann im Laufe seines Lebens vierzehn Oscars®. Seit 1997 ist er Präsident der Viennale, Vienna International Filmfestival.

1975 engagierte Pleskow den jungen tschechoslowakischen Regisseur Miloš Forman für den Film *One Flew Over the Cuckoo's Nest*, in dem Jack Nicholson eine seiner Paraderollen fand. Pleskow erhielt dafür als Studioboss den ersten von zahlreichen Oscars® in der Kategorie ‚Bester Film'.

habe damals zu Woody unter vier Augen gesagt: „Für dich und für mich wird der Film immer *Anhedonia* heißen – aber für das restliche Publikum brauchen wir einen anderen Titel. Daraufhin schlug er *Annie Hall* vor. Und dabei blieb es dann auch.

Flossmann: Wie ist es zum Film *Einer flog über das Kuckucksnest* gekommen?

Pleskow: Das Drehbuch ist ja schon jahrelang in der Filmbranche kursiert, aber niemand hat sich getraut, diesen schwierigen Stoff zu produzieren. Ursprünglich hatte Kirk Douglas die Rechte daran für sich gekauft, weil er im gleichnamigen Stück am Broadway eine Hauptrolle gespielt hatte. Als aus dem Film lange nichts wurde, hat er die Rechte an seinen Sohn Michael und den Produzenten Saul Zaenz übergeben. Die beiden sind damit dann zu mir gekommen. Ich habe ihnen das Geld gegeben, weil es mich gereizt hat, mit Miloš Forman zusammen zu arbeiten, der kurz zuvor aus der Tschechoslowakei nach Amerika geflohen war. Aus eigener Erfahrung konnte ich es ihm nachfühlen, wie man sich als Emigrant fühlt. Wir haben ja dann noch einiges zusammen gemacht – zum Beispiel *Amadeus*, der 1985 auch mehrere Oscars® gewonnen hat, unter anderem für den ‚Besten Film' und die ‚Beste Regie'.

Flossmann: Begann mit *Rocky* Sylvester Stallones Durchbruch?

Pleskow: Sylvester Stallone hat ja schon einmal in einem Film der United Artists gespielt. In *Bananas* (1971) von Woody Allen. Da ist er aber nur kurz vorgekommen und keiner hat ihn gekannt. Ich hab ja übrigens auch Arnold Schwarzenegger die erste Chance einer Hollywood-Karriere gegeben, 1976 in *Stay Hungry*. Aber zurück zu Stallone. Ich habe damals nicht geglaubt, dass ein Boxerfilm mit einem unbekannten Schauspieler ein Erfolg werden könnte. Doch das kleine Budget war verlockend, und da habe ich ihnen das Geld dafür gegeben. Zum Glück habe ich mich getäuscht – *Rocky* ist zum Blockbuster geworden und hat dazu noch ein paar Oscars® gewonnen. Danach habe ich noch einen Boxerfilm probiert – *Raging Bull* (*Wie ein wilder Stier,* 1980) von Martin Scorsese mit Robert DeNiro. Das wurde zumindest ein künstlerischer Erfolg.

Flossmann: Du hast noch eine Sensation geschafft, die seither niemandem mehr gelungen ist. Du hast zwei Filme produziert, die in allen fünf Hauptkategorien gewonnen haben: ‚Bester Film', ‚Beste Regie', ‚Bester Hauptdarsteller', ‚Beste Hauptdarstellerin' und ‚Bestes Drehbuch'.

Pleskow: Ja, das hat vor mir nur einer geschafft, Frank Capra mit seinem Film *Es geschah in einer Nacht (It Happened One Night)*. Aber das war schon 1934, da war ich noch ein Kind in Wien. Das letzte Mal ist mir das 1992 mit *Das Schweigen der Lämmer (The Silence of the Lambs)* von Jonathan Demme gelungen, davor mit *Einer flog über das Kuckucksnest* von Miloš Forman.

Flossmann: Wie schafft man solche Erfolge?

Eric Pleskow: Man sollte die Drehbücher alle selber lesen und nicht immer darauf hören, was andere sagen. Sonst hätte ich zum Beispiel *Der mit dem Wolf tanzt* 1990 gar nicht gemacht. Denn da haben mir alle in meiner Firma (*die 1978 von Pleskow gegründete Orion*) gesagt: „Das brauchst du gar nicht lesen, Indianer will heutzutag' keiner mehr im Kino sehen, und einen Film mit Untertiteln schon gar nicht."

Flossmann: Wieviele Oscars® hat dieser Film dann bekommen?

Pleskow: In den Hauptkategorien nur vier! Dem Kevin Costner haben sie den Regie-Oscar® gegeben, den für den besten Schauspieler nicht. War aber eh' gut – ihm ist damals der *eine* Oscar® schon ein biss'l in den Kopf gestiegen.

Flossmann: Steigen einem vierzehn Oscars® nicht in den Kopf?

Pleskow: Oja, schon. *(Lacht.)* Deshalb vergiss' auch nicht zu erwähnen, dass ich jeden Tag davorstehe und mich selbst dafür bewundere. Darum habe ich auch die elf meiner Tochter gegeben, sonst wird meine Ehrfurcht vor mir zu groß. Vielleicht gebe ich ihr nach der Ausstellung noch zwei von diesen drei Oscars® und behalte mir nur mehr den *Rocky*, der steht auch so ein biss'l schief da, so wie ich – aber er steht noch ohne Stock.

Flossmann: Nochmals zurück in die 70er Jahre. 1978 hast du gemeinsam mit Arthur Krim und Robert Benjamin eine eigene Filmfirma, die Orion, gegründet?

Pleskow: Das lag vor allem daran, dass die United Artists kurz davor von der Transamerica Corporation gekauft worden waren, und die wollten mir bei den Filmen dreinreden. Das wollte ich aber nicht. Ich wollte für meinen Mist immer allein verantwortlich sein, sowie auch für meine Erfolge. Dabei muss ich rückblickend sagen, dass ich mich auch für eine negative Entwicklung in Hollywood verantwortlich fühle: für die enorm gestiegenen Schauspielergagen. Ich musste mir die Schauspieler vom freien Markt engagieren, weil ich keine Stars anstellen konnte. Andere Firmen haben mir das nachgemacht, weil die auch nicht immer nur mit ihren eigenen Schauspielern drehen wollten. Und damit sind die Agenten immer mächtiger geworden und verlangten immer höhere Traumgagen. Für 20 Millionen Dollar, die ein Brad Pitt heute bekommt, hätte ich zwei bis vier Filme drehen können.

Flossmann: Gibt es einen Schauspieler, mit dem du in deiner Zeit bei United Artists gerne gearbeitet hättest und den du nicht bekommen konntest?

Pleskow: Mit Paul Newman, der war damals aber bei einem anderen Studio angestellt.

Flossmann: Gibt es ein Rezept für Erfolge wie deine in Hollywood?

Pleskow: Glück gehört auch dazu, wie bei allem im Leben.

Flossmann: Was würdest du als das größte Glück in deinem Leben bezeichnen?

Pleskow: Dass meine Eltern und ich uns 1939 vor den Nazis retten konnten. Dass ich noch lebe und Kinder und Enkelkinder habe – das ist meine Rache an Hitler.

Eric Pleskow

Geb. 1924 in Wien. Rettete sich 1939 mit seinen Eltern auf eines der letzten Schiffe in die USA. Begann als Cutter, meldete sich 1943 zur US-Army und wurde dort als Dokumentarfilmer eingesetzt. 1945 entsandte ihn die US-Armee als Filmoffizier nach Bayern, um die deutsche Filmproduktion zu entnazifizieren und die Bavaria Studios wieder aufzubauen. Übernahm 1951 den Verleih der United Artists für Europa und Südafrika, stand ab 1973 an der Spitze des Unternehmens. Gründete 1978 die Orion Pictures Corporation. Wurde in seiner Karriere als Filmproduzent 14 Mal mit dem Academy Award® in der Kategorie ‚Bester Film' ausgezeichnet. Seit 1997 ist er Präsident der Viennale, Vienna International Filmfestival.

Der 1976 noch unbekannte Sylvester Stallone bestand darauf, Rocky selbst zu spielen. Pleskow willigte ein. 1977 wurde Stallone von der Academy sogar als bester Schauspieler nominiert. Oscars® gab's dann jedoch *nur* in der Kategorie ‚Bester Film', ‚Beste Regie' und ‚Bester Schnitt'.

21

New York, New York
Grüße aus Woody Allens jüdischer Metropole

Daniel Itzkovitz

Trotz seiner unverminderten, unentrinnbaren jüdischen Identität, vermied Hollywood die Darstellung von Juden bis zur Produktion von Woody Allens *Annie Hall (Der Stadtneurotiker*) im Jahr 1977 über Jahrzehnte hinweg gezielt. Wahrscheinlich ist das der Grund, warum jede Szene in *Annie Hall* – von einer selbstverständlichen und selbstbewussten alltäglichen jüdischen Empfindsamkeit geprägt – so befreiend war, auch wenn wir uns bei Alvy Singers komplizierten Problemen winden mussten. Allen hatte sich in einen Leinwand-Liebhaber verwandelt, indem er jemanden darstellte, den Hollywood lange vernachlässigt hatte: einen weinerlichen, dürren, kahl werdenden, bebrillten, paranoiden, rhetorisch gewandten, urkomisch schlagfertigen, sich selbst beobachtenden, sich nicht rechtfertigenden romantischen Juden. Was ware daran nicht liebenswert?

Uns allen war dieser Typus des New Yorker Juden schon bekannt. Es war jener kluge Besserwisser, der sich während der McCarthy-Prozesse geweigert hatte, Namen zu nennen, der hippe Sonderling hinter Sid Caesars brillianter und bahnbrechender Fernseh-Show *Your Show of Shows*, und er war auch der magere Störenfried aus dem Norden, aus ‚Jew York City', der in einem endlosen Strom von antisemitischen Abhandlungen im 20. Jahrhundert als Angsthase dargestellt wurde. Als ihn Woody Allen auf der Leinwand zum Leben erweckte, war er komisch und trübsinnig und sexy – ein totaler Außenseiter, dem wir gerne die Daumen drückten. Allen ist nie vor seinem Judentum und seiner bedingungslosen Beziehung zu New York davongelaufen; sie bedeuteten ihm alles. So wie 1979 sein Alter Ego Isaac Davis in der Eröffnungsszene seines Meisterwerkes *Manhattan* ohne wenn und aber feststellte: „New York war seine Stadt und würde es immer bleiben."

Einige Millionen jüdische Einwanderer sind im späten 19. und beginnenden 20. Jahrhundert auf Ellis Island gelandet, von denen sich viele in Lower Manhattan ansiedelten. „New York (...) ist der Traum eines Kykes[1] von einem Ghetto", bemerkte der Schriftsteller Theodore Dreiser 1922 bestürzt gegenüber einem Freund, „der verlorene Stamm hat die Insel übernommen." Und in einem gewissen Sinn hatten sie das ja auch getan. Um 1910 war Manhattans Lower East Side das mit dem weltweit größten Anteil an jüdischer Bevölkerung dichtest besiedelte Gebiet auf dem Planeten. Das bedeutet: Während die Juden fast das ganze 20. Jahrhundert hindurch nur 2% der amerikanischen Bevölkerung ausmachten, war ‚jüdisch' für viele gleichbedeutend mit *der* bedeutendsten amerikanischen Stadt. Logisch folgerte daher Lenny Bruce[2] in seiner mittlerweile klassischen 1960er-Comedy-Nummer: „Kommst du aus New York und bist katholisch, bist du trotzdem jüdisch. Kommst du aus Butte, Montana, und bist jüdisch, bist du trotzdem ein Goi." New York war definitiv jüdisch geworden – die Grenze, die New York vom Rest Amerikas trennte, war gezogen.

Annie Hall festigte Woody Allens Position als Visionär von New York – in Wahrheit von Manhattan –, er

Aus Woody Allens *Annie Hall* wurde im Deutschen *Der Stadtneurotiker*. Der Film war eine befreiende Inszenierung jüdischer Identität im Big Apple der 70er Jahre. Darüber hinaus wurde er von Hollywood geadelt und gewann fünf Oscars®.
(Katalog: Set 21, S. 196)

hatte wahrscheinlich den klarsten Blick auf Uptown aus der Sicht von Brooklyn, mit seiner brüchigen Empfindsamkeit, seinem trockenen Außenseiter-Humor („Meine Oma hat nie etwas hergeschenkt," erzählt Alvy Annie, „sie war zu beschäftigt damit, von Kosaken vergewaltigt zu werden."), seinen ständigen Ängsten vor Antisemitismus, und seinem permanenten Glauben, dass *jeder* gerade eine erfolglose Psychoanalyse absolviert, die verschiedenen nichtssagenden Menschen eingeschlossen, die man üblicherweise auf Partys trifft („Dann hatte ich endlich einen Orgasmus", erzählt ihm einer der Partygäste, „aber mein Arzt erklärte mir, es wäre der falsche gewesen."). Er hat dieses Gespür nicht erfunden, aber in Allen hat es seine großartigste, verständnisvollste und am besten verwirklichte Stimme gefunden.

Durch dicke Brillen und mit seiner besonderen Mischung aus Trotz und Paranoia starrte er auf das restliche Amerika. „Siehst du nicht, dass der Rest dieses Landes auf New York schaut, als ob wir Linke, Juden, Kommunisten, Homosexuelle, Pornographen wären?" protestiert Alvy, als sein Freund Rob ihn davon überzeugen will, nach Kalifornien zu übersiedeln. „Auch ich denke manchmal so über uns, und ich lebe hier!" In *Annie Hall* wird Manhattan zu einem *Schtetl*, in dem die Straßen mit harmlosen schillernden Fremden und Freaks bevölkert sind, die zudringlich werden („Das ist Alvy Singer! Alvy Singer ist hier unter uns!" beginnen zwei Männer plötzlich zu schreien, nachdem sie ihn auf der Straße erkannt haben), die irritieren, wenn sie zu nahe kommen (wie der unvermeidliche Angeber in der Warteschlange vor der Kinokassa), und die, wenn sie

Alvy Singer (Woody Allen, Mitte) zu Rob (Tony Roberts, links), der nach Hollywood gehen will: „Siehst du nicht, dass der Rest dieses Landes auf New York schaut, als ob wir Linke, Juden, Kommunisten, Homosexuelle, Pornographen wären? – Auch ich denke manchmal so über uns, und ich lebe hier!"
Diane Keaton als Annie Hall.

In *Annie Hall* wird Manhattan für den Komiker Alvy Singer zum ‚sicheren Schtetl'. Los Angeles ist ihm hingegen zu sauber: „Das liegt daran, dass sie ihren Müll nicht wegschmeißen: sie machen daraus ihre Fernseh-Shows."

Im ‚Spiegel' der amerikanischen Schickse gelingt dem New Yorker Woody Allen alias Alvy Singer in *Annie Hall* ein jüdisches ‚Coming Out' mit Folgen für die gesamte amerikanische Filmlandschaft.

zufällig auf der Straße angesprochen werden, fast immer für alles zu haben sind, intime Ratschläge und Einblicke in Liebes- und Beziehungsfragen eingeschlossen.

Diese ‚kleinstädtische' Authentizität macht New York zu einem halbwegs sicheren Zufluchtsort vor dem restlichen Amerika, gemeinsam mit all den anderen Bedrohungen, körperlichen, spirituellen und sonstigen. „Es wird dir nichts passieren. Du bist mitten in New York City", sagt sich ängstlich Allens hypochondrisches Alter Ego in *Hannah and Her Sisters* (1986). „Das ist deine Stadt. Du bist umgeben von Menschen, Verkehr und Restaurants." Allens Helden tragen die Stadt und alle ihre Merkmale in sich, wo immer sie hingehen, und verwenden sie, um sich gegen die sterile, konformistische Dummheit der Welt dahinter zu schützen: ob gegen die Vision des *Sleeper*s vor einer repressiv uniformen Zukunft, vor dem überraschend erschreckenden Minnesota von Annie Halls Oma, oder am hartnäckigsten, vor dem gefürchtete Kalifornien, dass in zahlreichen Allen-Filmen der 1970er und 80er Jahre immer wieder als Bastion des uneigentlich Absurden dargestellt wird.

Woody Allens Filme aus dieser Periode haben eine unerschöpfliche Verachtung für Hollywoods sonnige Inkongruenz, seine Kraftlosigkeit und Schalheit. Die Abgrenzung ist vor allem eine kulturelle: „Es ist hier so sauber", beobachtet Annie in Los Angeles, worauf Alvys antwortet: „Das liegt daran, dass sie ihren Müll nicht wegschmeißen: sie machen daraus ihre Fernseh-Shows". Allens Bewohner von Manhattan streunen durch Straßen aus einer anderen Welt, leben emotional chaotische Leben, die überfüllt mit Büchern, Wünschen und Sorgen sind. Die Filme drücken sich weder vor Kummer, noch lösen sie diesen durch ein Hollywood-Ende – stattdessen finden sie hier zu ihrem größten Humor.

Es war eine faszinierende, erwachsene Vision, und für einige Zeit schienen die Filme nicht nur das Versprechen zu halten, dass sie symbolisch sogar die WASP-[3] Charaktere umdrehen würden (sogar Annie landet in einer Analyse), sondern auch, dass sie uns alle in seine Welt bringen, uns alle jüdisch machen würden.

Dennoch können wir begreifen, was Tony Judt 2010 meinte, als er beobachtete, dass das „jüdische New York (...) den Höhepunkt bereits überschritten hat"[4]. Einige der besten Filme von Woody Allen entstanden in den 1980ern. Aber als 1993 das luftige, gescheite und komische *Manhattan Murder Mystery* in die Kinos kam, war das Publikum schon weniger interessiert.

Vielleicht war er schon eine zu starke Karikatur geworden, oder vielleicht hatten die Leute schon genug von Allens neurotischem Juden, eine Situation, die durch die Verurteilung von Allens ungebührlichem Privatleben nicht verbessert wurde. Aber das Nachlassen des Interesses kann auch viel mit unserer kulturellen Fähigkeit und der Sehnsucht, Komplexität in unseren Populär-Medien zu tolerieren, zu tun haben.

Nachdem sich seine Filme thematisch von New York entfernt hatten, haben andere entscheidende Stränge eines selbstbewussten New Yorker Judentums aufgegriffen, jedoch mit einem Unterschied. *Seinfelds*[5] entwurzelte, aber dennoch eindeutig jüdischen Charaktere erreichten die Mitte Amerikas, wie Allen es nie gekonnt hatte, waren aber perfekte Sinnbilder des wachsenden Gefühls der Leere im Zentrum dessen, was vom säkularen jüdischen amerikanischen Leben übriggeblieben war. Und in den 90er Jahren, als Hollywood schlussendlich die Marktfähigkeit eines jüdischen Hauptdarstellers erkannte, tauchten als Antwort Adam Sandler (der Anti-Allen – gefühllos, brutal, vertrottelt) und Ben Stiller (dessen Humor stark vom sadistischen Vergnügen des Publikums abhängt) auf. Hinter diesen Veränderungen verbirgt sich die Geschichte der amerikanischen Juden im 20. Jahrhundert.

Allen selbst könnte das alles in den 1970ern vorausgesagt haben: „Die Stadt verändert sich wirklich", lamentiert Isaac in *Manhattan*, während er mit Diane Keatons Mary an einem Abbruchgelände vorbeispaziert. „Können sie das nicht zu Wahrzeichen machen?", erwidert sie. Sie *sind* bereits Wahrzeichen, Zeugen eines New York, das immer eine wunderschöne, schmerzliche Erfindung war, Wahrzeichen dessen, wie wir uns selbst gerne vorgestellt haben: anspruchsvoll, urban, intellektuell engagiert, emotional kompliziert, und sehr witzig.

1 Kyke ist eine rassistische Bezeichnung für Juden, vergleichbar dem ‚Nigger' für Afroamerikaner.

2 Lenny Bruce (1925-1966) war ein Stand-up-Comedian und Satiriker, der wesentlich dazu beitrug, die Stand-Up-Comedy von einer Form des bloßen Witzeerzählens zur intelligenten und zeitbezogenen Unterhaltung zu verändern.

3 Vgl. Kap. 8, *Zuhause in LA. Ein Tempel, ein Golfplatz und der Antisemitismus*, FN 3.

4 Tony Judt, *My Endless New York*, in: New York Times, 7. November 2010.

5 *Seinfeld* ist eine von Jerry Seinfeld und Larry David gestaltete Sitcom, die in den Vereinigten Staaten als die bekannteste und einflussreichste Sitcom der 1990er Jahre angesehen wird. Sie wird oft herangezogen, um die selbstbezogene und ironische Kultur dieser Zeit darzustellen.

Larry David (links) und Jerry Seinfeld (rechts). Seinfeld gelang es mit seiner Sitcom, das jüdische New York via Fernsehen von 1989 bis 1998 in die Mitte Amerikas zu tragen. Sein ebenfalls in New York geborener Co-Autor Larry David tritt seit 2000 als Larry David himself in der Serie *Curb your Enthusiasm* als New Yorker in Los Angeles auf.

22

‚Coming out'
Über die neue Präsenz jüdischer Schauspielerinnen und Schauspieler

Danielle Berrin

Wir schreiben das Jahr 1950. Schauplatz ist das schwach beleuchtete Gelände eines Filmstudios. Es ist mitten in der Nacht. Eine hübsche junge Frau namens Betty Schaefer erklärt ihrem Arbeitskollegen, warum sie Drehbuchautorin wurde, und nicht Schauspielerin, was sie wirklich werden wollte. Der Film heißt *Sunset Boulevard* (*Boulevard der Dämmerung*, Billy Wilder).

„Ich stamme aus einer Film-Familie" erzählt Schaefer (Nancy Olson) Joe Gillis (William Holden). „Natürlich haben sie erwartetet, dass ich ein großer Star werde. Ich habe zehn Jahre Schauspielunterricht gehabt, sprechen, tanzen. Dann hat das Studio eine Testaufnahme gemacht. (…) Sie mochten meine Nase nicht. Sie war ein bisschen schief. Deshalb ließ ich sie von einem Arzt korrigieren. Sie machten weitere Aufnahmen und waren plötzlich verrückt nach meiner Nase. Jetzt mochten sie aber mein Spiel nicht mehr."

Obwohl es nie direkt ausgesprochen wird, ist dies eine Anspielung darauf, dass Betty Schaefer Jüdin ist. Wenn man die zwiespältige Haltung Hollywoods gegenüber jüdischen Frauen – und der jüdischen Identität im Allgemeinen – verstehen will, findet man sie hier schwarz auf weiß.

Drei Dekaden später, im Jahr 1979, erfährt die jüdische Nase ein selbstbewusstes bzw. provokatives Comeback. Dieses Mal spielt sie buchstäblich die Hauptrolle und hebt praktisch den Vorhang für den Film *The Main Event* (*Was, du willst nicht?*, Howard Zieff) mit Barbra Streisand. Die Eröffnungssequenz zeigt einen Parfumflakon, an dem in Großaufnahme drei Männernasen riechen, bevor die Kamera zu Streisands Nase schwenkt – lange, gebogen, delikat – und dann auf ihr perfektes Profil zoomt. Als Streisand, die die Parfümeriebesitzerin Hillary Cramer spielt, ihre letzte Kreation einatmet, gluckst einer ihrer Laboranten: „Sie werden nicht umsonst ‚die Nase' genannt!"

Es wäre nicht das erste Mal, dass Hollywood eine Schauspielerin, oder einen Juden bzw. eine Jüdin, auf ein Stereotyp reduziert. Streisand jedoch weigerte sich bekanntlich ihre Nase ‚korrigieren' zu lassen, aus Angst, dies würde ihre Singstimme verändern. Sie bewies im Laufe ihrer Karriere, dass die Nase buchstäblich alles war – und sie als Sängerin, Schauspielerin und Jüdin charakterisierte. Sie wurde eine der seltenen Unterhaltungskünstlerinnen, die über ein Stereotyp die Kontrolle behalten und dieses gleichzeitig verwandeln konnte, während für viele jüdische Unterhaltungskünstler ethnische Mythen auch weiterhin gelten sollten.

Die zentrale Bedeutung von Stereotypen als ein bestimmendes Charakteristikum für Juden auf und hinter der Leinwand ist ein Hinweis auf das traditionelle, karikierende und klischeehafte Verständnis Hollywoods für die jüdische Identität. Für die Juden, die in Hollywood gearbeitet haben, verdeutlicht das der Wandel von dem im Hintergrund tätigen Kreativen

„Ich stamme aus einer Film-Familie. (...) Sie mochten meine Nase nicht. Sie war ein bisschen schief. Deshalb ließ ich sie von einem Arzt korrigieren. Sie machten weitere Aufnahmen und waren plötzlich verrückt nach meiner Nase. Jetzt gefiel ihnen mein Schauspiel nicht mehr", erklärt Betty Schaefer (Nancy Olson) Joe Gillis (William Holden) in *Sunset Boulevard* (Billy Wilder, 1950).

Barbra Streisand als Parfum-Produzentin Hillary Cramer mit dem Spitznamen ‚The Nose' verliebt sich in den Boxer Eddie ‚Kid Natural' Scanlon (Ryan O'Neal) in *The Main Event* (Howard Zieff, 1979).

zum Schauspieler vor der Kamera. Diese Mehrdeutigkeit des jüdischen Außenseiters wurde von den Studio-Bossen, Produzenten und Autoren, die Hollywood ‚erfunden' haben, ursprünglich zwar erahnt aber nicht gesehen. Später wurde die Verwandlung von einer osteuropäischen Identität zu einem amerikanischen Idealbild dargestellt und von jüdischen Unterhaltungskünstlern auf der Leinwand zu kräftig pulsierendem Leben erweckt.

Im Wesentlichen ist die Geschichte Hollywoods eine Geschichte der jüdischen Identität.

Hollywoods Gründerväter – Zukor, Fox, Mayer, Warner, Cohn, Selznick, Goldfish und Laemmle – waren meist europäische Juden, die davon träumten, den Grenzen ihrer ethnischen Herkunft und ihrer schwierigen traumatischen Vergangenheit mithilfe des erlösenden Traumes von einer amerikanischen Zukunft zu entkommen. Ihre Eintrittskarte sollte das Geschichtenerzählen sein. Eine angeborene Gnade, schließlich ist die älteste und einflussreichste Geschichte im westlichen Kanon die Bibel, und die Juden waren in einzigartiger Weise dafür prädestiniert, über Erzählungen zu kommunizieren. Hollywood bot eine Gelegenheit, der Vergangenheit zu entrinnen und ihr durch Unterhaltung zu entkommen.

Um die Zukunft neu zu erfinden, erfanden sich die Hollywood-Juden selber neu. Um ihre Herkunft zu verbergen, veränderten die Juden auf und hinter der Leinwand ihre Namen, wenn nicht sogar ihre Gesichter. Ethnisch zuordenbare Namen wurden zugunsten amerikanischer abgelegt. Aus Vilmos Fuchs wurde William Fox; aus Schmuel Gelbfisz Sam Goldfish, bevor er als Samuel Goldwyn bekannt wurde; Izzy Demsky wurde zu Kirk Douglas; Betty Perske wurde Lauren Bacall; Winona Horowitz verwandelte sich in Winona Ryder.

In einem Interview mit dem Index Magazine vermutet die Schauspielerin Rachel Weisz 2001 eine Angst über die Fortsetzung der jüdischen Vergangenheit: „Mir wurde mit 19 Jahren von einem amerikanischen Agenten geraten, meinen Vornamen zu ändern. Und auf die Frage ‚Warum? Die Juden sind Hollywood' antwortete er ‚Genau deshalb'. Er dachte wie alle Führungskräfte, dass Schauspielen nur ein Job für Schicksen wäre."[1]

Für jüdische Frauen, und insbesondere jüdische Schauspielerinnen war es sehr schwer, aus ihrer Haut zu schlüpfen. Sie dienten als eine Art Erinnerung an die jüdische Vergangenheit. Liel Leibovitz beschrieb 2009 in einem Beitrag für das Tablet Magazine, der treffend mit ‚Gentlemen Prefer Blondes' übertitelt war, Hollywoods Widerwillen, jüdische Frauen als Hauptdarstellerinnen zu besetzen: „Seit den Anfängen der amerikanischen Unterhaltungsindustrie beobachteten die jüdische Frauen wie ihre Söhne, Brüder und Ehemänner erfolgreiche Produzenten, Regisseure und Impresarios wurden, also einflussreiche Männer, die sich entschieden, ihre Arbeiten mit Sexbomben und sinnlichen Schicksen zu dekorieren, die überhaupt keine Ähnlichkeit mit ihrer weiblichen Verwandtschaft hatten."[2]

Wer konnte die angestrebte Assimilierung der Gründerväter Hollywoods besser vorantreiben als die blonde, erotische, amerikanische und nichtjüdische Schauspielerin?

„Jüdische Männer begehrten – wie vermutlich alle Männer – etwas, was sie als das Exotische und Unerreichbare ansahen, und projizierten diese Phantasien in ihre künstlerische Arbeit."[3]

Die jüdischen Frauen reagierten darauf mit der Veränderung ihrer physischen Erscheinung – besonders ihrer Nasen –, um so dem amerikanischen Ideal besser zu entsprechen. Und in den Filmen regierten weiterhin die Stereotype. Aber in letzter Zeit sind die kreischenden und verzogenen Prinzessinnen und das Klischee von der unerträglich beherrschenden Mutter durch einen sinnlichen neuen Star abgelöst worden: der jüdischen Frau als Objekt der Begierde.

Stellt man sich die in Israel geborene Nathalie Portman, die dänisch-jüdisch stämmige Scarlett Johansson,

Deborah Kass: Gold Barbra (Jewish Jackie Series), 1992. (Katalog: Set 22, S. 196)

Deborah Kass: Four Black Barbras (Jewish Jackie Series), 1992. (Katalog: Set 22, S. 196)

die russisch-jüdische Mila Kunis oder die französisch-jüdische Melanie Laurent vor, sieht man eine Gruppe von Schauspielerinnen, die eher mit Sexbomben als mit Borschtsch in Verbindung gebracht werden. Sie dabei aber auf Sexualobjekte zu reduzieren, würde nur einen Teil ihrer Faszination erklären. Diese Frauen sind sexuell anspruchsvoll und klug, sie sind ebenso hartnäckige und unabhängige gleichberechtigte Personen wie ihre männlichen Gegenspieler. Sie rechtfertigen sich nicht für ihre Sexualität, die mehr als eine objektivierte Schönheit repräsentiert, sondern auch alle anderen Eigenschaften umfasst, die sie so ganz und gar zeitgemäß machen. Wie es Manohla Dargis in ihrer Filmrezension in der New York Times über *Friends with Benefits* formuliert hat: „(Kunis) spielt nicht die weinerliche und bedürftige oder mutige und bedürftige Durchschnittsfrau, sondern eine Person, die immer wieder Witze über Männer reißen kann. (...) (Der Film) bedient sich der Sexualität und nackter Haut, um sich der Frage über die Möglichkeit einer romantischen Liebe zwischen wirklich ebenbürtigen Männern und Frauen anzunähern."

Da die neue jüdische Frau ihrem männlichen Partner gegenüber als ebenbürtig klug, hartnäckig und unabhängig eingeschätzt wird, ist Sex keine Quelle des Schamgefühls, sondern vielmehr eine neue weibliche Stärke.

War früher eine jüdische Frau in Hollywood hartnäckig, witzig und dem Mann ebenbürtig, wurde ihr sehr oft die Romantik versagt. Barbara Streisand spielte etwa eine Reihe von Charakteren, die für ihren intellektuellen Anspruch gestraft werden. Katie in *The Way We Were* (1973) ist so überwältigend unverblümt, ehrgeizig, dynamisch und politisch engagiert, dass der Mann, den sie liebt, sie zurückweist. Sie ist Robert Redfords ‚*WASPy*' Hubbell tatsächlich zu ebenbürtig: er bliebe da, wenn sie nur den Mund hielte. In *Funny Girl* (1968) bringt das Zu-Erfolgreich-Sein Konsequenzen, als Fanny Brice, ein großer Broadway Star, das Vermögen ihres Mannes (größtenteils das Produkt seiner Spielsucht) übertrifft und ihn an das Gefängnis und seinen männlichen Stolz verliert.

Heute bevorzugt das neue Ideal von Hollywood Frauen, die sowohl intellektuell als auch sexuell ansprechen. Die Schicksen von früher wirken nun erbärmlich unterwürfig, sie sind genauso unzeitgemäß und langweilig wie die alten jüdischen Zuordnungen beleidigend und belanglos erscheinen. Eine ausgelassene und zielstrebige Frau ist nach gegenwärtigen Standards sehr begehrenswert; und diese Qualitäten lassen sich auf die Tradition zurückführen, die jüdische Frauen mitgestaltet haben. Der Gewinn dieser neuen Vielfalt bedeutet, dass nun das Besondere einer ethnischen Zugehörigkeit zelebriert werden kann.

Jüdische Männer wiederum, deren Erfolg in Hollywood auch meist auf Kosten ihres Sex-Appeals gründete, sind mit Verstand und Intelligenz weitergekommen. Dies führte zu Unterhaltungskünstlern, von Woody Allen über Jerry Seinfeld, Judd Apatow bis zu Jon Stewart, die jüdische Empfindungen selbstverständlich in ihre Arbeit integriert und dabei jüdischen Humor und das Geschichtenerzählen zu großer Kunst und gesellschaftlicher Relevanz erhoben haben.

Heute kann sich The Jewish Journal, eine Zeitung aus Los Angeles, nicht jüdisch nennen, ohne das Thema Hollywood mit einzubeziehen. Wie der Chefredakteur Rob Eshman einmal schrieb: „In Hollywood wurden wirkliche Männer zur vorbildlichen Männern, und das wirkliche Leben zu einem vorbildlichen Leben. Diese zwei Kräfte – das wirkliche und das vorbildliche – befinden sich in der jüdischen Seele immer in Konflikt. Unsere Geschichten und Traditionen stellen die Welt so dar, wie sie ist – fehlerhaft, kaputt, rau – aber auch so wie sie sein sollte – vollkommen, messianisch, gut."[4]

Um das zentrale Drama der Menschheit auszudrücken – die Spannung zwischen der Welt wie sie ist und wie sie sein könnte – war Hollywood die beste Antwort des 20. Jahrhunderts. In diesem Kampf zwischen Vergangenheit und Zukunft, ethnischer Zugehörigkeit und Assimilierung, Realität und Träumen, haben Hollywoods Juden einen Weg gefunden, die Welt zu unterhalten und zu erleuchten. Aber vielleicht, und das ist viel bedeutsamer, haben sie sich selbst gefunden.[5]

1 http://www.indexmagazine.com/interviews/rachel_weisz.shtml
2 http://www.tabletmag.com/arts-and-culture/18711/gentlemen-prefer-blondes/
3 http://movies.nytimes.com/2011/07/22/movies/justin-timberlake-in-friends-with-benefits-review.html
4 http://www.jewishjournal.com/oscars/article/hollywood_and_the_jews_20090304/
5 Teile dieses Artikels wurden im Sommer 2011 unter *jewishjournal.com* veröffentlicht.

Mila Kunis mit Justin Timberlake in *Friends with Benefits* (Will Gluck, 2011). Hollywoods neue jüdische Frauen dürfen sowohl intellektuell als auch sexuell attraktiv sein.

23

Hollywood und der Holocaust (1980–2010) Filme machen (Film)Geschichte

Leshu Torchin

Ende der 1970er Jahre wurde das Fernsehen zu jenem Medium, über das der Holocaust, insbesondere der Genozid gegen die Juden und die Gräueltaten der ‚Endlösung', in das öffentliche Bewusstsein gelangten. 1978 wurde die vierteilige Serie *Holocaust* (Marvin J. Chomsky) ausgestrahlt. Sie erzählte das Schicksal der fiktiven Familie Weiss, assimilierter deutscher Juden, von ihrer Deportation bis zur Ermordung in den Todeslagern. Den Hintergrund bildeten der Aufstieg der Nazionalsozialisten, Auschwitz, Theresienstadt, die Entstehung des Warschauer Ghettos und die Partisanenkämpfe in der Ukraine. Die Reaktionen auf diese Serie bezogen sich auf zwei wichtige Themen, die ich bereits im Beitrag *Hollywood und der Holocaust (1940-1980)*[1] angeführt habe: das Unbehagen über die Darstellung des Themas und der Glaube an die pädagogische Kraft dieser Filme. Kritiker wie Elie Wiesel äußerten Bedenken gegen Trivialisierung, Kommerzialisierung und Ungenauigkeiten. Aber auch in einem verstörenden Melodram können pädagogische Potentiale liegen: Die Fernsehausstrahlung in Deutschland löste großes öffentliches Interesse bzw. Debatten aus und ebnete so den Weg für eine neue Auseinandersetzung mit dem Holocaust. Das französische Filmjournal *Cahiers du Cinéma* lobte Hollywood dafür, dass es eine größere Wirkung erziele, als alle Dokumentarfilme zuvor.

Das Interesse an historischen Rekonstruktionen der Gräuel des Holocaust war geweckt, es folgten weitere Fernsehfilme und Serien, die sich bemühten, jegliche Kritik über Ungenauigkeiten von vorneherein zu zerstreuen. *Playing for Time* (Daniel Mann, 1980), geschrieben von Arthur Miller und basierend auf den persönlichen Erlebnissen der Musikerin Fania Fénelon, die in einem Lagerorchester gespielt hatte, begleitet die Zuschauer von den überfüllten Transporten über das Scheren der Köpfe bis zu den Lagertätowierungen. Rauchschwaden und die bedrohliche Beobachtung ‚sie werden verbrannt', tragen zu diesem Horrorbild bei, das im Bemühen um Authentizität mit Dokumentationsmaterial aus Auschwitz illustriert wird.

John Herseys Buchverfilmung *The Wall* (Robert Markowitz, 1982), über den Aufstand im Warschauer Ghetto, wurde in Polen gedreht. Damit sollte Authentizität gewährleistet und der amerikanische Umgang mit der europäischen Vergangenheit normalisiert werden. 1987 verpackte *War & Remembrance* (Dan Curtis), eine 30stündige Serie, die auf einer epischen Novelle von Herman Wouk basierte, Nazi-Gräuel in eine vielschichtige Erzählung, die nicht nur Geschichten aus dem 2. Weltkrieg, sondern auch das Massaker von Babi Yar, die Massendeportationen und die Morde in Auschwitz thematiserte. Auf diese Weise erreichten diese Serien ein großes interessiertes Publikum. Angesichts aktueller und umstrittener amerikanischer Interventionen in Vietnam, in Nicaragua und im Konflikt mit dem Iran sollten sie das Thema eines sogenannten gerechten Kriegs artikulieren. Die Filmemacher bemühten sich um höchste Genauigkeit der Darstellung, um dem Serienformat, das bereits der Kommerzialisierung und

Playing for Time (1980): Vanessa Redgrave als Fania Fénelon trägt mit kahlgeschorenem Kopf und ausgemergeltem Gesicht zu den Authentizitätsbemühungen des Regisseurs Daniel Mann bei.

Schindler's List (1993): Die zwangsarbeitenden Juden beim Verlassen ihres Ghettos.

Ungenauigkeit geziehen worden war, zu mehr Glaubwürdigkeit zu verhelfen. Wie auch bei anderen Filmen wurde es daher notwendig, an Originalschauplätzen zu drehen. Das Ringen um Authentizität führte noch weiter: Man drehte direkt in Auschwitz und rekonstruierte sogar die Krematorien nach den Originalplänen.

Dieses Bemühen um Realismus kennzeichnet viele populäre Filme über den Holocaust, wie auch *Schindler's List* (Steven Spielberg, 1994), dessen realistische Ästhetik besonders hervorzuheben ist. Auch Spielberg wollte den Film direkt in Auschwitz drehen und das Krematorium nachbauen. Da ihm dies verweigert wurde, situierte er die Nachbauten einfach außerhalb des Lagers. Der historischen Periode näherte er sich auch an, indem er schwarz-weiß filmte, was wiederum an das Filmmaterial über die Befreiung aber auch an die Filme der 1940er Jahre erinnerte. Tatsächlich erhält ein Großteil des Films seine Authentizität durch Zitate aus dem Dokumentarfilm *Shoah* (Claude Lanzmann, 1985). Heutzutage sind die Schlote der Krematorien, die überfüllten Transportmittel, die gestreiften Uniformen, die Stacheldrähte und die Tore von Auschwitz beinahe vertraut geworden – als ein ikonisches Kürzel für den Holocaust.

Schindler's List teilte mit früheren Filmen z.B. auch die Aufmerksamkeit für den ‚guten Deutschen' (etwa Max von Sydow als sympathischer Kapitän der St. Louis in *Voyage of the Damned*, 1976) und Geschichten über die Rettung von Juden. Wie Stanley Kubrick treffend beobachtet hat, drehte Spielberg einen Film über tausend, die überlebten, im Gegensatz zu den sechs Millionen Toten (obwohl sich die Frage stellt, wie ein solch gewaltiger Massenmord überhaupt darzustellen wäre). Sogar die Lagerszene, in der Schindlers Juden irrtümlicherweise nach Auschwitz geschickt werden, endet glücklich, weil statt Gas Wasser aus den Brauseköpfen strömt. Möglicherweise löste Spielbergs Ruf als Regisseur von Blockbuster-Filmen dasselbe Unbehagen aus, wie es zuvor der publikumstaugliche Ansatz von *Holocaust* getan hatte. Aber wie *Holocaust* wurde *Schindler's List* nicht nur kritisiert, sondern auch für seine pädagogischen Möglichkeiten gelobt. Der amerikanische Präsident Clinton drückte seine Bewunderung aus, und Jeffrey Katzenberg meinte, der Film werde Frieden und Toleranz fördern. Es würden ihn genügend Menschen sehen, die die Entwicklungen in der Welt verbessern könnten. Oprah Winfrey erklärte ihrem Publikum, dass dieser Film sie zu einem ‚besseren Menschen' gemacht habe. Der Film wurde in und außerhalb der USA in die Lehrpläne für die Holocaust-Erziehung aufgenommen, er bildete einen Wendepunkt für das Interesse und das Wissen um die Schoah.

Die angeführten Beispiele zeigen, wie stark der filmische Realismus für die Darstellung der Geschichte des Holocaust von der Filmgeschichte selbst abhängt. Genau diese Aspekte machen *Inglourious Basterds* (Quentin Tarantino, 2009), ein Film über eine Gruppe jüdischer Kämpfer, die Nazis skalpieren und ermorden, so interessant. Filmische Zitate verweisen auf die mächtige Rolle des Kinos als Filter für die Vergangenheit, aber in diesem Fall beziehen sie sich nicht immer auf Holocaust-Filme. Eine Einstellung zu Beginn des Films wurde direkt von *The Searchers* (John Ford, 1996) übernommen: Gezeigt wird SS-Standartenführer Hans Landa (Christoph Waltz), wie er vom Eingang eines Hauses stehend in die Ferne blickt.

Diese Kameraeinstellung zitiert zwar den berühmten Western, vergleicht aber den Nationalsozialisten mit den Siedlern bzw. der Rolle, die sie im Zusammenhang mit der Eroberung des Westens beim Genozid an den Indianern gespielt hatten. Eine Fluchtszene mit der Filmmusik von *Battle of Algiers* (Gillo Pontecorvo, 1966) erinnert an ein anderes, in diesem Fall koloniales Gewalt-Szenario in Afrika, und spielt damit auf Amerikas rassistisches Erbe an. Zwar erinnern diese Strategien an frühere Filme, verkleinern jedoch nicht die Besonderheiten der jüdischen Verfolgung, die durch die Rolle der Shosanna Dreyfus (Mélanie Laurent) veranschaulicht wird, deren Name auf eine berühmte Episode des französischen Antisemitismus hinweist. Tarantino spielt nicht nur mit filmischen Andeutungen, sondern auch mit den Konventionen seiner Plausibilität. Er entschied sich – im Gegensatz zu dem mit starkem Akzent behafteten Englisch früherer Hollywoodinterpretationen – für authentischere mehrsprachige (Französisch, Deutsch, Englisch) Dialoge. Dies steht im Gegensatz zum märchenhaften Anfang, der mit den Worten beginnt: „Und es begab sich, im von den Nazis okkupierten Frankreich", sowie dem unglaublichen Ende, das einem historischen Fantasiefilm entsprungen sein könnte.

Das Kino spielt eine starke Rolle in *Inglourious Basterds*, mit einem Widerstandsfilm, einem Propagandafilm und einem Lichtspieltheater als wesentliche dramaturgische Elemente. Das bombastische Filmfinale findet bei einer Vorführung des Nazi-Propagandafilms *Nation's Pride* statt, den Horrorfilm-Regisseur Eli Roth, einer der Basterds, als Film im Film *Inglourious Basterds* inszenierte – ein weiteres inhaltliches Detail, in dem visuelle mit ideologischer Gewalt verbunden wird. Auch die Aufforderung Shosannas an die Zuschauer, bei der Vorführung des Nazi-Films auf den besonderen Ausdruck jüdischer Rache zu achten, verdoppelt Tarantinos Intentionen. Im Zuschauerraum kommt es zu einem Schusswechsel, bei dem Roth-Basterd auf Hitler und Goebbels schießt. – Hier wird das Kino zum Ort, an dem wir auf Geschichte treffen und die Auseinandersetzungen über die Geschichte führen.

1 Vgl. Kap. 16, *Hollywood und der Holocaust (1940-1980). Eine amerikanische Geschichte*, S. 130ff.

Inglourious Basterds (2009): Die Kinobesitzerin Shosanna Dreyfus (Mélanie Laurent) thematisiert durch ihre Arbeit mit dem Film die Wichtigkeit des Kinos bei der Auseinandersetzung mit Geschichte.

24

„No Jews were harmed in the making of this movie." Jüdische Filme von heute und morgen

Frank Stern

„No Jews were harmed in the making of this movie" heißt es im Abspann des bitterbösen Films der Coen-Brothers *A Serious Man* aus dem Jahr 2009.[1] Zwar endet ein mit einem Dibbuk[2] verwechselter hilfsbereiter alter Jude mit einem Messer im Herzen, zerstört die kleinbürgerlich-jüdische Misere irgendwo im Mittleren Westen eine jüdische Familie, bleibt kein Rabbiner ungeschoren, ganz zu schweigen von jüdischen Rechtsanwälten, Ärzten, Lehrern und sonstigen Einwohnern einer Kleinstadt, doch hilft über das mentale Elend zumindest die Rockmusik der 1960er Jahre und hier und da ein Joint vorher oder nachher.

Roman Polanski fotografiert Sharon Tate und andere Crewmitglieder seines Films *The Fearless Vampire Killers* (1967). Der explizit jüdische Humor wurde damals nicht in die deutsche Fassung übernommen, u.a. die lapidare Feststellung des zum Vampir gewordenen jüdischen Gastwirts, der ohne Konsequenzen von einem Kruzifix bedroht wird: „Oy vey, have you got the wrong vampire!"

Jüdischer Film, d.h. Filme mit jüdischen Charakteren, jüdischen Handlungselementen und Konnotationen, die sich auf jüdische Geschichte, Kultur, Religion und die unterschiedlichsten jüdischen Lebenswelten beziehen, sind längst ein wichtiger Bestandteil des amerikanischen Mainstream-Kinos. Waren die 20er Jahre von Themen der Migration, der Akkulturation, der Integration, der Beziehung zwischen jüdischen Traditionen, Religiosität und säkularer amerikanischer Kultur charakterisiert, setzten die 30er und 40er Jahre einen Schwerpunkt auf Themen des Antisemitismus und Antifaschismus und zeitigte der amerikanisch-jiddische Film einen letztlich vergeblichen Versuch, jene durch das ‚Deutsche Reich' vernichtete Alte Welt cineastisch wieder zu beleben. Die ersten Jahrzehnte des Nachkriegsfilms waren durch die Auseinandersetzung mit der NS-Vernichtungspolitik und dem Überleben gekennzeichnet. Es gibt sicherlich nicht einen bestimmten Film, der hier eine Wende von der Mise-en-scène der Vergangenheit in die jüdischen Lebenswelten der Gegenwart einleitete. Doch die fröhlich-satirische Unbekümmertheit mit der Roman Polanski *The Fearless Vampire Killers* (*Tanz der Vampire*, 1967) inszenierte, das überbordende, erfrischend geschmacklose Musical *Springtime for Hitler* in Mel Brooks Film *The Producers* (1968) und der jüdische Western *The Frisco Kid* (Robert Aldrich, 1979), zeigten auf der Leinwand eine neue Art und Weise von Filmemachern der Nachkriegsgeneration, die sich jüdische Filmidentitäten nicht als Schoah-bestimmt oktroyieren ließen.

A Serious Man (Joel and Ethan Coen, 2009) ist ein depressiv-komisches Porträt des jüdischen Lebens im amerikanischen Mittleren Westen in den 1960er Jahren. Im Vordergrund Richard Kind als unselbständiger Onkel Arthur.

„No Jews were harmed in the making of this movie." Aaron Wolff als kiffender Bar Mizwa Boy mit Regisseur Ethan Coen am Set von *A Serious Man* (2009)

Renée Zellweger (rechts) als junge orthodoxe Jüdin aus Brooklyn und Julianna Margulies in *A Price Above Rubies* (Boaz Yakin, 1998).

Seitdem setzt jede neue Generation von jüdischen Filmschaffenden einen anderen Fokus, kehrt auch zu vergangenen Themen zurück und ist zunehmend in allen Filmgenres zu einem Spiegelbild der unterschiedlichen jüdisch-amerikanischen Milieus geworden. Doch dieses in den USA und Kanada in jedem Filmjahr präsente Spiegelbild kommt nur in der Filmgestalt zerbrochener fragmentierter Spiegelreste in der deutschsprachigen Filmkultur an. Nur ein Bruchteil dieser oft immens erfolgreichen Filme erreicht den österreichischen und deutschen Filmmarkt, ganz zu schweigen von der Vielzahl von Spielfilmen mit jüdischen Themen aus Frankreich, Mexiko, Argentinien und anderen Ländern, die man in den Kinos vergeblich sucht.[3]

Durch die Veränderung der Seh- und Sprachgewohnheiten, werden heute die wenigen gezeigten Filme meist im Original mit Untertiteln vorgeführt. Doch das war nicht immer so. Ein Beispiel für die antijüdischen Blamagen deutschsprachiger Synchronisation jüdischer Filme ist Polanskis *The Fearless Vampire Killers:* Als Persiflage auf das Vampirfilm-Genre und die Romantisierung des osteuropäischen Schtetl gedacht, wird auch die christlichen Vampir-Mythen ironisierende Darstellung des jüdischen Vampirs so weit entschärft, dass jegliche Bezugnahme auf Jüdisches entfällt und das Publikum nicht weiter nachdenken muss. Durch die Wirkung von Originalfassungen ist dies in den vergangenen Jahrzehnten nicht mehr möglich, es hat sich auch das Publikum verjüngt und die heutige visuelle Auseinandersetzung mit dem Antisemitismus andere Formen angenommen.

Folgende Tendenzen lassen sich in den vergangenen dreißig Jahren beobachten:

Erstens haben realistische Auseinandersetzungen mit dem orthodox-jüdischen Milieu in den USA, vor allem in New York, zugenommen, wie in *A Price Above Rubies* (Boaz Yakin, 1998) über die partielle Emanzipation einer jungen orthodoxen Jüdin oder in *Holy Rollers* (Kevin Ash, 2010), einem Film der auf extrem harte Art und Weise von orthodoxen jüdischen Jugendlichen handelt, die in den 90er Jahren des 20. Jahrhunderts in den Drogenhandel zwischen New York und Amsterdam verwickelt waren.

Zweitens gibt es mehr Filme, die auf ernsthafte oder oftmals ironische Art und Weise jüdisch-nichtjüdische Beziehungen mit einer gehörigen Portion Erotik und Sex darstellen. Ein fast schon trashiges Beispiel ist *Marci X* (Richard Benjamin, 2003) mit Lisa Kudrow, die die Tochter eines Medienmillionärs verkörpert und zu Beginn in einer Ansprache sagt: „Ich bin blond, jüdisch und reich. Was könnte schlimmer sein." Filmlogischer Weise verliebt sie sich in einen afroamerikanischen Rap-Sänger. Die Beziehungen zwischen jüdischen und afroamerikanischen Filmcharakteren tauchen immer wieder in unterschiedlichen Filmen auf und sind damit auch anti-diskriminatorische gesellschaftspolitische Aussagen.

Drittens nehmen in den vergangenen Jahren vor allem im Bereich der Liebeskomödien Filme zu, in denen das Jüdische weniger explizit angesprochen wird, weil es einfach zur amerikanischen Kultur und damit auch zur Filmkultur gehört. Im Unterschied zu den 30er Jahren haben Produzenten, auch jüdische, keine Angst mehr vor jüdischen Themen. In einem der neueren Liebesfilme mit Natalie Portman *No Strings Attached* (Ivan Reitman, 2011) werden nur genaue Beobachter wahrnehmen, dass es sich um ein jüdisch-nichtjüdisches Akademiker- und Film-Milieu handelt, eine Schlüsselszene mit verbal expliziter jüdischer Thematik gibt es sogar nur im Bonus-Material. Die Zuschreibung eines jüdischen Ambientes kann im Kopf des Publikums erfolgen, muss im Film aber nicht mehr erläutert werden.

Viertens sind Filme zu nennen, die sich über Jahre als Kultfilme etabliert haben und mit lustvoll schräger Filmästhetik und provokativer Filmerzählung sowie einer pointierten Kritik an innerjüdischen Zuständen in den USA, Publikum und DVD-Käufer anlocken. Hierzu ist vor allem *When Do We Eat?* (Salvador Litvak, 2005) zu zählen, in dem das jüdische Pessachfest, die überlangen Essrituale, die Geschichten aus der Pessach-Haggada mit sexuellen Orientierungen, Drogensucht, Liebeskomplikationen und orthodoxer Bigotterie verbunden werden. Ein deutschsprachiges Publikum ließe sich von einer derartigen Filmsatire ungemein erschrecken und die Filmkritik würde die übliche Frage stellen: Darf man das? Mann/Frau darf! Das trifft auf den jüdischen Superman-Film *The Hebrew Hammer* (Jonathan Kesselman, 2003) noch stärker zu. Der natürlich orthodoxe Hebrew Hammer aus Brooklyn wird von amerikanischen jüdischen Organisationen, die selbstverständlich als eine Institution der ‚jüdischen Weltverschwörung' suggeriert werden, aufgerufen, den Kampf gegen den erzbösen Nachfolger des Weihnachtsmannes, der das Hannukah-Fest vernichten will, anzutreten und die jüdische Welt zu retten. Mit Latkes, einem endlosen Abendessen mit viel Huhn und dem versöhnlichen Versprechen auf koscheren Sex, gelingt das natürlich. Der Film stellt immer noch die Spitze des politisch-nicht-korrekten jüdischen Films dar und lief natürlich nie in den österreichischen und deutschen Kinos. Jüdischer Film, der nicht den Mainstream-Erwartungen von Filmverleihen und Publikum entspricht, hat hierzulande keine Chance.

Fünftens sind Filme wie *Defiance* (*Unbeugsam*, Edward Zwick, 2008) mit Daniel Craig zu nennen, die sich auf die jüdische Opferrolle konzentrierende traditionelle Schoah-Darstellungen überwinden. Nach Filmen über das Warschauer Ghetto und den erfolgreichen Aufstand der jüdischen Häftlinge von Sobibor aus den 1980er Jahren schildert *Defiance* den Kampf der um die Bielski-Brüder versammelten Partisanen gegen die Wehrmacht und das Bemühen, möglichst viele Jüdinnen

Subtile Inszenierung eines jüdisch-nichtjüdischen Milieus als amerikanisch-urbane Selbstverständlichkeit: *No Strings Attached* (Ivan Reitman, 2011). Von links nach rechts: Ashton Kutcher, Mindy Kaling, Natalie Portman, Greta Gerwig.

und Juden zu retten. Der Film basiert so wie die Selbstbefreiung in Sobibor auf den Erinnerungen der Überlebenden und adaptiert Genremuster des Action- und Kriegsfilms. Er zielt mit seiner Zeichnung der aktiven Rolle des jüdischen Untergrunds weit über Filme wie *Schindler's List* (Steven Spielberg, 1993) hinaus. Der jüdische Widerstand spielt im französischen Film im Unterschied zu deutschsprachigen Spielfilm-Produktionen seit langem eine Rolle, prägt heute in Hollywood motivisch eine Vielzahl von Mainstream-Filmen wie die *X-Men*-Folgen (Bryan Singer, seit 2000) und mündete in Quentin Tarantinos *Inglourious Basterds* (2009), der die traditionellen historisierenden Filme über die Schoah gekonnt subversiv überwindet und das utopisch-visionäre Potential des jüdischen Abwehrkampfes gegen Faschismus und Nationalsozialismus auf die Leinwand bringt.

Sechstens sind Filme zu erwähnen, die ausgehend von den jüdischen Milieus der jüngeren Generationen in meist urbanen amerikanischen Settings nach Erinnerung, Familienwurzeln, nach dem Umgang mit dem Gestern im Heute fragen. Oft auf liebevoll-komische Weise zeichnet Liev Schreibers *Everything Is Illuminated* (2005) die Reise eines jungen Juden, gespielt von Elija Wood, nach Osteuropa und schafft eindrucksvolle Bilder der Erinnerung, die nichts mit Schtetl-Nostalgie zu tun haben.

Doch ist zusammenfassend zu betonen, dass der jüdische Film kein Film-Genre darstellt, so als ob Schoah und Antisemitismus eine jüdische Filmdomäne seien. Die Darstellung des Jüdischen als Handlungselement (*Defiance*), ästhetische Struktur (*Frisco Kid*), subversive Botschaft (*Black Swan*, Darren Aronofsky, 2010), Ausstattungselement (*When Do We Eat?*) oder Sound und Ziffer (*Yentl*, Barbra Streisand, 1983; oder Madonna-Musik-Clips) durchzieht alle Bereiche des Filmschaffens, vom Musical (der Oscar®-prämierte Kurzfilm *Westbank Story*, Ari Sandel, 2005), über lesbische Komödie (*Kissing Jessica*, Charles Herman Wurmfeld, 2001), Historien-Melodrama (*A Day in October*, Kenneth Madsen, 1992, amerikanisch-dänische Koproduktion), Satire (*The Hebrew Hammer*), Gesellschaftsdrama (*A Price Above Rubies*), Liebesfilm (*No Strings Attached*), Teenie-Movies (*Saved!*, Brian Danelly, 2004), Thriller (*Holy Rollers*) bis zum Horrorfilm (*The Unborn*, David S. Goyer, 2004).

Diese Entwicklung hat auch viel mit generationsspezifischen Veränderungen, den über Kinofilm und TV hinausgehenden medialen Sehgewohnheiten und dem Geschichtsbewusstsein der Kinogänger und DVD-Seher zu tun. Für das Fernsehen produzierte Spielfilme und insbesondere TV-Serien wie *Curb Your Enthusiasm* (von und mit Larry David, seit 2000) haben die Wahrnehmung des Jüdischen in den USA immens verbreitet und lassen keine Tabuisierung von Themen mehr zu. Vor allem aber ist die Entwicklung des jüdischen Films in den USA, sei es in den großen Hollywood-Studios, sei es in der Independent-Szene durch die individuellen künstlerischen Karrieren junger Jüdinnen und Juden geprägt. Bei einer jüdischen Bevölkerung von über sechs Millionen in den USA liegt es auf der Hand, dass so wie unter Afro-Amerikanern oder Latino-Amerikanern viele eine Karriere im Filmbereich suchen. Der Erstlingsfilm *Stand Up* (Michael Rainin, 2007) zeichnet dies genauso nach wie der erste Tonfilm *The Jazz Singer* (Alan Crosland, 1927) in den 20er Jahren. In zahlreichen Spielfilmen mit jüdischer Thematik gibt es daher jüdische Mitwirkende, sei es vor oder hinter der Kamera, oft Kinder von Überlebenden der Schoah oder Nachkommen der Einwanderungswellen, wie sie im jüdischen Filmklassiker *Hester Street* (Joan Micklin Silver, 1975) dargestellt werden. Zu Beginn des 21. Jahrhunderts sind Filmschaffende jüdischer Herkunft in Hollywood im Unterschied zur Filmgemeinschaft der Migranten der 30er Jahre ethnisch nichts Besonderes. Sie gehören als Filmmacher einfach dazu, haben bisweilen wie Daniel Craig in *Defiance* ihr Coming Out oder machen wie Natalie Portman, die in Israel aufgewachsen ist und auch Interviews auf Hebräisch gibt, keinen Hehl aus ihrer jüdischen Herkunft. Kurz, Hollywood sorgt dafür, dass es immer wieder Filmbilder jüdischer Lebenswelten, jüdischer Identitäten und jüdischer Herausforderungen gibt und geben wird. *The Show goes on …*

1 Folgend werden Regisseur und Produktionsjahr der genannten Filme angegeben. Details sind über www.imdb.com abrufbar.

2 Ein Dibbuk (auch *Dybuk* oder *Dybbuk)* ist nach jüdischem Volksglauben die Seele eines Toten, die in den Körper eines Lebenden eintritt und bei diesem ein irrationales Verhalten bewirkt.

3 Ausnahmen bilden der Jüdische Filmclub Wien, dessen monatliches Programm Premieren jüdischer Spielfilme aus aller Welt im Wiener Metro-Kino zeigt, und verschiedene Jüdische Filmfestivals in Österreich, Deutschland und der Schweiz.

Der Baseballschläger des ‚Bärenjuden' (Eli Roth) aus *Inglourious Basterds* (Quentin Tarantino, 2009): eine fiktive jüdisch-amerikanische Angriffswaffe aus dem 2. Weltkrieg, die ein neues jüdisches Selbstverständnis und Selbstbewusstsein 70 Jahre nach der Schoah verdeutlicht.
(Katalog: Set 24, Nr. 197)

Ausgewählte Literatur

Albers, Jürgen: Hitler in Hollywood, Göttingen 1997
Alejchem, Scholem: Der Sohn des Kantor. Aus dem jiddischen von Max Reich, Wien o.J.
Alleman, Richard: Hollywood. The Movie Lover's Guide. The Ultimate Insider Tour of Movie, L.A. - New York 2004
Ames, Christopher: Movies About the Movies. Hollywood Reflected, Lexington 1997.
Arnheim, Rudolf: The New Laocoon, in: Film as Art, Berkeley 1967
Asper, Helmut G.: „Etwas Besseres als den Tod ...". Filmexil in Hollywood. Porträts, Filme, Dokumente, Marburg 2002
Balio, Tina: The American Film Industry, Madison 1985
Basten, Fred E.: Max Factor. The Man Who Changed the Faces of the World, New York 2008
Bayer, Udo: Laemmle und Deutschland, in: BC-Heimatkundliche Blätter für den Kreis Biberach, 2/1997
Behlmer, Rudy: Inside Warner Bros. (1935-1951), London 1986
Birchard, Robert S.: Cecil B. DeMille's Hollywood. Lexington, Kentucky 2004
Birdwell, Michael E.: Das andere Hollywood der dreißiger Jahre. Die Kampagne der Warner Bros. gegen die Nazis, Hamburg u.a. 2000
Biskind, Peter: Easy Riders, Raging Bulls. How the Sex-Drugs-and-Rock 'n' Roll Generation Saved Hollywood, London 1998
Blanchet, Robert: Blockbuster. Ästhetik, Ökonomie und Geschichte des Postklassisschen Hollywoodkinos, Marburg 2003
Bleier Brody, Agnes: Gregoriana. Joseph Gregor. Leben und Werk, Wien 1984, Unveröffentlichtes Typoskript im Österreichischen Theatermuseum
Bogle, Donald: Bright Boulevards, Bold Dreams. The Story of Black Hollywood, New York 2005
Bogle, Donald: Toms, Coons, Mulattoes, Mammies, and Bucks. An Interpretive History of Blacks in American Films, 4. Auflage, New York 2001
Bowser, Eileen: The Transformation of Cinema. 1907-1915, Berkeley u.a. 1994
Brunas, Michael; Brunas, John; Weaver, Tom: Universal Horrors. The Studio's Classic Films 1931-1946, Jefferson (NC) 1990
Buehrer, Beverley Bare: Boris Karloff. A Bio-Bibliography, Wetport 1993
Cargnelli, Christian; Omasta, Michael (Hg.): Aufbruch ins Ungewisse. Band 2. Lexikon, Tributes, Selbstzeugnisse, Wien 1993
Carr, Steven: Hollywood and Anti-Semitism. A Cultural History up to World War II, Cambridge 2001
Carringer, Robert L.: History of a Popular Culture Classic, in: Ders. (Hg.): The Jazz Singer, Madison (Wisconsin) 1979.
Christie's (Hg.): 100 Years of the Cinema, Auction 7819, 11. Dezember 1995
Clarens, Carlos: An Illustrated History of the Horror Film, New York 1968
Cohen, Paula Marantz: Silent Film and the Triumph of the American Myth, New York 2001
Cohen, Sarah Blacher (Hg.): From Hester Street to Hollywood. The Jewish-American Stage and Screen, Bloomington 1983
Cole, Tim: Selling the Holocaust. From Auschwitz to Schindler. How History is Bought, Packaged, and Sold, New York 1999.
Collins, Phillip: The Golden Age of Televisions, Los Angeles 1997
Conrich, Ian: Universal, Silent Cinema, and the Last of Horror-Spectaculars, in: Stephen Prince (Hg.): The Horror Film, New Brunswick (NJ) - London 2004
Dammann, Lars: Kino im Aufbruch. New Hollywood 1967-1976, Marburg 2007

Decherny, Peter: Hollywood and the Cultural Elite. How the Movies Became American, New York 2004
Desser, David; Friedman, Lester D.: American Jewish Filmmakers. Second Edition, Chicago 1993, 2004
Doherty, Thomas: Pre-Code Hollywood. Sex, Immorality, and Insurrection in American Cinema, 1930-1934, New York 1999
Doherty, Thomas: Projections of War. Hollywood, American Culture, and World War II, New York 1993
Doneson, Judith E.: The Holocaust in American Film, New York 2002
Edwards, Gregory J.: The Book of the International Film Poster, London 1988
Evans, Mark: Soundtrack. The Music of the Films, New York 1979
Finler, Joel W.: The Hollywood Story, London u.a. 2003
Friedman, Lester D.: Hollywood's Image of the Jew, New York 1982
Friedrich, Otto: City of Nets. A Portrait of Hollywood in the 1940's, Berkeley u.a. 1997
Fülöp-Miller, René: Phantasiemaschine. Eine Saga der Gewinnsucht, Wien - Berlin 1931
Gabler, Neal: Ein eigenes Reich. Wie jüdische Emigranten Hollywood erfanden, Berlin 2004
Gabler, Neal: An Appreciation. Wasserman Made Old Hollywood Into New, in: Los Angeles Times, 5. Juni 2002
Gemünden, Gerd: Filmemacher mit Akzent. Billy Wilder in Hollywood, Wien 2006
Golden, Eve: Vamp. The Rise and Fall of Theda Bara, New York 1996
Goldstein, Patrick: Bonnie & Clyde & Joe & Pauline, in: Los Angeles Times, 25. August 1997
Gomery, Douglas: The Hollywood Studio System. A History, London 2005
Gordon, Kahn: Hollywood on Trial. The Story of the Ten Who Where Indicted, New York 1948
Gregor, Joseph: Das Zeitalter des Films, Wien - Leipzig 1932
Gregor, Joseph: Unser Archiv für Filmkunde, in: Mein Film, Nr. 523, 1936
Gregor, Joseph: Entwicklung der Theatersammlung der Nationalbibliothek in Wien, in: Zentralblatt für Bibliothekswesen, 16. Jänner 1940
Gregor, Joseph; Fülöp-Miller, René: Das Amerikanische Theater und Kino, Zürich - Leipzig - Wien 1931
Grob, Norbert; Kiefer, Bernd; Stiglegger, Marcus: Der Planwagen, in: Filmgenres. Western, Stuttgart 2003
Halberstam, Judith: Skin Shows. Gothic Horror and the Technology of Horror, Durham - London 2006 (1995)
Hall, Ben M.: The Best Remaining Seat. The Golden Age of the Movie Palace, New York 1988
Hampton, Benjamin: A History of the Movies, New York 1931
Hanak, Werner: Frau Breier aus Gaya meets The Jazz Singer. Zwischen Bühne und Leinwand, Wien und New York, in: Stern, Frank; Eichinger, Barbara (Hg.): Wien und die jüdische Erfahrung 1900-1938. Akkulturation – Antisemitismus – Zionismus, Wien - Köln - Weimar 2009, S. 463-481
Harris, Mark: Pictures at a Revolution. Five Films and the Birth of a New Hollywood, London 2008
Haver, Ronald: David O. Selznick's Hollywood, London 1980
Hill, Lee: Easy Rider, London 1996
Hoberman, J.; Shandler, Jeffrey: Hollywood's Jewish Questin, in: Diess. (Hg.): Entertaining America. Jews, Movies, and Broadcasting, Princeton - Oxford 2003
Horak, Jan-Christopher: Anti-Nazi Filme der deutschsprachigen Emigration von Hollywood, Münster 1984
Horak, Jan-Christopher: In der Fremde. Exilfilm 1933-1945, in: Hans-Helmut Prinzler, Wolfgang Jacobsen, Anton Kaes (Hg.): Geschichte des deutschen Films, Stuttgart 1993
Horwath, Alexander; Omasta, Michael (Hg.): Josef von Sternberg. The Case of Lena Smith, Wien 2007
Horwath, Alexander; Hampton, Howard (Hg.): The Last Great American Picture Show. New Hollywood 1967-1976, Wien 1995
Howe, Irving: World of Our Fathers. The Journey of the Eastern European Jews to America and the Life They Found and Made, New York 1976
Judt, Tony: My Endless New York, in: New York Times, 7. November 2010.
Kael, Pauline: Onward and Upward with the Arts. Bonnie and Clyde, in: The New Yorker, 21. Oktober 1967
Kafka, Hans: Der Aufbau, New York, 12. Mai. 1944
Kiehn, David: Broncho Billy and the Essanay Film Company, Berkeley 2003
King, Goeff: New Hollywood Cinema. An Introduction, London - New York 2002
Koebner, Thomas (Hg.): Filmklassiker. Beschreibungen und Kommentare, 5 Bände, 5. Auflage, Stuttgart 2006
Kühn, Heike: Dracula, in: Ursula Vossen (Hg.): Filmgenres. Horrorfilm, Stuttgart 2004, S. 61-71
Londres, Albert: Der ewige Jude am Ziel, Wien 1930
Mamet, David: Bambi vs. Godzilla. On the Nature, Purpose, and Practice of the Movie Business, New York 2007
McDougal, Dennis: The Last Mogul. Lew Wasserman, MCA, and The Hidden History of Hollywood, New York 2001
Marx, Arthur: Goldwyn. A Biography of the Man Behind the Myth, New York 1976
Marx, Bill: Son of Harpo Speaks! A Family Portrait, Albany 2007
Marx, Harpo; Barber, Roland: Harpo Speaks!, Pompton Plains 1985
Marx, Samuel: Mayer and Thalberg. The Make-Believe Saints, New York 1975
Mason, Clifford: Why Does White America Love Sidney Poitier So?, in: The New York Times, 10 September 1967
Miller, Arthur: My Wife Marilyn, in: Life Magazine, 22. Dezember 1958
Miller, Frank: Casablanca. As Time Goes By. Mythos und Legende eines Kultfilms, München 1992
Moffatt, Riley: Population History of Western U.S. Cities & Towns, 1850-1990, Lanham 1996
Mumby, Jonathan: Public Enemies, Public Heroes. Screening the Gangster from Little Caesar to Touch of Evil, Chicago 1999
Nemerov, Alexander: Icons of Grief. Val Lewton's Home Front Pictures, Berkeley u.a. 2005
Omasta, Michael; Mayr, Brigitte; Streit, Elisabeth (Hg.): Peter Lorre. Ein Fremder im Paradies, Wien 2004
Peltzer, Anja: Identität und Spektakel. Der Hollywood-Blockbuster als global erfolgreicher Identitätsanbieter, Konstanz 2011
Prager, Katharina: „Ich bin nicht gone Hollywood!". Salka Viertel – ein Leben in Theater und Film, Wien 2007
Prince, Stephen (Hg.): The Horror Film, New Brunswick u.a. 2004
Prose, Francine: Anne Frank. The Book, The Life, The Afterlife, New York 2009
Rebhandl, Bert (Hg.): Western. Genre und Geschichte, Wien 2007
Rogin, Michael: Blackface, White Noise. Jewish Immigrants in the Hollywood Melting Pot, Berkeley u.a. 1996
Rubin, Rachel und Melnick, Jeffery: Immigration and American Popular Culture. An Introduction, New York u.a. 2007

Ruth, David: Inventing the Public Enemy. The Gangster in American Culture. 1918-1934, Chicago 1996
Sackett, Susan: The Hollywood Reporter Book of Box Office Hits, New York 1990
Schnauber, Cornelius: German-speaking Artists in Hollywood. Emigration between 1910 and 1945, Bonn 1996
Schnauber, Cornelius: Hollywood Haven. Homes and Haunts of the European Émigrés and Exiles in Los Angeles, Riverside 1997
Schnauber, Cornelius: Spaziergänge durch das Hollywood der Emigranten, Zürich 1992
Schwarz, Richard A.: Cold War Culture. Media and the Arts 1945-1990, New York 2000
Seeßlen, Georg: Drei oder vier Fußgänger der Apokalypse. Die Marx Brothers und ihre Welt, in: The Marx Brothers. Eine Nacht in Casablanca, Frankfurt 1990
Seeßlen, Georg; Jung, Fernand: Horror. Grundlagen des populären Films, Marburg 2006
Segrave, Kerry: Drive-In Theatres. A History From Their Inception in 1933, Jefferson (NC) 1992
Shadoian, Jack: Dreams and Dead Ends. The American Gangster Film, New York 2002
Shandler, Jefferey: While America Watches. Televising the Holocaust, New York u.a. 1999
Sikov, Ed: On Sunset Boulevard. The Life and Times of Billy Wilder, New York 1998
Silver, Alain; Ursini, James: L.A. Noir. The City as Character, Santa Monica (LA) 2005
Skal, David J.: The Monster Show. A Cultural History of Horror, New York 1993
Sklar, Robert: City Boys. Cagney, Bogart, Garfield, Princeton (NJ) 1992
Sklar, Robert: Movie-Made America. How the Movies Changed American Life, New York 1975
Slezak, Walter: Wann geht der nächste Schwan?, München 1970
Slobin, Mark: Puting Blackface in its Place, in: Hoberman, J.; Shandlers, Jeffrey (Hg.): Entertaining America. Jews, Movies, and Broadcasting, New York 2003
Slotkin, Richard: Der Western ist amerikanische Geschichte (1939-1941), in: Rebhandl, Bert: Western. Genre und Geschichte, Wien 2007, S. 19-165
Spieker Markus: Hollywood unterm Hakenkreuz. Der amerikanische Spielfilm im Dritten Reich, Trier 1999
Stern, Frank: Inglourious Basterds. Antifa-Fantasie als Feel-Good-Movie, in: Malmoe 47/ Herbst 2009, S. 10
Sullivan, Patricia: Lift Every Voice. The NAACP and the Making of the Civil Rights Movement, New York 2005
Taylor, John Russel: Strangers in Paradise. The Hollywood Émigrés, 1933-1950, New York 1983
Thomas, Bob: Clown Prince of Hollywood. The Antic Life and Times of Jack L. Warner, New York 1990
Thomas, Bob: King Cohn. The Life and Times of Hollywood Mogul Harry Cohn, Beverly Hills 2000
Tieber, Claus: Schreiben für Hollywood. Das Drehbuch im Studiosystem, Wien 2008
Toplin, Robert Brent: History by Hollywood, 2. Auflage, Urbana u.a. 2010
Tudor, Andrew: Monsters and Mad Scientists. A Cultural History of the Horror Movie, Oxford 1989
Uka, Walter: Unterhaltungsfilm – Populärer Film – Blockbuster, in: Werner Faulstich (Hg.): Unterhaltungskultur, Paderborn 2006
Ulrich, Rudolf: Österreicher in Hollywood, Wien 2004
Vestrces, Allan David: Selznick's Vision. Gone with the Wind and Hollywood Filmmaking, Austin 1997
Viertel, Salka: Das unbelehrbare Herz. Ein Leben in der Welt des Theaters, der Literatur und des Films, Reinbek bei Hamburg 1970
Welles, Chris: Close-Up, Charles Bluhdorn, Collector of Companies, in: Life Magazine, 10. März 1967, Bd. 62, Nr. 10, S. 43-50
Whitefield, Steven: American Space, Jewish Time, Essays in Modern Culture and Politics, New York 1996 (1988)
Wicclair, Walter: Von Kreuzberg bis Hollywood. Berlin (DDR) 1975
Wood, Robin: Hollywood from Vietnam to Reagan ... and Beyond, New York 2003
Zakaria, Fareed: Restoring the American Dream, in: Time Magazine, 1. November 2010

Biografien

Danielle Berrin
Studium der englischen Literatur und Film an der University of Florida. Lebt als Autorin in Los Angeles. Betreut die Beiträge über Hollywood für The Jewish Journal in Los Angeles und betreibt den *Hollywood-Jew-Blog*: jewishjournal.com/hollywoodjew.
Ihre Beiträge erschienen in The Guardian, British Esquire, Huffington Post und The New York Times. Berrin, die von der Los Angeles Times als „geborene Provokateurin" bezeichnet wird, beschreibt, wie jüdischen Werte, Traditionen und Kultur in Hollywoods kreativem Angebot dargestellt werden.

Leon Botstein
Präsident und Leon Levy Professor am Institute für The Arts and Humanities am Bard College, New York. Autor von *Judentum und Modernität* (Wien 1991) und *Jefferson's Children: Education and the Promise of American Culture* (New York 1997), sowie Herausgeber von *The Complete Brahms* (New York 1999) und *The Musical Quarterly*. Musikdirektor des American Symphony Orchestra. Zu seinen Musikaufnahmen zählen u.a. CDs mit Werken von Szymanowski, Hartmann, Bruch, Dohnány, Bruckner, Richard Strauss und Mendelssohn. 2006 wurde seine Aufnahme von Popovs 1. Symphonie und Schostakowitschs Thema und Variation mit dem London Symphony Orchestra für den Grammy nominiert.

Gabriele Flossmann
Bis Ende 2010 Ressortleiterin Film und Sendungsverantwortliche für aktuelle Kultur und Kulturmagazine beim ORF. Gelernte Bibliothekarin und Studentin der Vergleichenden Literaturwissenschaft. Startete ihre Karriere zunächst als Literaturkritikerin und Kulturjournalistin bei diversen Printmedien. Gestaltete eine Reihe von Dokumentationen (u. a. über amerikanische Architektur, Charlie Chaplin, Massenkultur in Amerika, Kunstolympiade Los Angeles, Baalbeck).

Werner Hanak-Lettner
Dr. Phil. Studium der Theater- und Kommunikationswissenschaft. Seit 1994 Kurator am Jüdischen Museum Wien, seit 2011 Chefkurator. Konzipierte zahlreiche kulturgeschichtliche Ausstellungen und Publikationen, u.a. *Eden. Zion. Utopia. Zur Geschichte der Zukunft im Judentum* (1999) oder die Festwochen-Ausstellung *quasi una fantasia. Juden und die Musikstadt Wien* (gemeinsam mit Leon Botstein, Wien 2003, New York 2004). Im Auftrag des Wien Museums kuratierte er sowohl die Wiener Mozart Wohnung als auch das Haydnhaus (2006 und 2009). 2011 publizierte er seine Studie *Die Ausstellung als Drama. Wie das Museum aus dem Theater entstand.* Unterrichtete an der Universität Wien und am Bard Graduate Center New York.

Jan-Christopher Horak
Promotion an der Westfälischen Wilhelms-Universität in Münster. Leiter des UCLA Film & Television Archivs und Professor, UCLA. Leitete davor das Münchner Filmmuseum und war Kurator für Film am George Eastman House. Verfasste mehr als 250 Artikel zu filmhistorischen Themen in internationalen Publikationen und schrieb u.a. auch *Film und Foto der 20er Jahre* (1979) sowie *Anti-Nazifilme der deutschsprachigen Filmemigration von Hollywood* (1985).

Daniel Itzkovitz
PhD an der Duke University, Professor für Englische Literatur- und Kulturwissenschaft am Stonehill College in Massachusetts. Er veröffentlichte zahlreiche Artikel zu Jüdischen Studien, Queer Theory,

Film und amerikanischer Literatur. 2004 gab er Fannie Hursts Roman *Imitation of Life*, 2003 *Queer Theory and the Jewish Question* (gemeinsam mit Daniel Boyarin und Ann Pellegrini) heraus. Aktuell arbeitet er an einem Buch mit dem Titel *Fixing the Jews*, in dem die aktuellen Bestrebungen untersucht werden, die Bedeutung des Jüdisch-Seins zu definieren.

Gabriele Kohlbauer-Fritz

Geb. 1962. Studium der Slawistik und Judaistik in Wien und Moskau. Seit 1993 Kuratorin am Jüdischen Museum Wien. Austellungen und Publikationen, u.a.,: *In a Schtodt woss schtarbt. Jiddische Lyrik aus Wien* (1995); *Der Schejne Jid. Das Bild des jüdischen Körpers in Mythos und Ritual* (gemeinsam mit Sander Gilman, 1998); *Zwischen Ost und West. Galizische Juden und Wien* (2000); *About the Dignity of Men. Ernst Eisenmayer. Leben und Werk* (2002); *Die Liebens. 150 Jahre Geschichte einer Wiener Familie* (2004); *Beste Aller Frauen. Weibliche Dimensionen im Judentum* (2007); *Türken in Wien. Geschichte einer Jüdischen Gemeinde* (2010); *Jude sein. Being Jewish. Vienna Jewish Identity Project*, mit Fotografien von Peter Rigaud (2011).

Rainer Maria Köppl

Geb. 1957. Professor am Institut für Theater-, Film und Medienwissenschaft an der Universität Wien. Lehrte an Universitäten in Österreich, Deutschland, der Schweiz und den USA und verfasste zahlreiche Vorträge und Publikationen mit dem Schwerpunkt Populärkultur, zuletzt: *Der Vampir sind wir* (Residenz Verlag 2010, eBook-Version 2011).

Natalie Lettner

Studium der Germanistik und Kunstgeschichte. Seit 2000 am Kunsthistorischen Museum Wien. 2004 Visiting Scholar am Bard College, New York. 2006 Regie für den Dokumentarfilm *Malibu Song* (gemeinsam mit Werner Hanak). Dissertation zum Thema *Bilder des Bösen? Resonanzen traditioneller Ikonografien in der zeitgenössischen Kunst* an der Universität für angewandte Kunst, Wien.

Christian Maryška

Geb. 1960. Mag. phil. Kulturwissenschafter und Historiker. Mitarbeiter der Österreichischen Nationalbibliothek, von 2000 bis 2010 Kurator der Flugblätter-, Plakate- und Exlibris-Sammlung. Gestaltet Ausstellungen und verfasst Publikationen zu kulturwissenschaftlichen Themen mit Schwerpunkt historisches Grafikdesign. Zuletzt erschienen: *Das Ende des ‚goldenen Zeitalters der Agenturlosigkeit'*, in: Julia König-Rainer (Hg.), *60er. Plakat aus der Sammlung der Wienbibliothek* (2011); *Sie drängen sich vor oder auf, ob sie beachtet werden oder nicht. Fallbeispiele von Grafikdesign im Kalten Krieg*, in: Michael Hansel, Michael Rohrwasser (Hg.), Kalter *Krieg in Österreich. Literatur – Kunst – Kultur* (2010); *Internationales Niveau. Grafikdesign und Werbewirtschaft um 1930*, in: Wolfgang Kos (Hg.), *Kampf um die Stadt. Politik, Kunst und Alltag um 1930* (2010);

Brigitte Mayr

Geb. 1958 in Linz/Donau. Dr. phil. Wissenschaftliche Leitung von SYNEMA – Gesellschaft für Film & Medien, einer interdisziplinären Schnittstelle zur Vermittlung zwischen Theorie und Praxis der audiovisuellen Medien. Co-Herausgeberin u. a. von *Carl Mayer, Scenar[t]ist. Ein Script von ihm war schon ein Film* (2003); *Film Denken / Thinking Film – Film & Philosophie* (2005); *Wolf Suschitzky Photo* (2006); *Fritz Rosenfeld, Filmkritiken* (2007); *Script: Anna Gmeyner. Eine Wiener Drehbuchautorin im Exil* (2009).

Michael Omasta

Geb. 1964 in Wien. Filmredakteur der Wochenzeitung *Falter*. Kurator von Filmretrospektiven. Vorstandsmitglied von SYNEMA – Gesellschaft für Film & Medien. Co-Autor und Herausgeber u. a. von *Aufbruch ins Ungewisse. Österreichische Filmschaffende in der Emigration*, (1993); *Tribute to Sasha. Das filmische Werk von Alexander Hammid* (2002); *Carl Mayer, Scenar[t]ist* (2003); *Josef von Sternberg. The Case of Lena Smith* (2007); *Fritz Rosenfeld, Filmkritiker* (2007); *Wolf Suschitzky Films* (2010); *Amos Vogel – Ein New Yorker Cineast aus Wien* (2011).

Rachel Rubin

Universitätsprofessorin und Ordinariat am Department für American Studies der University of Massachusetts, Boston. PhD an der Yale University, im Programm American Studies und dem Department of Slavic Languages and Literatures. Veröffentlichte u.a. *Jewish Gangsters of Modern Literature* (2000) und (gemeinsam mit Jeffrey Melnick) *Immigration and American Popular Culture* (2007).

Frank Stern

Leiter des Schwerpunkts Visuelle Zeit- und Kulturgeschichte am Institut für Zeitgeschichte der Historisch-Kulturwissenschaftlichen Fakultät an der Universität Wien. Langjähriger Leiter des Zentrum für deutsche und österreichische Studien an der Ben-Gurion Universität des Negev in Beer-Sheva. Mitglied im Direktorium des Jüdischen Filmclubs Wien. Kuratiert neben Veröffentlichungen zur Jüdischen Kultur-, Exil- und Filmgeschichte, zu Themen des Antisemitismus und des Philosemitismus zahlreiche Filmretrospektiven zum jüdischen, israelischen und deutschsprachigen Film.

Leshu Torchin

Lektorin für Filmwissenschaft an der University of St. Andrews in Schottland mit dem Themenschwerpunkt Film, Genozid und Verteidigung der Menschenrechte. Co-Autorin von *Moving People, Moving Images: Cinema and Trafficking in the New Europe* (St Andrews Film Studies 2010). Ihre Texte wurden in Third Text, Film & History, American Anthropologist und Cineaste veröffentlicht. 2012 erscheint *Creating the Witness: Documenting Genocide on Film, Video and the Internet* bei University of Minnesota Press.

Julio Vera

Geboren in Kuba. Immigration in die USA im Alter von acht Jahren. Studium an der Carnegie Mellon University. Master of Fine Arts an der Filmschule der University of California, Los Angeles (UCLA) sowie Master of Library and Information Sciences, ebenfalls UCLA. Arbeitete einige Jahre in der Film- und TV-Branche, nun Kurator der Museums-Sammlung der Academy of Motion Picture Arts and Sciences in Hollywood.

Maren Waffenschmid

Geb. 1983. Mag. Phil. Studierte an der Universität Wien Theater-, Film- und Medienwissenschaft und ist seit Juli 2011 am Jüdischen Museum Wien als kuratorische Assistentin angestellt. Ihre Diplomarbeit beschäftigte sich mit dem Thema der Intermedialität zwischen antikem Theater und modernen Medienformaten mit dem Fokus der Dramaturgie von Berichterstattung. Neben dem Studium arbeitete sie an einigen deutschsprachigen Staatstheatern unter anderem als Regie-Assistentin. Forscht derzeit über Sprech-Chor im zeitgenössischen Theater.

Liste der ausgestellten Objekte*

Vorspann

Welcome to Hollywood at the Jewish Museum Vienna!
Video Installation, 1 Minute
Interview mit Carla Laemmle. Die 1909 geborene Nichte von Universal-Gründer Carl Laemmle begrüßt die Besucher der Ausstellung.
Werner Hanak-Lettner, Dezember 2010; Schnitt: Maren Waffenschmid, CAT-X, Wien

100 Jahre Hollywood

Set 1
Von Osteuropa an die Westküste

Besamimbüchse aus Minsk
MGM-Boss L. B. Mayer gab Minsk als seinen Geburtsort an.
Silber, H 21,5 cm
Minsk 1859
Jüdisches Museum Wien, Sammlung Berger, Inv. Nr. 19073

Ein Paar Schabbat-Kerzenleuchter aus Warschau
Warschau ist der Geburtsort Samuel Goldwyns. Die Brüder Warner stammen aus Krasnosielc, 90 km nördlich von Warschau.
Silber, H 10,5 cm, Basis: 8,4 x 8,4 cm
Warschau Mitte 19. Jh.
Jüdisches Museum Wien, Legat Berger, Inv. Nr. 18872

Tora-Schild der Heiligen Gemeinde Tokaj
Im Tokaja-Gebiet in Nordostungarn liegen die Geburtsorte von Adolph Zukor (Risce) und William Fox (Tulchwa). Das Tora-Schild ist eine Schenkung des in Wien geborenen, ehemaligen Bürgermeisters von Jerusalem, Teddy Kollek, zur Eröffnung des Jüdischen Museums 1993. Es trägt die Inventarnummer 1.
Silber, H 35 cm, B 27 cm
Jüdisches Museum Wien, Inv. Nr. 1

My Book of Friends von Carl Laemmle
In Laemmles Poesiealbum hat sich 1884 u.a. sein Vater Julius eingetragen, um ihm alles Gute für sein neues Leben in Amerika zu wünschen.
Laupheim 1884
Faksimile, 23 x 34,5 cm
Seaver Center for Western History Research (Natural History Museum, Los Angeles/USA)

Glückwunschkarte zu Rosch ha-Schana
Die USA heißen die osteuropäischen Immigranten willkommen.
11 x 6,5 cm
Hebrew Publishing 1909
Jüdisches Museum Wien, Inv. Nr. 6675
Abb. S. 46

Trophäe für ein Rennpferd aus dem Besitz von Harry Warner
USA vor 1958
Esther Blom, Aspen, CO, USA

* Wegen des frühen Drucktermins dieses Ausstellungskatalogs sind die Angaben zu den Filmausschnitten nur vorläufig.

Pokal für Adolph Zukor
gestiftet 1917 von seinen Mitarbeitern
Inschrift: Adolph Zukor / In Sincere Admiration and Loyal Appreciation /
A.A. Kaufman, Al Lichtman, Frank Meyer, D.P. Schulberg / January 10, 1917
Silber, H 26 cm, DM 27 cm
James R. Zukor, Santa Monica

Pokal von Carl Laemmle für seinen Neffen Edward Laemmle
Inschrift: Presented By / Carl Laemmle / President / Universal Film Manufacturing Company / To / Edward Laemmle / In Token Of / His Masterly Direction / Of / The Two Pioneer / Historical Chapter Plays / Winners Of The West / And / The Days Of Buffalo Bill / June 1922
Silberpokal auf schwarzem Sockel, H 48,9 cm, B 36,83 cm
1922
Rosemary Hilb, Beverly Hills, CA, USA
Abb. S. 14

Adolph Zukor als Kürschner
New York ca. 1903
Hinterleuchteter Fotoabzug
Paramount / Photofest
Abb. S. 42

Adolph Zukor als Filmproduzent mit Mae West
Los Angeles 1933
Hinterleuchteter Fotoabzug
Paramount / Photofest
Abb. S. 42

Tisch-Zigarrenbox
Geschenk der Academy of Motion Picture, Arts & Sience für Adolph Zukor
Inschrift: PRESENTED TO / ADOLPH ZUKOR / BY THE / ACADEMY OF MOTION PICTURE ARTS AND SCIENCES DECEMBER 3, 1936 / IN RECOGNITION OF HIS TWENTY FIFTH YEARS OF DISTINGUISHED ACHIEMENT IN MOTION PICTURES
Silber, H 13,3 cm, B 16,5 cm, T 29,2 cm
1936
James R. Zukor, Santa Monica

Teller aus dem Gala-Geschirr von Adolph Zukor
Weißer Teller mit goldenem Rand, in der Mitte ein goldenes ‚Z' für Zukor
Coronet, Limoges vor 1930
H 2,9 cm, DM 24,1 cm
James R. Zukor, Santa Monica, CA, USA
Abb. S. 18

Brandyglas aus dem Besitz von Adolph Zukor
Kürzel ‚AZ' für Adolph Zukor eingegraviert
H 14,6 cm, DM 11,4 cm
James R. Zukor, Santa Monica, CA, USA

Plakatwand

Ben-Hur - A Metro-Goldwyn-Mayer Picture
(Regie: Fred Niblo, 1925)
Filmplakat, Faksimile in Originalgröße, 200 x 104 cm
Österreichische Nationalbibliothek, Bildarchiv und Grafiksammlung, Wien
Abb. S. 5

William Fox presents *Romance of the Underworld*
(Regie: Irving Cummings, 1928)
Filmplakat, Faksimile in Originalgröße, 201 x 201 cm
Österreichische Nationalbibliothek, Bildarchiv und Grafiksammlung, Wien

Carl Laemmle presents *In the Days of Buffalo Bill*
(Regie: Edward Laemmle, 1922)
Filmplakat, Faksimile in Originalgröße, 206 x 104 cm
Österreichische Nationalbibliothek, Bildarchiv und Grafiksammlung, Wien

Carl Laemmle presents *The Phantom of the Opera*
(Regie: Rupert Julian, 1922)
Filmplakat, Faksimile in Originalgröße, 204 x 208 cm
Österreichische Nationalbibliothek, Bildarchiv und Grafiksammlung, Wien
Abb. S. 31

Adolph Zukor and Jesse L. Lasky present (...) *The Devil's Cargo*
(Regie: Victor Flemming, 1925)
Filmplakat, Kopie in Originalgröße, 230 x 730 cm
Österreichische Nationalbibliothek, Bildarchiv und Grafiksammlung, Wien

True as Steel – A Goldwyn Picture
(Regie: Rupert Hughes, 1924)
Filmplakat, Faksimile in Originalgröße, 198 x 104 cm
Österreichische Nationalbibliothek, Bildarchiv und Grafiksammlung, Wien
Abb. S. 35

Warner Bros. offer *The Life of Emile Zola*
(Regie: Wilhelm Dieterle, 1937)
Filmplakat, Faksimile in Originalgröße, 202 x 200 cm
Österreichische Nationalbibliothek, Bildarchiv und Grafiksammlung, Wien

Set 2
Vom Filmvorführer zum Produzenten

Muschel Mutoskop der American Mutoscope & Biograph Co., USA
Das Model wurde nach den Patenten von Hermann Casler aus dem Jahr 1894 zwischen 1900 und ca. 1909 als Peep-Hole-Filmbetrachter für die ‚Penny Arcades' gebaut.
H 140 cm, Fuß 30 x 35 cm
Filmarchiv Austria, Laxenburg

Filmprojektor ‚Power's Cameragraph N° 6' der Nicholas Power Company, USA
1910 mit Lizenzplatte der Motion Picture Patents Company New York
H 32 cm, B 34 x 34 cm
Filmarchiv Austria, Laxenburg

Filmausschnitte

The Great Train Robbery (1903)
Regie: Edwin S. Porter; Produzent: Thomas Edison
Film ca. 12 Minuten, Ausschnitt: ca. 1 Minute

The Loves of Queen Elizabeth (1912)
Regie: Louis Mercanton, Henri Desfontaines; mit Sarah Bernhardt; Produzenten: L'Histionic Film, Pathé Frères und Adolph Zukor
Filmlänge: ca. 53 Minuten, Ausschnitt: ca. 1 Minute

Set 3
Der Kampf gegen den ‚Trust' und die Entdeckung Hollywoods

Filmkamera von Pathé Frères
Model ‚B' bzw. ‚Professionel', Paris 1911
Die ‚Independents' um Laemmle und Fox wichen aus Patentrechtsgründen auf importierte Kameras wie diese aus.
Privatbesitz

Brief von Joseph an Carl Laemmle wg. Filmprojektoren
(...) "Today I looked at another machine for sale at Kleine Optical Co. on State Str. (...) I saw it working, it's simply wonderful. It is a Power's Machine N°4 with all the Equipments, but he asks $ 250,- except if we buy three he would give us a discount of $ 30,- on each machine. (...)
1906
Faksimile
Seaver Center for Western History Research / Natural History Museum, Los Angeles

Modell des Lasky-DeMille-Barn
Modell eines der ersten Studios Hollywoods, das 1913 an der Ecke Selma Av. und Vine Str. stand und in dem Cecil B. DeMille *The Squaw Man* (1914) drehte.
Modellbau: Eugene Hilchey, 1998
H 30 cm, 75 x 75 cm
Hollywood Heritage Museum, Los Angeles

Filmausschnitt

Squaw Man (1914)
Regie: Oscar Apfel, Cecil B. DeMille; Produzenten: Jesse L. Lasky, Cecil B. DeMille
Film: 74 Minuten, Ausschnitt: ca. 1 Minute
© Paramount Pictures

Set 4
Movie Star

Theda Bara als Cleopatra
Publicity-Foto aus dem Film *Cleopatra* (1917) der Fox Film Corporation
Hinterleuchteter Abzug
Sammlung Österreichisches Filmmuseum, Wien

Life Magazine, veröffentlicht am 22.12.1958
Marilyn Monroe als Theda Bara, die 1917 in die Rolle der Cleopatra geschlüpft war.
Foto von Richard Avedon, H 35,5 cm, B 53 cm
Privatsammlung Peter Schnug, www.marylinmonroe.de

Sugar Kane alias Sugar Kowalczyk (Marilyn Monroe) erzählt ihre Geschichte
Filmausschnitt aus *Some like it Hot* (1959)
Regie Billy Wilder
Film: 122 min, Ausschnitt: ca. 1 Minute 30
© Mirisch Company / United Artists

Max Factor's Theatrical Face Powder
Fünf grüne Make-Up-Dosen von Max Factor
Entwurf: 1920er Jahre
History for Hire, Hollywood, CA, USA

Charlie-Chaplin-Kostüm von Gloria Swanson
Gloria Swanson trat sowohl in *Manhandled* (1924) als auch in *Sunset Boulevard* (1950) als Charlie Chaplin auf.
Hut: 23 x 29 cm / Jacke: H 67 cm / Schuhe: L 26,5 cm, H 14 cm / Stock: 84 cm
Hollywood Heritage Museum, Hollywood, CA, USA

Gloria Swanson als Charlie Chaplin in *Sunset Boulevard*
Publicity-Foto, 1950
Hinterleuchteter Abzug
Paramount / Photofest

David Matis *Di velt fan Tscharli Tschplin (Die Welt von Charlie Chaplin)*
Hrsg. von Yiddisher Kultur Farband (YKUF)
New York 1959
H 23,8 cm, B 15,5 cm
Jüdisches Museum Wien, Bibliothek, Ankauf 2011

Filmausschnitt

The Immigrant (1917)
Regie: Charlie Chaplin; Produzent: John Jasper
Film: 20 Minuten, Ausschnitt: ca. 1 Minute
© Mutual Film Cooperation

Set 5
Kinopaläste für eine klassenlose Gesellschaft

Teilstück des roten Teppichs für den Hollywood Boulevard
Zuletzt verwendet bei der Oscar®-Verleihung am 27. Februar 2011
H 300 cm, B 300 cm
The Academy Museum of Motion Pictures of the Homewood Foundation, Los Angeles

Das Roxy Theatre
Öl auf Leinwand
The Rambusch Decorating Company für Architekt Walter Ahlschlager 1925-1927
Mit dieser Visualisierung gewann Ahlschlager den Wettbewerb für das größte Kino Amerikas.
H 130 cm, B 150 cm
Theatre Historical Society of America, IL, USA
Abb. S. 65

Set 6
Moving West. Amerikanische und andere Hollywood-Mythen

Ägyptisches Schwert
Requisite aus dem Film *The Ten Commandments* (1923)
Regie: Cecil B. DeMille
L 77 cm
Hollywood Heritage Museum, Hollywood, CA, USA

Filmausschnitte

The Ten Commandments (1923)
Regie: Cecil B. DeMille; Darsteller: Theodore Robers, Charles de Rochefort
Film: 136 Minuten, Ausschnitt: ca. 1 Minute
© Paramount Pictures

The Covered Wagon (1923)
Die Pioniere durchqueren den Platte-River mit den Planwägen auf dem Weg nach Oregon.
Regie: James Cruze; Darsteller: J. Warren Kerrigan, Lois Wilson, Ernerst Torrence
Film: 98 Minuten, Ausschnitt: ca. 1 Minute
© Paramount Pictures

Set 7
***The Jazz Singer.* Der Film beginnt zu sprechen**

Der Jazz Sänger (1927)
Filmplakat für die Wiener ‚Ur- und Alleinaufführung im Central-Kino' in der Taborstraße am 21. Jänner 1929
H 185 cm, B 93 cm
Wienbibliothek, Plakatsammlung, P 42511, Wien

Kantor Rosenblatt vor dem Wiener Central-Kino
Fotografie, anläßlich der Wiener Tonfilmpremiere von *Der Jazz Sänger*, 21. Jänner 1929
H 20,7 cm, B 29,3 cm
Österreichische Nationalbibliothek, Bildarchiv, Wien

J.M. Wall-Inc. Wochenschau-Filmkamera auf Stativ
Diese *Single-System Camera* ermöglichte die Aufnahme von Bild und Ton auf einem Filmstreifen. Das Model wurde von Paramount News verwendet.
Syracuse, New York, USA, ca. 1930
H 167 cm, B 120 cm (incl. Stativ)
Filmarchiv Austria, Laxenburg

Verstärker ‚Paramount News'
Verstärker eines Paramount News Wochenschau-Equipments, ca. 1930
H 17 cm, B 35 cm, T 28 cm
Filmarchiv Austria, Laxenburg

Filmausschnitt

The Jazz Singer (1927)
Regie: Alan Crosland; Produzent: Jack Warner; Darsteller: Al Jolson, Eugenie Besserer
Film: 88 Minuten, Ausschnitt: ca. 1 Minute
© Warner Bros.

Set 8
Zuhause in Los Angeles. Ein Tempel, ein Golfplatz und der Antisemitismus

Psalms
Skizze zu den Warner-Wandgemälden im Wilshire Boulevard Temple
von Hugo Ballin, 1929
Bleistift auf Papier, H 48,9 cm, B 84,5 cm
Wilshire Boulevard Temple, Los Angeles, CA, USA

Rashi and Maimonides
Skizze zu den Warner-Wandgemälden im Wilshire Boulevard Temple
von Hugo Ballin, 1929
Bleistift auf Papier, H 49,7 cm, B 74,5 cm
Wilshire Boulevard Temple, Los Angeles, CA, USA

Song of Songs
Skizze zu den Warner-Wandgemälden im Wilshire Boulevard Temple
von Hugo Ballin, 1929
Bleistift auf Papier, H 48,3 cm, B 77, 5 cm
Wilshire Boulevard Temple, Los Angeles, CA, USA

The Middle Ages
Skizze zu den Warner-Wandgemälden im Wilshire Boulevard Temple
von Hugo Ballin, 1929
Bleistift auf Papier, H 48,3 cm B 76,2 cm
Wilshire Boulevard Temple, Los Angeles, CA, USA

Gedenkinstallation an Louis B. Mayer im Wilshire Boulevard Temple
Zwei Briefe des MGM-Boss an den Wilshire Boulevard-Tempel, ein Mayer-Fotoporträt und ein Foto des MGM-Löwen Leo in einem goldenen Rahmen. Mayer war kurzzeitig im Vorstand des Tempels, zog sich dann aber aus Zeitgründen wieder zurück.
Wilshire Boulevard Temple, Los Angeles, USA

Die Warner Murals im Wilshire Boulevard Temple
Haushistoriker Steve Breuer erklärt die Ikonografie der von den Brüder Warner 1929 in Auftrag gegebenen figurativen Wandgemälde.
Videodokumentation von Werner Hanak-Lettner, 2011
Schnitt: Maren Waffenschmid und CAT-X, Wien

Antisemitisches Flugblatt
„Boycott the Movies! Hollywood is the Sodom and Gomorrha where International Jewry controls Vice – Dope – Gamblin (...)".
um 1937
Faksimile
California State University Northridge, Special Collections/Archives, Northridge, CA, USA
Abb. S. 85

Antisemitisches Pamphlet
„Boycott every motion picture starring any member of the Pro-Communist Hollywood Anti-Nazi League (...)".
um 1937
Faksimile
California State University Northridge, Special Collections/Archives, Northridge, CA, USA
Abb. S. 85

Golfschläger von Harpo Marx

Mit eingravierter Signatur von Harpo Marx
1950er Jahre, Fabrikat: Mac Gregor, Temper Tourney, L 110 cm
Bill Marx, Rancho Mirage, CA, USA
Abb. S. 20, 83

‚Being a Map of Hollywood'

Humoristischer Stadtplan von Harold Grieve
Los Angeles 1925
Papier (Faksimile), 60 x 80 cm
Jüdisches Museum Wien

Hays Code

Grafische Installtion zum *Hays Code (Production Code)*, der ab den 1930er Jahren die Darstellungen von Religion, Sex, Gewalt etc. in Hollywood-Filmen regelte.
Gestaltung: Stefan Fuhrer, Wien

Set 9
Jüdischer Humor: Marx-Brothers vs. Eddie Cantor

Harpos blonde Perücke

Requisite aus dem Besitz von Harpo Marx
Bill Marx, Rancho Mirage, CA, USA

Schere

Requisite aus dem Besitz von Harpo Marx
Bill Marx, Rancho Mirage, CA, USA

Falsche Zähne

Requisite aus dem Besitz von Harpo Marx
Bill Marx, Rancho Mirage, CA, USA

Brille

Requisite aus dem Besitz von Harpo Marx
Bill Marx, Rancho Mirage, CA, USA

Filmausschnitte

Duck Soup (1933)

Regie: Leo McCarey; Produzent: Herman J. Mankiewicz (uncredited); Darsteller: Marx Brothers, Margaret Dumont
Film: 68 Minuten, Ausschnitt: ca. 1 Minute
© Universal Pictures

Whoopee! (1930)

Regie: Thornton Freeland; Produzenten: Samuel Goldwyn, Florenz Ziegfeld; Darsteller: Eddie Cantor, Eleanor Hunt
Film: 93 Minuten, Ausschnitt: ca. 1 Minute
© United Artists / MGM

Set 10
Italiener, Iren aber keine Juden? Gangster als ‚ethnic heroes'

Filmausschnitt

Little Caesar (1931)

Regie: Mervyn LeRoy; Produzenten: Hal B. Wallis (uncredited), Darryl F. Zanuck (uncredited); Darsteller: Edward G. Robinson, Douglas Fairbanks Jr., Glenda Farrell
Film: 79 Minuten, Ausschnitt: ca. 1 Minute
© Warner Bros. (First National)

Set 11
‚Universal Horror'

The Cat and the Canary (1927)

Filmplakat, 200 x 104 cm
Österreichische Nationalbibliothek, Bildarchiv und Grafiksammlung, Wien
Abb. S. 97

Filmausschnitt

Dracula (1931)

Regie: Tod Browning; Produzenten: E. M. Asher, Tod Browning, Carl Laemmle Jr.; Darsteller: Bela Lugosi, Helen Chandler, Edward Van Sloan
Film: 72 Minuten, Ausschnitt: ca. 1 Minute
© Universal Pictures

Set 12
Casablanca, California

Sessel aus Rick's Café Américain

Requisite aus dem Film *Casablanca*
H 88 cm, Sitzfläche: 39 x 39 cm, Sitzhöhe: 45 cm
Laura Richarz, Los Angeles
Abb. S. 107

Von Europa nach Casablanca, California

Grafische Installation zu den Herkunftsorten der Mitwirkenden des Films *Casablanca*
Recherche: Brigitte Mayr, Michael Omasta
Gestaltung: Stefan Fuhrer, Wien

Filmausschnitt

Casablanca (1942)

Regie: Michael Curtiz; Produzent: Hal B. Wallis; Darsteller: Humphrey Bogart, Ingrid Bergman, Paul Henreid
Film: 102 Minuten, Ausschnitt: ca. 1 Minute
© Warner Bros.

Set 13
David O. Selznick und die Geschichte des Blockbusters

Vivian Leigh in der Rolle der Scarlett O'Hara

Kostümdesign von Walter Plunkett
Bleistift und Gouache auf Papier, H: 58,4 cm, B: 45,1 cm
The Margaret Herrick Library of the Archival Foundation, Beverly Hills, CA, USA
Abb. S. 115

Clark Gable in der Rolle des Rhett Butler

Kostümdesign von Walter Plunkett
Bleistift und Gouache auf Papier, H: 58,4 cm, B: 45,7 cm,
The Margaret Herrick Library of the Archival Foundation, Beverly Hills, CA, USA
Abb. S. 115

Atlanta brennt

Szenenentwurf von William Cameron Menzies
Bleistift und Gouache auf Papier, H: 49,5 cm, B: 60,3 cm
The Margaret Herrick Library of the Archival Foundation, Beverly Hills, CA, USA

Zerstörtes Atlanta
Szenenentwurf von William Cameron Menzies
Bleistift und Gouache auf Papier, H: 58,4 cm, B: 45,7 cm
The Margaret Herrick Library of the Archival Foundation, Beverly Hills, CA, USA

Vom Winde verweht (1939)
Filmplakat der Österreichische Erstaufführung, Jänner 1953
H 83,5 cm, B 58,5 cm
Sammlung Österreichisches Filmmuseum, Wien

Filmausschnitt

Gone with the Wind (1939)
Regie: Victor Fleming; Produzent: David O. Selznick; Darsteller: Vivien Leigh, Clark Gable, Leslie Howard, Olivia de Havilland, Hattie McDaniel
Film: 224 Minuten, Ausschnitt: ca. 1 Minute
Selznick International/ © MGM

Set 14
Die zögerliche Anti-Nazi-Propagandamaschine

Carl-Laemmle-Straßenschild aus Laupheim, Württemberg
Die *Carl Lämmle-Str.* gab es von 1927 bis 1933. Nach der Machtübernahme der Nazis wurde sie die *Schlageter Str.* Die entsprechenden Gemeinderatsbeschlüsse im Juli 1927 und Juni 1933 fielen einstimmig.
Museum zur Geschichte von Christen und Juden, Laupheim, Deutschland

Korrespondenz anlässlich der Produktion von *Confession of a Nazi Spy* (1939)
Die Botschaft des Deutschen Reiches intervenierte bei Warner Bros. und der Hays Commission .
The Margaret Herrick Library of the Archival Foundation, Beverly Hills, CA, USA

Filmausschnitt

Confessions of a Nazi Spy (1939)
Regie: Anatole Litvak; Produzenten: Hal B. Wallis, Jack L. Warner, Robert Lord; Darsteller: Edward G. Robinson, Francis Lederer, Georg Sanders, Paul Lukas
Film: 104 Minuten, Ausschnitt: ca. 1 Minute
© Warner Bros.

Set 15
Kalifornische Erdbeben: Kartelle, Fernsehen und unamerikanische Umtriebe

Das Fernsehen und die unamerikanischen Umtriebe
Video-Installation mit dem Nachbau eines historischen Fernsehgeräts (Leihgabe: Wien Museum) und Ausschnitten aus den Verhören des House Committee on Un-American Activities (HCUA) mit den Studio-Bossen Jack Warner und Louis B. Mayer.

Set 16
Hollywood erzählt den Holocaust

Zwei Anne-Frank-Tagebücher
Requisiten für den Film *The Diary of Anne Frank* (George Stevens, 1959).
The Margaret Herrick Library of the Archival Foundation, Beverly Hills, CA, USA

Castingdirektor Owen McLean sucht eine Anne Frank in Berlin
Publicity Foto, Twentieth Century Fox, 1959
H 20,9 cm, B 25,3 cm
Photofest, New York, NY, USA

Am Set von *The Diary of Anne Frank*
Publicity Foto Twentieth Century Fox, 1959
H 20,9 cm, B 25,3 cm
Photofest, New York, NY, USA

Zyklon-B-Dosen
Requisiten für die Fernsehserie *War and Remembrance* (1988)
H 30 cm, DM 20 cm
History for Hire, Hollywood, CA, USA

Filmausschnitt

The Diary of Anne Frank (1959)
Regie: George Stevens; Produzenten: George Stevens Jr., George Stevens; Darsteller: Millie Perkins, Joseph Schildkraut, Shelley Winters
Film: 180 Minuten, Ausschnitt: ca. 1 Minute
© 20th Century Fox

Set 17
Transatlantische Filmbeziehungen nach 1945

Dagobert Duck und die Filmfestspiele in Venedig
Beginn der Geschichte *Der Goldene Löwe*, Story und Zeichnungen von Giorgio Cavazzano; in: Walt Disney's Lustiges Taschenbuch Nr. 153, *Der Schatz der Teufelszinne*, erschienen am 18.12. 1990
© Disney
Abb. S. 139

Filmausschnitt

Le Mepris (1963)
Regie: Jean-Luc Godard; Produzenten: Georges de Beauregard, Carlo Ponti; Darsteller: Brigitte Bardot, Michel Piccoli, Fritz Lang, Jack Palance
Film: 102 Minuten, Ausschnitt: ca. 1 Minute
© Embassy Pictures

Set 18
New Hollywood. Dekonstruktion und Renaissance des amerikanischen Mythos

The Back of Hollywood
Ed Ruscha, 1977
Gouache auf Siebdruck auf Papier, H 45 cm, B 113 cm
Courtesy the Artist and Gagosian Gallery, Beverly Hills, CA, USA
Abb. S. 147

Chopper Captain America, Harley Davidson
Motorrad desselben Models wie es Peter Fonda in *Easy Rider* fuhr (1969)
H 150 cm, B 100 cm, L 260 cm
Spock's Motorcycles, Tulln

Filmausschnitte:

Easy Rider (1969)
Regie: Dennis Hopper; Produzenten: Peter Fonda, William Hayward, Bert Schneider; Darsteller: Denis Hopper, Peter Fonda, Luke Askew, Jack Nicholson
Film: 95 Minuten, Ausschnitt: ca. 1 Minute
© Columbia Pictures

Electra Glide in Blue (1973)
Regie: James William Guerico; Produzenten: James William Guerico, Rupert Hitzig; Darsteller: Robert Blake, Billy (Green) Bush, Mitchell Ryan
Film: 114 Minuten, Ausschnitt: ca. 1 Minute
© MGM

Set 19
Vom Blackface zum Superblackman. Afroamerikanische Rollenbilder

Filmausschnitt

In the Heat of the Night (1967)
Regie: Norman Jewison; Produzent: Walter Mirisch; Darsteller: Sidney Poitier, Rod Steiger, Warren Oates, Lee Grant
Film: 109 Minuten, Ausschnitt: ca. 1 Minute
© United Artists (The Mirisch Corporation) / MGM

Set 20
Producing the Seventies. Eric Pleskow's 'Walk of Fame'

Oscar® für den Film *One Flew Over the Cuckoo's Nest* (1975)
Erster von drei aufeinanderfolgenden Oscars® in der Kategorie ‚Bester Film' für die Produktionsfirma United Artists unter Präsident Eric Pleskow
Statue, H 34 cm, B 13 cm (Sockel), Gewicht 4 kg
Eric Pleskow, Weston, CT, USA

Oscar® für den Film *Rocky* (1976)
Zweiter von drei aufeinanderfolgenden Oscars® in der Kategorie ‚Bester Film' für die Produktionsfirma United Artists unter Präsident Eric Pleskow
Statue, H 34 cm, B 13 cm
Eric Pleskow, Weston, CT, USA

Oscar® für den Film *Annie Hall (Der Stadtneurotiker,* 1977)
Dritter von drei aufeinanderfolgenden Oscars® in der Kategorie ‚Bester Film' für die Produktionsfirma United Artists unter Präsident Eric Pleskow
Statue, H 34 cm, B 13 cm
Eric Pleskow, Weston, CT, USA

TV-Sendung *Willkommen Österreich*
TV-Talk von Stermann/Grissemann mit Eric Pleskow
Filmausschnitt
ORF, Jänner 2011

Set 21
New York, New York. Woody Allens jüdische Metropole

Der Stadtneurotiker (1977)
Deutsches Filmplakat für Woody Allens *Annie Hall*
Jüdisches Museum Wien
Abb. S. 163

Filmausschnitt

Annie Hall (Der Stadtneurotiker, 1977)
Regie: Woody Allen; Produzenten: Jack Rollins, Robert Greenhut; Darsteller: Woody Allen, Diane Keaton, Tony Roberts, Carol Kane, Paul Simon
Film: 93 Minuten, Ausschnitt: ca. 1 Minute
© United Artists / MGM

Set 22
Coming Out. Jüdische Präsenz vor der Kamera

Gold Barbra (Jewish Jackie Series)
Deborah Kass, 1992
Öl und Siebdruck auf Leinwand, H: 76,2, B: 61 cm,
James E. Cottrell, M.D. + Joseph F. Lovett from the Cottrell-Lovett Collection, New York, NY, USA
Abb. S. 171

Four Black Barbras (Jewish Jackie Series)
Deborah Kass, 1992
Öl und Siebdruck auf Leinwand, H: 51 cm, B: 61 cm
James E. Cottrell, M.D. + Joseph F. Lovett from the Cottrell-Lovett Collection, New York, NY, USA
Abb. S. 171

The Star Installation
Jüdische Schauspieler in Hollywood seit 1945
Grafische Foto-Installation

Filmausschnitte

Sunset Boulevard (1950)
Regie: Billy Wilder; Produzent: Charles Brackett; Darsteller: William Holden, Gloria Swanson, Erich von Stroheim, Nancy Olson
Film: 110 Minuten, Ausschnitt: ca. 1 Minute
© Paramount Pictures

The Main Event (1979)
Regie: Howard Zieff, Produzent: Howard Rosenman; Darsteller: Barbra Streisand, Ryan O'Neal
Film: 112 Minuten, Ausschnitt: ca. 1 Minute
© Warner Bros.

Set 23
***Schindler's List.* Hollywood schreibt Geschichte**

Europa-Premiere von *Schindler's List* in Wien
Sechs Pressefotos vom Empfang der österreichischen Bundesregierung und der Pressekonferenz mit Steven Spielberg und Simon Wiesenthal
Februar 1994
Hans Menasse, Wien

Fax von Steven Spielberg an Simon Wiesenthal
Anlässlich der Europa-Premiere des Films *Schindler's List* in Wien
10. März 1994
DIN A 4
Hans Menasse, Wien

Fax von Simon Wiesenthal an Hans Menasse
Danksagung vom 22. Februar 1994 für die Organisiation der erfolgreichen Europa-Premiere von *Schindler's List* in Wien
DIN A 4
Hans Menasse, Wien

Kochtopf mit Deckel aus Oscar Schindlers Deutscher Emaillewarenfabrik (DEF)
In Oscar Schindlers ehemaliger Fabrik eröffnete im Juni 2010 eine zeithistorische Abteilung des Historischen Museums Krakau.
Emaille, H 9 cm, DM 21,5 cm
vor 1945
Muzeum Historycznym Miasta Krakova, Krakau, Polen

Filmausschnitt

Schindler's List (1993)
Regie: Steven Spielberg, Produzenten: Steven Spielberg, Gerald R. Molen, Branko Lustig; Darsteller: Liam Neeson, Ben Kingsley, Ralph Fiennes, Caroline Goodell
Film: 195 Minuten, Ausschnitt: ca. 1 Minute
© Universal Pictures

Set 24
Jüdische Identitäten heute

Der Baseballschläger des Bear Jew
Requisite aus dem Film *Inglourious Basterds* (2009)
L 84,5 cm
Jüdisches Museum Wien, Ankauf 2011
Abb. S. 183

Filmausschnitte

Independence Day (1996)
Regie: Roland Emmerich; Produzent: Dean Devlin; Darsteller: Will Smith, Bill Pullmann, Jeff Goldblum
Film: 138 Minuten, Ausschnitt: ca. 1 Minute
© 20th Century Fox

A Serious Man (2009)
Regie und Produktion: Ethan und Joel Coen; Darsteller: Michael Stuhlberg, Richard Kind, Fred Melamed
Film: 105 Minuten, Ausschnitt: ca. 1 Minute
© Universal Pictures / Focus Features

Inglourious Basterds (2009)
Regie: Quentin Tarantino; Produzenten: Lawrence Bender, Quentin Tarantino; Darsteller: Brad Pitt, Mélanie Laurent, Christoph Waltz, Eli Roth
Film: 154 Minuten (Kinofassung), Ausschnitt: 29 Sekunden
© Universal Pictures / The Weinstein Company

Nachspann

Jewish Hollywood
'*Videoinstallation*, Interviews mit Danielle Berrin, Theodor Bikel, Danielle Sezlnick, Jim Zukor, u.a.
Länge: ca. 4 Minuten
Werner Hanak-Lettner, 2010/11; Schnitt: Maren Waffenschmid und CAT-X, Wien

Hollywood's Future
Videoinstallation, Interviews mit Jon Libman, Danielle Berrin, u.a.
Länge: ca. 4 Minuten
Werner Hanak-Lettner, 2010/11; Schnitt: Maren Waffenschmid und CAT-X, Wien

Leihgeber

The Academy Museum of Motion Pictures of the Homewood Foundation, Los Angeles
Esther Blom, Aspen, CO, USA
James E. Cottrell, M.D. + Joseph F. Lovett from the Cottrell-Lovett Collection
Filmarchiv Austria, Laxenburg
Rosemary Hilb, Beverly Hills, CA, USA
History for Hire, Los Angeles, Hollywood, CA, USA
Hollywood Heritage Museum, Hollywood, CA, USA
The Margaret Herrick Library of the Archival Foundation, Los Angeles
Bill Marx, CA, USA
Hans Menasse, Wien
Museum zur Geschichte von Christen und Juden, Schloss Großlaupheim, Deutschland
Muzeum Historycznym Miasta Krakova, Krakau, Polen
Natural History Museum of Los Angeles County, CA, USA,
Österreichische Nationalbibliothek, Bildarchiv und Grafiksammlung, Wien
Photofest, New York
Eric Pleskow, Weston, CT
Laura Richarz, Los Angeles
Ed Ruscha and the Gagosian Gallery, Beverly Hills
Sammlung Österreichisches Filmmuseum, Wien
Peter Schnug, Privatsammlung, www.marilynmonroe.de
Spock's Motorcycles, Tulln
Theatre Historical Society of America, IL, USA
Wienbibliothek, Plakatsammlung, Wien
Wien Museum, Wien
Wilshire Boulevard Temple, CA, USA
James R. Zukor, Santa Monica, CA, USA

Dank

Für Rat und Tat danken wir:

Richard Adkins, Hollywood Heritage Museum, Hollywood, CA,
Dr. Udo Bayer, Laupheim
Danielle Berrin, Jewish Journal, LA
Theodore Bikel, LA
Robert S. Birchard, American Film Institute, LA
Ditta und George Bishop, LA und Ross
Gabriele und Andrew Braunsberg, Wien
Steve Breuer, LA
Tamara Brooks, LA
John Cahoon, Seaver Center for Western History Research, LA
Phyllis Caskey, LA
Anne Coco, Margaret Herrick Library, LA
Jim and Pam Elyea, History for Hire, Hollywood
Irwin Field, LA
Roland Fischer-Briand, Österreichisches Filmmuseum, Wien
Rabbi Karen Fox, Wilshire Boulevard Temple, LA
Dr. Michael Freund, Wien
Sandra Garcia Myers, Warner Bros. Archive, USC, LA
Clifford P. Goldstein, Santa Monica
Wolfgang Glück, Wien
Simon Gogl, Wien
Tal Gozani, LA
Bill Gross, Tel Aviv
Michael Haas, London und Wien
Melissa Hacker, New York
Michael Hacker, LA und Wien
May Haduong, Academy of Motion Picture Arts and Sciences, LA
Steve Hanson, Warner Bros. Archive, USC, LA
Dr. Felicitas Heimann-Jelinek, Wien
Alexander Horwath, Österreichisches Filmmuseum, Wien
Hans Hurch, Viennale, Wien
Frédéric und Monika Kaczek, Jüdische Filmwoche, Wien
Mag. Ernst Kieninger, Filmarchiv Austria, Wien
Carla Laemmle, Hollywood
Gregg Laemmle, LA
Rabbi Steve Leder, Wilshire Boulevard Temple, LA
Sandra Joy Lee, Warner Bros. Archive, USC, LA
Jon Liebman, Brillstein Entertainment Partners, Beverly Hills
Armin Loacker, Filmarchiv Austria, Wien
Michael Loebenstein, Canberra und Wien
Skip E. Lowe, West Hollywood
Howard und Ron Mandelbaum, Photofest, New York
Dr. Sylvia Mattl-Wurm, Wienbibliothek
Maryrose McMahon, Academy of Motion Picture Arts and Sciences
Linda Mehr, The Margaret Herrick Library of the Archival Foundation
Mag. Peter Menasse, Wien
Dr. Michael Niemetz, Museum zur Geschichte von Christen und Juden, Laupheim
Michael Niezabitowski, Muzeum Historycznego m. Krakowa
Erica Overskei, Gagosian Gallery, Beverly Hills
Peter Paul Porges, New York
Lucie Porges, In Memoriam
Jim Preminger, Pacific Palisades
GK Dr. Karin Proidl, Österreichisches Generalkonsulat, LA
Kristina Rohr, Österreichisches Generalkonsulat, LA
Marlene Ropac, Akademie des Österreichischen Films, Wien
Eva Rotter, Viennale, Wien
Stefan Ruzowitzky, Wien
Francesca and Adam Sanchez, Passadena
E. Randol Schoenberg, LA
Bärbl Schrems, Wien Museum
Jérôme Segal, Jüdische Filmwoche, Wien
Jeffrey Shandler, New York
Richard Sklenar, Theatre Historical Society of America, Elmhurst
Anthony Slide, LA
Cass Warner Sperling, Santa Barbara
Klaus Steiner, Wien
Frank Stern, Wien
Dr. Marijana Stoisits, Vienna Film Commisson
Dr. Sandra Tomek, Wien
Willi Trefflinger, Buffalo, Harley-Davidson Linz
Julio Vera, Academy of Motion Picture Arts and Sciences, LA
Michelle Vogel, Victoria, Australia
Dr. Thomas Wallentin, Wien
Marc Wanamaker, Bison Archives, LA
Fred Wasserman, New York
Eric Weissmann, LA
Beth Werling, Natural History Museum, LA
Dr. Nikolaus Wostry, Filmarchiv Austria, Laxenburg
Dr. Barbara Zeisl Schoenberg, LA
Jim und Gisela Zukor, Santa Monica

Abbildungsverzeichnis

Personenregister

Kursiv gesetzte Zahlen verweisen auf Abbildungen

Film-register

Kursiv gesetzte Zahlen verweisen auf Abbildungen

Raiffeisen
ACHTUNG
KUNST
ACHTUNG
KUNST
Morgen werden sich spannende
Einblicke eröffnen.
Raiffeisen fördert Begeisterung.
Bei sehenswerten Ausstellungen.
Dass Sie die Exponate in bleibender Erinnerung behalten werden, können wir nicht garantieren – aber uns dafür engagieren. So fördern wir als Hauptsponsor das Jüdische Museum Wien, damit Sie unvergessliche Momente erleben. Mit Raiffeisen sind Sie live dabei! Mehr auf www.raiffeisen.at